PROPERTY MANAGEMENT

物业管理与服务
从入门到精通

靳玉良　主编

WUYEGUANLI YU FUWU
CONG RUMEN DAO JINGTONG

SPM
南方出版传媒
广东经济出版社
·广州·

图书在版编目（CIP）数据

物业管理与服务从入门到精通/ 靳玉良主编. —广州：广东经济出版社，2019. 5
ISBN 978-7-5454-6578-5

Ⅰ. ①物… Ⅱ. ①靳… Ⅲ. ①物业管理-商业服务 Ⅳ. ①F293. 33

中国版本图书馆 CIP 数据核字（2018）第 288985 号

出 版 人：李 鹏
责任编辑：李惠玉
责任技编：谢 莹

物业管理与服务从入门到精通
WUYEGUANLI YU FUWU CONG RUMEN DAO JINGTONG

出版发行	广东经济出版社（广州市环市东路水荫路 11 号 11～12 楼）
经销	全国新华书店
印刷	湛江日报社印刷厂 （广东省湛江市赤坎康宁路）
开本	787 毫米×1092 毫米 1/16
印张	16. 75 2 插页
字数	180 000 字
版次	2019 年 5 月第 1 版
印次	2019 年 5 月第 1 次
书号	ISBN 978-7-5454-6578-5
定价	48. 00 元

如发现印装质量问题，影响阅读，请与承印厂联系调换。
发行部地址：广州市环市东路水荫路 11 号 11 楼
电话：（020）38306055 邮政编码：510075
邮购地址：广州市环市东路水荫路 11 号 11 楼
电话：（020）37601950 营销网址：http://www. gebook. com
广东经济出版社新浪官方微博：http://e. weibo. com/gebook
广东经济出版社常年法律顾问：胡志海律师

前言
Preface

做任何一项工作，都有一个从不会到会、从入门到精通的过程。作为职场中人，要时刻保持高昂的学习热情，不断地学习新知识、提高自身的专业技能，以便获得更多更好的发展机会，为升职加薪做好准备。

当前，“物业管理”“物业服务”这些名词已深入人心。随着房地产业的迅猛发展，物业管理方面的优秀人才日益紧俏，甚至有许多其他行业的从业人员开始转向物业管理行业谋求发展。如今，在新建的大型商住楼里至少要各派驻一个小区经理、保安主管、保洁主管、维修服务主管和服务主管。这些岗位的任职要求不仅要有一定的文化知识水平，而且还要具有一定的实践经验。物业管理属于服务性行业，所提供的产品是无形的，说到底就是提供让业主满意的各项服务。如何做好物业管理与服务？如何开展与实施物业管理工作？如何为新入伙的业主提供更优质的物业服务？这些疑问与困惑都能在《物业管理与服务从入门到精通》一书中找到答案。

《物业管理与服务从入门到精通》一书由“物”实求新、强“业”求变导入，对物业前期介入、接管验收管理、业主入伙管理、二次装修管理、保洁绿化管理、物业维护管理、物业安全管理、消防安全管理、多种经营管理、费用收缴管理、社区文化管理、创优达标管理、客户服务管理、物业App管理、品牌建设管理、风险防范管理等十六个方面进行了详细的描述和解读，为物业管理从业人员开展工作提供了重要的参考依据。全书着重突出物业管理工作的方法、流程、技巧和细节，具有很强的实用性和可操作性。

本书最大的特点是充分考虑现代人快节奏、高压力的工作方式，去理论化而重实际操作性。书中提供了大量的实际操作案例，方便读者使用，使学习更有效率，相信新入职的物业管理从业人员读后能快速地进入工作状态，融入企业，成为物业管理方面的高手，成为受企业重用的人才！

本书在编辑整理的过程中获得了许多物业服务企业一线人员的帮助和支持，在此对他们付出的努力表示感谢！同时，部分图片与文字引自互联网，请原作者看到本书后及时与编者联系，以便支付稿酬。

目录

Contents

导　读　“物”实求新，强“业”求变　/1

一、多轮驱动，物业管理迎来新变革　/1

二、资本风口，联盟共享物业万亿蓝海　/2

三、新常态下，物业管理创新发展　/2

第一章　物业前期介入　/5

一、前期介入管理的作用　/6

二、前期介入管理的流程　/8

三、前期介入管理的内容　/8

经典案例　费用测算不精确导致入驻后亏损　/10

四、前期介入管理的阶段　/11

五、前期介入管理的实践　/14

经典案例　物业管理前期介入取得良好效益　/14

第二章　接管验收管理　/19

一、接管验收需具备的条件　/20

二、接管验收的准备工作　/21

三、接管验收的流程　/24

四、资料的接管验收管理 / 25
五、房屋实体验收的管理 / 26
六、交接验收后的物业保修管理 / 26
经典案例 新购住房的维修责任由谁承担 / 28
七、旧有物业的接管 / 29
经典案例 新老管家平稳过渡 / 30

第三章 业主入伙管理 / 33

一、入伙前的准备工作 / 34
二、入伙常用的文件资料 / 36
范本 ××小区入伙通知书 / 36
三、入伙的工作流程 / 38
四、办理入住仪式 / 39
经典案例 鸿荣源为业主入伙提供一站式服务 / 40
五、集中入伙手续的办理 / 40
六、零散入伙的管理 / 42
七、新入伙小区的管理重点 / 42
经典案例 中海锦苑顺利入伙交付 / 44

第四章 二次装修管理 / 47

一、装修管理流程 / 48
二、装修申请与审批 / 49
三、施工时间的管理 / 50
经典案例 业主装修致他人投诉 / 52
四、装修现场的巡查 / 52
五、装修验收 / 55
六、装修违规的处理 / 55
经典案例 业主提出更改房屋大梁 / 56

经典案例 业主乱装空调如何处理 / 57
经典案例 业主违规装防盗网 / 59
经典案例 业主装修家具堵占楼道 / 60

第五章 保洁绿化管理 / 63

一、保洁管理的范围 / 64
二、保洁管理规划的制定 / 66
范本 ××物业公司年度保洁工作计划 / 66
三、保洁质量标准的制定 / 67
范本 ××物业公司小区保洁质量标准 / 69
四、保洁质量的检查 / 71
经典案例 垃圾满地遭投诉 / 72
五、绿化管理的内容 / 72
六、绿化管理的方法 / 73
经典案例 淋水不当遭业主投诉 / 74
七、绿化宣传 / 75
经典案例 闲杂人员逗留，损毁花园绿地 / 75

第六章 物业维护管理 / 77

一、物业设施设备的构成 / 78
二、设施设备的运行管理 / 79
经典案例 电梯延误老人猝死，家属告物业和急救中心 / 80
三、设施设备的保养管理 / 81
四、设施设备的日常维护保养 / 83
经典案例 电梯困人4小时物业公司被罚5万元 / 84
五、设施设备的维修管理 / 85
经典案例 维修不及时致业主摔倒 / 89
六、房屋的零星养护 / 89

七、房屋的计划养护 / 90

经典案例 污水管道返水 / 91

第七章 物业安全管理 / 93

一、物业安全管理的原则 / 94

二、物业安全管理的内容 / 95

三、物业安全管理的方式 / 96

四、出入口管理 / 97

经典案例 访客拿住户钥匙要上楼入户 / 99

五、治安巡逻管理 / 100

经典案例 贼两次从窗户进入，物业难逃其责 / 102

六、车辆安全管理 / 103

经典案例 车辆破损进入车场后推卸责任 / 105

七、高空坠物管理 / 106

经典案例 墙皮砸出植物人 / 108

第八章 消防安全管理 / 111

一、建立消防安全管理体系 / 112

范本 ××写字楼物业的灭火组织结构组成 / 113

二、完善消防安全管理系统 / 114

经典案例 新房起火消火栓却没有水 / 115

三、确定区域防火责任人 / 116

经典案例 住户在楼层里焚香、烧纸 / 119

四、开展消防宣传、培训工作 / 119

经典案例 火灾发生以后对业主进行专业培训 / 121

五、实施消防安全检查 / 122

经典案例 烟花蹿上高楼引发官司 / 123

六、开展消防演习 / 124

第九章 多种经营管理 / 129

一、开展多种经营的优势 / 130
二、开展多种经营的基础理念 / 131
三、多种经营的运作方式 / 133
四、多种经营的切入点 / 136
五、多种经营的业务类型 / 139
六、多种经营收益分配 / 141
经典案例 小区电梯广告收入归谁 / 142

第十章 费用收缴管理 / 145

一、物业管理费的构成 / 146
二、确定物业管理费的途径 / 147
三、物业服务收费的原则 / 148
四、收取物业管理费的流程 / 148
五、追讨物业管理费的流程 / 149
经典案例 房屋出租该由谁承担物业管理费 / 150
六、收取物业管理费的公示 / 151
范本 ××物业管理有限公司维修服务收费标准 / 152
经典案例 物业管理费的去向是否要保密 / 154
七、物业收费难的应对措施 / 154
经典案例 陈年老账，一次收清 / 158

第十一章 社区文化管理 / 161

一、社区文化建设的内容 / 162
二、社区文化活动人员的配备 / 164
三、社区文化资源的整合 / 165
四、社区文化的硬件建设 / 166
五、社区文化的软件建设 / 167

六、社区文化活动的开展 / 170
范本 春节社区文化活动方案 / 171
范本 社区活动通知 / 173
经典案例 碧桂园物业活跃的业主团体 / 174

第十二章 创优达标管理 / 177

一、创优项目的基本申报条件 / 178
二、创优工作的前期准备 / 179
三、创优工作的内部评定 / 181
四、创优工作的软件准备 / 182
五、创优工作的硬件准备 / 183
经典案例 ××住宅小区创优工作经验分享 / 184
六、创优考评 / 186
七、巩固创优达标成果 / 187

第十三章 客户服务管理 / 191

一、树立服务的意识 / 192
二、提高物业人员的综合能力 / 194
三、积极处理业主投诉 / 196
经典案例 代管宠物服务失误引发投诉 / 201
四、定期走访业主 / 202
五、与业主委员会进行有效沟通 / 202
经典案例 物业公司与业主委员会合作维权成功 / 204
六、邻里纠纷调解 / 204
经典案例 保安巧妙处理业主纠纷 / 205
七、开展业主满意度调查工作 / 206
范本 业主满意度调查问卷 / 207

第十四章　物业App管理　/ 211

一、物业App平台的认知　/ 212
二、用物业App进行管理的好处　/ 212
三、物业App的功能　/ 214
四、物业App的服务过程　/ 216
五、物业App系统管理　/ 217
经典案例　住这儿App打造O2O商业闭环　/ 218
经典案例　绿城·未来PARK智慧物业管理　/ 218

第十五章　品牌建设管理　/ 221

一、品牌形象的构成要素　/ 222
二、品牌创建的基础　/ 223
三、品牌创建的思路　/ 227
四、品牌管理策略　/ 230
五、不同发展阶段的品牌策略　/ 234
经典案例　万科品牌建设的物业管理战略　/ 237

第十六章　风险防范管理　/ 241

一、物业管理风险的要素　/ 242
二、物业管理风险产生的原因　/ 244
三、物业管理风险的识别　/ 244
四、物业管理风险的防范　/ 249
五、物业管理风险的预控　/ 254
经典案例　行人在小区内摔伤，物业公司应担责　/ 256

导 读

“物”实求新，强“业”求变

住有所居，居有所安。随着住房制度改革的深入以及城市建设和城镇化进程的加快，物业服务业应运而生并得到长足发展。物业管理是服务行业，在我国有着30多年的发展历史，已逐渐成为提升城市形象和人民群众生活品质不可或缺的新兴行业。

随着时代的发展，物业管理正由劳动密集型、简单劳动提供者向规模化、集约化、专业化经营的技术密集型、服务创新型的现代物业服务业转型和升级。

一、多轮驱动，物业管理迎来新变革

经过30多年的发展，物业管理行业已发展到10.5万家企业，管理面积165亿平方米，服务近5亿个业主，整个行业持续保持高速发展态势。而伴随着高科技、大数据、资本运作等的强力助推，物业管理行业的格局已发生巨变。

1. 物业管理进入转型期

近几年来，物业管理行业提速明显，已经进入了企业涌入、资本热捧、兼并加速的高速发展阶段，俨然成了风口。现在正是物业管理行业发展最好的时代，中国经济总体已经不可避免、不可逆转地在由工业时代向服务经济和体验经济时代转型。

2. 物业管理正进行众多变革

目前的物业管理行业已撕开了物业四保、劳动密集型产业、房产附属等传统标签，并且正进行着众多变革，如下图所示。

01 联盟模式助力部分企业成长为航母型公司

02 资本风口渐大，优秀的物业公司接二连三上市

03 规模企业投入资金研发互联网技术平台，物业管理智能化，规模效益越见显著

物业管理行业的变革体现

品牌物业公司在商业模式、服务方式、管理方法上创新与转型的经验，正带动着越来越多的企业参与到行业的持续发展中来。

二、资本风口，联盟共享物业万亿蓝海

在行业转型升级、持续变革跨越的发展背景下，资本纷纷青睐物业管理行业。资本的垂青，印证了物业管理行业的发展空间和潜力。

1. 市场规模扩大，物业管理服务大有可为

未来5年全国基础物业服务市场规模约为1.2万亿元，2020年社区增值服务市场规模也将达1万亿元，物业管理行业将成为万亿级的市场蓝海。而伴随着城市化的快速发展、房地产市场的持续扩张、住宅物业服务覆盖面的不断扩大，物业管理服务将大有可为。

2. 存量房时代，轻资产领域机会凸显

业内人士指出，在城镇化的推动下，我国一线城市率先进入存量房时代，经纪服务、租赁运营和房屋管理、物业管理以及城市更新等“涉房”轻资产领域机会将进一步凸显，而作为楼宇运营方和物业管理方，其最大的客户就是楼宇的持有方或者业主。楼宇拥有者资产的收益，要靠楼宇运营方和物业管理方的帮助提升。

3. 挖掘商业价值，打开更大的空间

物业管理行业未来的大命题，是如何发掘人的价值，如何更好地挖掘社区商业价值，实现未来物业管理的收益摆脱收取面积管理费，从而打开一个更大的空间。在大型企业强者愈强、中型企业创新求变、小型企业另觅出路的趋势下，企业若是能强强联合，实现优势互补，必将进一步提升市场综合竞争力，加速抢占市场制高点。

可以预见，在中国经济转型升级的重要时期，作为现代服务业的物业管理必将持续加速，多维度变革也将成为常态，引入新技术、新业态和新模式，开拓更广阔的合作空间，将实现物业管理行业的转型升级及跨越式发展，物业蓝海价值将进一步凸显。

三、新常态下，物业管理创新发展

物业行业的管理目前已由高速向平稳发展，由比规模向比服务质量、比服务内容转

变。目前，物业管理与服务最大的问题是物业服务的增长赶不上业主的消费需求，但好的一点是互联网的出现，在一定程度上弥补了这种信息的不对称，线上线下的结合，对于物业的长足发展还是有益的。

长期以来，物业行业靠大量使用人力（保安人员、清洁人员、绿化人员）来进行扩张，这是不可持续的，新常态下物业管理必须有创新发展的思维。现在，物业管理行业呈现了四大发展趋势，具体如下图所示。

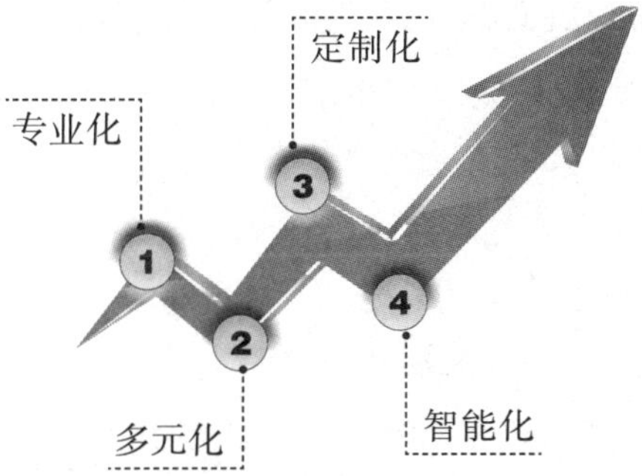

物业管理行业的发展趋势

1. 专业化

行业外部环境日趋成熟，物业管理朝专业化、规范化方向发展。随着人们认识到物业管理行业的价值，以及专项维修资金制度、业主监督机制、行业自律协会等的相继完善，物业管理将实现真正的物超所值。

物业管理的业务重心逐渐转为以物业资产管理为主，包括咨询、租赁、销售、并购、招商等，兼顾部分日常运营物业服务，例如商场、写字楼的日常运营物业服务。同时，出现了物业专业服务提供商，比如设备维修、园林绿化、清洁环保等，不再直接托管楼盘。

2. 多元化

无论是住宅物业，还是非住宅物业，围绕客户需求，物业服务的类型将趋于多元化。

物业管理企业可以根据自身的经营管理特点，进行多元化经营，向中介服务、增值有偿服务、咨询服务、房屋经纪、楼宇招展、家政服务、养老服务等方面拓展。在多元化经营的过程中，要依法经营，合理获取利润，从根本上解决企业生存和发展的问题，达到社会效益与经济效益并重的目的。

3. 定制化

伴随智慧时代的来临，人们对日常生活提出更多智能化需求，传统的物业管理与服务无论在维度上还是体验感上，都与日新月异的互联网生活方式形成落差。

随着人们生活水平的提高和居住品质的提升，传统的物业管理模式已经无法满足高端物业业主的需求。在高端社区，物业不仅提供传统的服务，还针对业主的实际需求提供个性化的定制服务。比如，24小时私人定制化服务、定期的房间服务等。

4. 智能化

智慧社区的建设和商业地区的升级，让物业管理智能化成为可能，智慧建筑集成了自动化与数字化，大大提高了物业管理行业的效率和智能化水平。

物业行业智能化的基础是数据的整合，沉淀人流、物流、商流等相关数据，数据类型涵盖业主信息、员工信息、商户信息、设备信息、社区信息、日常运营信息等各方面。同时，依托数据建立一体化的信息管理平台，整合业主、运营、财务等各类模块，可以有效降低服务成本，提升服务效率，支撑业务进行规模化扩张。

比如，全美最大的住宅物业公司First Service通过搭建一体化信息服务平台，定制业主、业主委员会、物业经理的接入界面，满足多元化需求，其中包括面向业主提供的包裹查询服务、面向物业公司内部员工提供的社区财务报表生成服务等。

基于大数据，开展业务模式创新，提升企业价值，在全球很多行业均有所应用，这也将是我国物业智能化发展的长期趋势。

第一章

物业前期介入

阅读提示：

通过前期介入管理，能使物业开发有个良好的开端，为今后物业的运营和管理打下坚实的基础。

关键词：

➪ 选择时机
➪ 分阶段介入
➪ 提出合理建议

概念解析

物业管理的前期介入是指物业公司在物业尚未建成和实施前期、提供物业管理服务之前，接受开发商的委托参与介入，从物业管理运作和业主使用的角度，对物业的环境布局、功能规划、楼宇设计、材料选用、设备选型、配套设施、管线布置、房屋租售、施工质量、竣工验收等多方面提供有益的建设性意见，力求使用户入住之前的各种前期工作与用户使用的实际需要及日后的物业管理工作相适应。

管理要点

一、前期介入管理的作用

前期介入管理具有下图所示的作用。

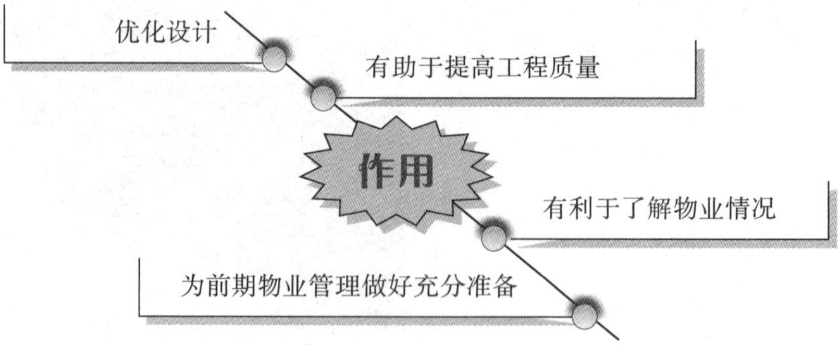

前期介入管理的作用

1. 优化设计

随着社会经济的发展，人们对物业的品位和环境要求越来越高，这使得建设单位在开发过程中，除了要执行国家有关技术标准外，还应考虑到物业的功能、布局、造型、环境以及业主的便利、安全和舒适等因素。物业公司可从业主及日后管理的角度，就房屋设计和功能配置、设备选型和材料选用、公共设施配套等方面提出建议，使物业的设计更加优化、完善。

2. 有助于提高工程质量

在物业的建设过程中，物业公司可以利用自身优势帮助建设单位加强工程质量管理，及时发现设计、施工过程中的缺陷，提前防范质量隐患，使工程质量问题在施工过程中及时得到解决，避免在日后使用中再投入额外的资金和精力，从而减少浪费，提升物业品质。

3. 有利于了解物业情况

对物业及其配套设施设备的运行管理和维修养护是物业管理的主要工作之一，要做好这方面的工作，必须对物业的建筑结构、管线走向、设备安装等情况了如指掌。

物业公司可以通过前期介入，如对图纸的改动部分做好记录，对设备安装、管线布置尤其是隐蔽工程状况进行全过程跟踪等，充分了解所管物业的情况，从而在日后的管理过程中做到心中有数、对症下药。

4. 为前期物业管理做好充分准备

物业公司可利用前期介入的机会，逐步开展制订物业管理方案和各项规章制度、进行机构设计、招聘人员、实施上岗培训等前期物业管理的准备工作，方便物业移交后物业管理各项工作的顺利开展。

经验之谈

通过前期介入管理与各方进行磨合，理顺与环卫、水电、通信、治安、绿化等部门之间的关系，为日后的管理建立畅通的沟通渠道。

5. 有助于提高建设单位的开发效益

前期介入是物业公司从物业开发项目的可行性研究开始到项目竣工验收的全程介入，建设单位可以得到物业公司的专业支持，开发出市场定位准确、功能使用考虑周全、业主满意的物业，促进物业的销售。同时，建设单位还可以通过引入高水平的物业管理服务，提升自身的品牌。

二、前期介入管理的流程

物业管理前期介入主要是协助开发商把好质量关，从“以人为本”的理念出发来考虑今后业主在物业中的生活舒适度。因此，物业管理前期介入流程如下图所示。

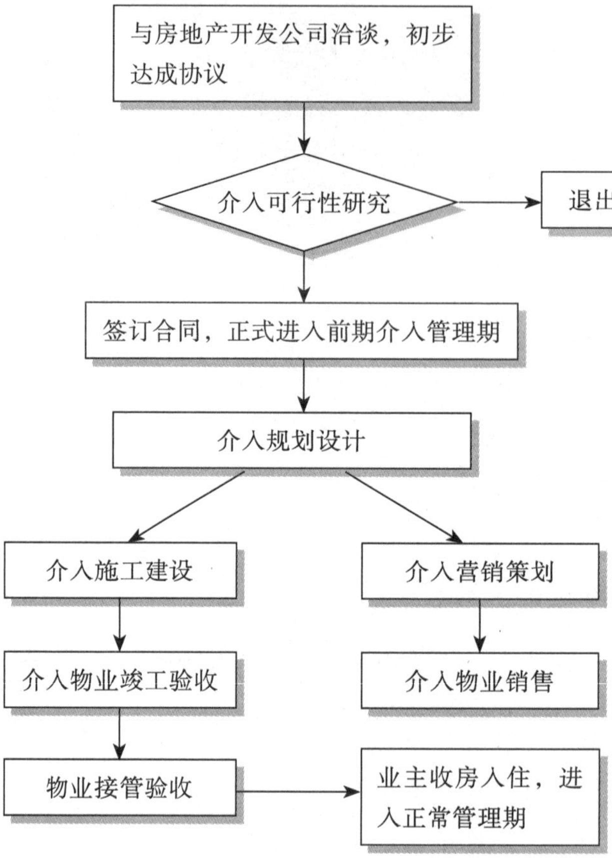

前期介入管理的流程

三、前期介入管理的内容

在物业管理的实际运行过程中，部分物业在房屋的施工建设质量、配套设施设备性能及综合服务等方面的先天缺陷长期困扰着管理公司，而这些先天不足都源于项目的开发阶段。要扭转这一局面，须把这些长期难以解决的缺陷尽可能地在物业管理的过程中缩小到可控范围内，因此，物业管理前期介入就显得尤为关键。

1. 通过投标竞争来接洽物业管理业务

无论物业公司是开发商组建的、独立组建的、房管所转换的，还是各大系统组建的，前期管理首先必须不断开拓，通过投标竞争来接洽业务。具体的工作内容如下图所示。

工作内容

- 具体测算物业管理费用，并草拟总体管理方案
- 投标竞争、洽谈、签订物业管理合同（协议）
- 选派管理人员运作前期物业管理

通过投标竞争来接洽业务的工作内容

值得注意的是，物业公司在投标之前要进行可行性、可靠性、可盈利性分析。

（1）可行性分析。

可行性是指物业公司既要从自身的实际出发，考虑拟接管的物业与本企业的资质等级是否相符，接管该物业能否发挥本企业的优势，做到扬长避短，又要考虑能否在该物业的管理权竞争中取胜，如果早就知道竞争对手的实力比自己强大，就不必勉强竞争。

（2）可靠性分析。

可靠性是指该物业的建设是否有保证，业主的资信条件是否较好并能协作配合等，以免管理权竞争得手后，由于业主或建设方面的原因，工作仍留有漏洞，造成今后的物业管理难以完善，给企业带来不应有的损失。

（3）可盈利性分析。

可盈利性是指物业公司根据自己的经营目标，测算物业的管理能否给企业带来正常利润，或近期虽无利润但企业能在该地区打开新局面，争取更多的业务。

2. 与业主建立联络关系

物业管理的管理对象是物业，而服务对象则是人，即业主。物业公司既应与第一业主（开发商）共同协商，又要与未来的业主取得联系，听取意见，因此需要采取下图所示的措施。

- 措施1　听取业主对物业管理的要求、希望
- 措施2　了解业主对物业使用的有关安排、打算
- 措施3　参与售房部门同业主签约的过程，并提供草拟的业主公约、装修施工管理办法、门禁出入办法、停车场管理办法、管理费收取办法等物业辖区综合管理办法

与业主建立联络关系的措施

3. 察看工程建设现场

前期物业管理的目的是为以后的管理创造良好的条件，因此，物业公司应根据物业管理要求，对物业的规划设计及建筑施工提出合理建议，具体如下：

（1）审视工程土建构造、管线走向、出入线路、保安系统、内外装饰、设施建设、设备安装的合理性。重点察看消防安全设备、自动化设备、安全监控设备、通信设备、给排水设备、空调设备、车库及公用泊位设备、电力设备、交通运输及电梯设备、服务设备等。

（2）对施工现场提出符合物业管理需要的建议方案，磋商解决办法。

（3）在施工现场做好日后养护、维修的要点记录及图纸更改的要点记录。

（4）参与工程验收，进行器材检查、外观检查、性能检查、功能测试、铭牌检查，并按整改计划督促整改。

4. 设计管理模式，拟定管理制度

物业公司在前期管理中要根据业主和使用人的希望与要求设计日后的管理模式，制定相应的规章制度，其中，还须与开发商一起草拟有关管理制度。具体工作如下图所示。

01 筹建业主管理委员会

02 与开发商一起草拟物业辖区的规章制度、业主管理委员会章程、业主公约、装修施工管理办法等

03 设置物业辖区的组织机构，规定各部门人员岗位责任制度，编制住户手册、物业辖区综合管理办法等

04 制订上岗人员的培训计划并实施

设计管理模式的具体工作

经典案例

费用测算不精确导致入驻后亏损

【案例背景】

××物业管理有限公司有一个高档居住物业项目，自2015年入驻管理以来一直处于亏损之中。该公司管理人员翻开该项目的投标策划书，确认当时投标测算的价格中包含了10%的利润，那么，又为什么会亏损呢？进一步分析后发现亏损的主要因素是供气损

耗。该楼盘有一项新的配套设施——向业主提供蒸汽热水，××物业公司从来没有遇到过这种情况。项目投标时，相关人员根本没有意识到其中的玄机，也没有进行深入细致的调研，想当然地套用测算水电的方法。殊不知，失之毫厘，谬以千里。本身供气的损耗就非常大，加之房地产调控大环境下物业空置率高造成的用户使用率很低，损耗就更大了。据测算，每月单供气损耗一项就收支倒挂10万元左右，而该项目满打满算每月的物业服务费收入只有20万元，这样的情况，不亏也难。更有雪上加霜的，即该楼盘所在地税务部门对其采用代征所得税的纳税办法，这样，物业服务费的税费负担在流转环节就达到9.3%。

【案例分析】

在投标过程中一定要认真地进行现场考察，任何一项费用的测算都不能想当然，而要实事求是，尤其是对自己从未遇到过的设施设备的管理，更应深入研究。另外，在投标测算过程中一定要有财会人员参与，尤其是财务部要与当地税务部门多沟通，了解税率，从而使测算更准确。

四、前期介入管理的阶段

一个物业项目管理水平的优与劣，与其硬件设施先天条件的好与差有着重要的关系，如果一个物业设计得不合理或有许多先天缺陷，那么，物业公司花再多的人力、物力，提供再好的服务也难以使业主满意。因此，物业公司在项目规划设计、施工、接管验收等阶段积极介入，做好扎实的前期工作，对日后减少管理遗留问题、提高服务水平，有着非常重要的意义。

1. 规划设计阶段

在规划设计时，物业的硬件一般已经定位了，特别是机电设备、房屋结构、烟道走向、排污管径规格等已经确定，很难改变。因此，一些问题如果能在设计阶段提出，哪怕是在图纸会审时提出来改进，日后物业管理就会更省事、更省钱、更省力。

2. 施工期介入阶段

物业公司在房屋施工阶段参与开发商与各施工单位的工程例会，就可以了解房屋的施工进度和施工质量，根据施工的进度提前提出合理的建议。

比如，某楼盘在主体建设不到一半时，物业公司建议将原设计的变频供水改为水塔供水，这样既能降低管理成本，又能为开发商节省设备费用。

又如，某楼盘楼道灯原设计是夜间长明节能灯，后经管理处与开发商协调，在费用调入基本不变的情况下，改为人体红外线感应灯。

在施工期介入阶段发现问题后可在工程例会上提出，如较重要的，可以信函的方式告知开发商。

经验之谈

物业公司在施工阶段介入，提出的建议如果对双方都有益，开发商基本都会答应，但一定要把握好时机。

3. 接管验收阶段

房屋的接管验收分为业主部分验收、公共部分验收和配套部分验收。

（1）业主部分验收。

业主部分验收时，应细致一些，把存在的问题尽可能地在业主入伙验房前处理完，这样在业主入伙验房时就会少很多问题。

（2）公共部分和配套部分验收。

公共部分和配套部分验收的重点包括下图所示的项目。

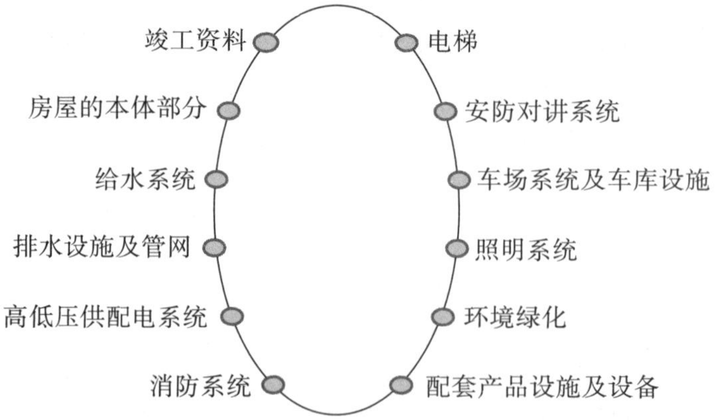

公共部分和配套部分验收的重点

上述项目应仔细检查并试验试用，发现问题及时督促对方整改后再验收，同时，各项目的技术资料一定要收齐并存好档。

4. 入伙阶段

入伙是物业公司第一次与业主面对面的服务，所以，在入伙前物业公司一定要准备充分，要假设多个问题、多个对策，所收取的每一分钱都要找到法律依据。一般在入伙时会出现以下两个问题。

（1）收费问题。

在收费上应注意下图所示的三个问题。

入伙阶段收费时应注意的问题

（2）业主在验房时提出问题。

对业主在验房时提出的问题，一定要重视并派专人负责协调和监督开发商解决，这是体现物业公司服务的重点。如果是设计上的问题或是业主提了些合理的要求，物业公司应做好解释工作，既要帮开发商解释又要帮业主解决问题，不要一味地把问题往开发商身上推。

经验之谈

在入伙时，要收齐业主该提供的资料，如有未提供的应做好记录，由专人负责催收。

5. 装修审批管理阶段

装修审批管理是物业管理的开始，以后物业管得好与坏，就要看装修审批管理这个重要环节了，尤其是商铺管理，此环节就像建楼房的基础环节一样，把基础打好了，以后的管理工作也就轻松顺利得多了。

要想做好这一环节必须统一定位、统一目标、统一思想，在此之前装修审批管理人员应充分熟悉整栋房屋的结构，熟悉每个户型的特点和缺点，特殊楼层、特殊房型要重点研究对策，所定的装修要求和标准不但装修审批管理人要知道，整个管理处上上下下的人也都要知道。管理处的人要坚持一个标准，不能一个人一个样或一天一个样，如遇到难点、疑点大家要一起讨论研究，确定一个方案，否则这栋楼将会装修得五花八门。

管理细节

装修审批管理的重点和难点

装修审批管理的重点和难点在阳台的封闭和遮阳棚的搭建上，这涉及房屋的外观和房屋的整体形象，同时也反映了一家物业公司的管理水平，因此，对于阳台和遮阳棚要有足够的监管措施和对违章的处理措施。

五、前期介入管理的实践

在物业管理的前期介入工作中，物业建设单位的理解和支持是非常重要的，但物业公司能否在前期介入中提供有价值的意见和建议也是前期介入能否落实的关键环节。只有当物业建设单位变被动的强迫接受为强烈地要求物业公司参与，只有当物业公司把以前的售后服务思想变为前期介入的有效实践，物业管理前期介入才能得以有效落实，长期以来监管脱节的问题才能得以解决。

经典案例

物业管理前期介入取得良好效益

【案例背景】

该物业项目位于粤西的一个沿海城市，开发规模较大，总建筑面积为40余万平方米，是当地最大的住宅建设项目，因此备受当地居民和政府的关注。整个项目分三期建设，其中第一期为经济适用房，同时被列为该市重点工作，整个小区建设申报国家康居示范工程小区。

该物业建设单位前期已开发过多项物业项目，组建了自己的物业公司，为把这个项目建设好、经营好，该物业建设单位拟聘请有经验的物业公司工作人员担任项目的物业管理顾问，帮助解决前期的物业管理问题。

该地的房地产开发和物业管理水平在广东地区相对落后，消费者的置业观念和物业管理意识和其他地区相比较还有差异，房地产售价和物业管理收费都处于较低的水平，以下的分析就是基于这种现状来展开的。

一、项目论证阶段的介入内容

在该项目的论证阶段，物业公司就参与了工作，就该物业的市场定位、物业管理的基本思路和框架、物业管理的运作模式发表了意见，并得到物业建设单位的采纳。

（1）考虑到整个工程项目的状况，第一期属经济适用房，消费者大多属于中低收入阶层，在市场定位上除合理控制建设成本外，还应考虑降低物业管理成本。按此思路，第一期的绿化率可以低一些，设备选型可以便宜一些；而第二期、第三期由于消费者为中高收入阶层，绿化率要高，设备选型也要好。

（2）对整个项目的配套设施建设提出了意见，重点考虑配套设施的布局，既要方便未来业主的使用又要防止对业主的生活产生影响和干扰。

（3）提出了人车分流的概念，这在该地属于新的提法，也是以后项目销售的亮点。

（4）确定了物业管理前期介入和前期管理的时间、方式和工作内容，明确了各配合方之间信息沟通的渠道，确定了分阶段物业管理的目标和要求。

二、规划设计阶段的介入内容

在规划设计阶段，物业公司参加了多次论证会，就规划方案提出了多项建议，并得到采纳，也受到了业主的好评。

（1）考虑到项目较大、分期开发的情况，建议在方案设计时采用分组团的布局，且各组团相对独立和封闭。这样有利于按服务对象的不同提供不同的服务内容，确定不同的收费标准，满足不同层次消费者的需求。

（2）对智能化系统的设计、商业配套设施的建设、中心会所及休闲区域的布局、幼儿园的安置、会所功能的设置等提供了主导意见。由于物业公司在实际运作方面有丰富的经验，因此深受建设单位和业主的好评。

（3）就物业管理的条件在规划设计时予以落实，不仅明确了办公用房，还落实了物业管理人员的宿舍、食堂、休息室、仓库以及清洁车的停放场地等。

（4）此阶段根据前期物业管理总体策划方案的思路，进行了详细的物业管理方案的制订和实施进度表的确定，包括人员的编制及招聘、培训计划、费用测算等，这些都得到了建设单位的支持和认可。

三、建设阶段的介入内容

在建设阶段，物业公司跟踪了整个过程，召集或参与了多次专题讨论会，其中一次提出了18项整改意见，这些意见大部分都在建设中被采纳，典型的介入内容如下：

（1）对生活垃圾堆放、清运和处理方式提出了具体要求，要求设立足够的垃圾桶放置位置，要硬底化，同时要方便清洗。

（2）楼梯道大门的安排，既要便于安装对讲系统，又要便于安装集合信报箱，还要注重美观实用和便于维修。

（3）在绿化带施工时，首先要考虑浇水管道的铺设，以防返修，造成浪费。

（4）在施工过程中发现部分基础没有搞好，而该区属填海区，易发生不均匀沉降，若出现这种情况，此处的管网就会断裂。建议予以重新施工。

（5）督促物业建设单位将一些特殊的装饰材料留出一部分以便于物业管理的维修和更换，如一些彩色地砖、镀膜玻璃、涂料等。

（6）对招聘的物业管理人员进行培训，并组织编写各类文件和规章制度，建立对内、外关系的工作程序和工作要求，起草业主公约、装修管理规定和物业管理中涉及的文件资料。

（7）与物业建设单位一起，同供电公司、自来水公司、煤气公司等相关部门协调，确定相应的管理方式和收费标准。

四、销售阶段的介入内容

在此阶段主要介入了以下工作：

（1）在销售前，整理并全面完成物业管理方案，将许多业主买房应知的内容以书面文件的形式确定下来。

（2）销售前对售楼人员进行一系列的物业管理培训，使他们对物业管理的基本概念和基本知识有所了解，对将来该小区的物业管理内容和模式有统一的理解。

（3）在售楼现场设立了专职的物业管理咨询人员，接受购房者的咨询。这种咨询和宣传沟通起到了很好的效果，避免了物业建设单位对物业管理的乱承诺，也使未来业主对物业管理有了信心，增加了其购买的欲望。

（4）为使业主或未来业主对物业管理有所了解，在销售时就让已招聘的部分物业管理人员上岗，如开展清洁人员、保安人员、绿化人员的规范化工作，使业主对物业管理的印象加深。

【案例分析】

该项目已取得了明显的经济效益和社会效益。

1. 经济效益方面。

（1）首期16万平方米已基本售完，二期建设虽然还未完成，但销售势头强劲，部分户型甚至出现了抢购现象，房价也从最初的8000元／米^2，上升到目前的20000元／米^2，前期购房者都享受了房屋升值带来的收益。

（2）物业管理由于小区的入住率较高和其他方面经营收入的补充，经济压力不大，物业建设单位体验到了物业管理带来的好处，主动提出了给予其他方面的帮助以支持物业管理水平的进一步提高。

2. 社会效益方面。

（1）该小区已被当地政府指定为参观点和示范小区，成为当地城市建设和物业管理的样板。

（2）该小区物业管理的成功，对当地物业管理意识和物业管理水平的提高起到了非常积极的促进作用。

（3）该项目成功后，物业建设单位的形象大大提升，很多其他物业建设单位也提高了对物业管理的认识，纷纷邀请物业公司合作和加盟。

知名物业管理企业

万科物业发展股份有限公司（简称“万科物业”）是万科企业股份有限公司下属控股子公司，成立于1990年。

作为中国物业管理行业的领跑者，万科物业致力于让更多用户体验物业服务之美好，围绕业主不动产保值增值提供全生命周期服务，业务布局涵盖住宅物业服务、商企物业服务、开发商前介服务、社区资产服务、智能科技服务和社区生活服务六大业务板块。

截至2018年12月底，万科物业已布局中国83个最具发展潜力的大中城市，合同项目共计2482个，其中住宅项目1971个，商企项目511个，合同面积突破5.3亿平方米，服务480万户家庭，超1584万人口，在职员工人数超8万名。

万科物业始终坚持安心、参与、信任、共生的核心价值观，持续为客户提供专业优质的物业服务，让更多用户体验物业服务之美好。

第二章

接管验收管理

阅读提示：

物业项目接管验收工作执行得好与坏，直接影响到未来物业管理工作能否正常开展。

关键词：

⇨ 移交条件
⇨ 资料移交
⇨ 保修责任

概念解析

物业接管验收是指物业公司在接管开发商或业主委员会委托管理的新建房屋或原有房屋时，以物业主体结构安全和满足使用功能为主要内容的接管验收；是从确保物业日后正常使用与维修的角度出发，同开发商、施工单位一起对物业质量进行的综合评定；是在竣工验收的基础上进行的再验收，特别是隐蔽工程和复杂项目的设备安装调试等，以确保及早发现并消除隐患。

管理要点

一、接管验收需具备的条件

1. 前提条件

接管验收的前提条件是完成物业竣工综合验收。物业竣工综合验收必须符合下列要求：

（1）所有建设项目按批准的小区规划和有关专业管理及设计要求全部建成，并满足使用要求。

（2）住宅及公共配套设施、市政公用基础设施等单项工程全部验收合格，验收资料齐全。

（3）各类建筑物的平面位置、立面造型、装修色调等符合批准的规划设计要求。

（4）施工机具、暂设工程、建筑残土、剩余构件全部拆除清运完毕，达到场清地平。

管理细节

场清地平的要求

凡竣工的工程，一般须做到“八通一平”：“八通”即通上水、通下水、通电、通路、通信、通气、通热、通烟道；“一平”即楼前6米、楼后3米场地要平整，不准堆积建材或杂物，以确保进出安全。要做到气表、电表（单元表）、水表“三表”到户。室内清扫干净，门窗、玻璃、管道清理干净，无污物，达到窗明几净，地漏、雨水等处无堵塞杂物。

2. 必备条件

要求接管验收的物业必须具备以下条件：

（1）建设工程全部施工完毕，并竣工验收合格。

（2）取得新建住宅商品房准许交付使用证。

（3）供水、供电、供热、燃气、通信、道路、绿化和卫生等设施设备建设完毕，能够正常使用。

（4）电梯取得准用证、二次供水和消防设施取得合格证书。

（5）监控、门禁系统安装完备，能正常运行。

（6）备齐须移交的资料，包括物业产权资料、竣工验收资料、施工设计资料、电气设备资料、特种设备资料、消防验收资料、业主资料。

二、接管验收的准备工作

物业公司在对物业进行接管验收前，应做好下图所示的准备工作。

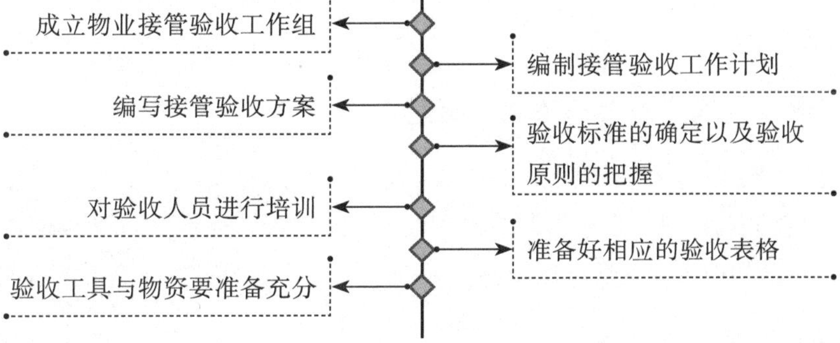

接管验收的准备工作

1. 成立物业接管验收工作组

为顺利进行物业接管验收，物业公司应成立物业接管验收工作组，并根据业务类别和工作需要分设若干个小组。比如，联络小组、物业共用部位查验小组、共用设施设备查验小组、资料接管小组、财务接管小组等。

经验之谈

物业接管验收工作组应由素质好、业务精、对工作认真负责的管理人员及技术人员组成。

物业接管验收工作组成立后，还应明确各小组的工作范围和职责。各小组要详细划分接管验收的范围，做到全覆盖接管验收，不留死角无遗漏。同时，要分工明确，合理搭配管理人员和技术人员。

2. 编制接管验收工作计划

物业公司应根据招标方入住的时间要求及物业管理委托合同中关于管理范围及服务标准的要求，组织专业人员编制接管验收工作计划。计划中应明确工作内容、各专业职责、工作标准及时间安排，若有条件还应绘制接管验收统筹图，加强工作的计划性及严肃性，使接管验收工作有条不紊地进行。

3. 编写接管验收方案

在接管验收前，物业公司应提前编制接管验收流程。由物业公司各专业人员组建验收小组，明确分工，编制验收方案。在方案中，要确定验收时间、验收标准、验收整改期限等内容，并绘制接管验收流程图，加强工作的计划性及严肃性，使接管验收工作有条不紊地进行。物业公司可以在方案中建议接管验收时最好三方同时在场验收，三方包括开发商、施工方和物业公司。

4. 验收标准的确定以及验收原则的把握

作为乙方的物业公司要为开发商提供物业接管验收标准及验收原则，规范开发商的收尾工程工作，明确责任，保证物业接管及业主入住的顺利。在验收标准的确定上，物业公司应依据国家标准和现场考察情况以及物业管理委托合同中的服务标准来进行编制。

5. 对验收人员进行培训

要组织所有参加接管验收的人员进行相关培训，确保每位验收人员了解物业项目，了解物业项目的验收标准、验收程序、验收要求和验收问题的处理方法。这个步骤非常重要，是不可以因管理经验丰富而缺少的。

管理细节

验收人员要提前进入现场

根据统一安排，所有参与接管验收工作的专业人员，包括土建、电气、电梯、暖通、空调、给排水、市政、园林绿化、保洁、保安等相关人员，要提前进入现场，了解房屋及设备情况，包括：图纸、洽商、其他相关书面资料、施工情况、设备安装调试情况。对物业项目内的各项设备、系统进行调试。

6. 准备好相应的验收表格

物业公司经常会遇到招标文件不详、图纸资料不全、现场部分设备设施满足不了物理管理委托合同中服务标准的要求等问题。对于这种情况，物业公司应该先准备好接管验收表格，包括：

（1）房屋接管资料移交清单。

（2）房屋接管物业移交清单。

（3）房屋接管验收表。

（4）公共配套设施接管验收表。

（5）机电设备接管验收表。

（6）房屋接管验收遗留问题统计表。

（7）工程质量问题处理通知单。

7. 验收工具与物资要准备充分

开展实地验收的时候必须运用一些工具，而这项工作也必须事前做好。这些工具包括：

（1）万用表或试电笔。

（2）带线、带插头的灯泡。

（3）开井盖的铁钩。

（4）验收钥匙所用的标签。

（5）绑钥匙用的绳子、袋子和钥匙扣。

（6）资料袋和档案夹。

（7）签字笔、复印纸、垫板、本夹子等文具。

（8）挂钥匙的牌子。

（9）检验管道用的水桶等。

三、接管验收的流程

物业项目接管验收的前期准备工作做好后，需要把握的关键问题就是项目接管验收的流程。接管验收流程的制定和执行的好坏同样会影响到接管验收的最后结果。尽管根据物业项目的不同特点，接管验收的过程会因时因事而异，但总的来说，要依照以下流程进行。

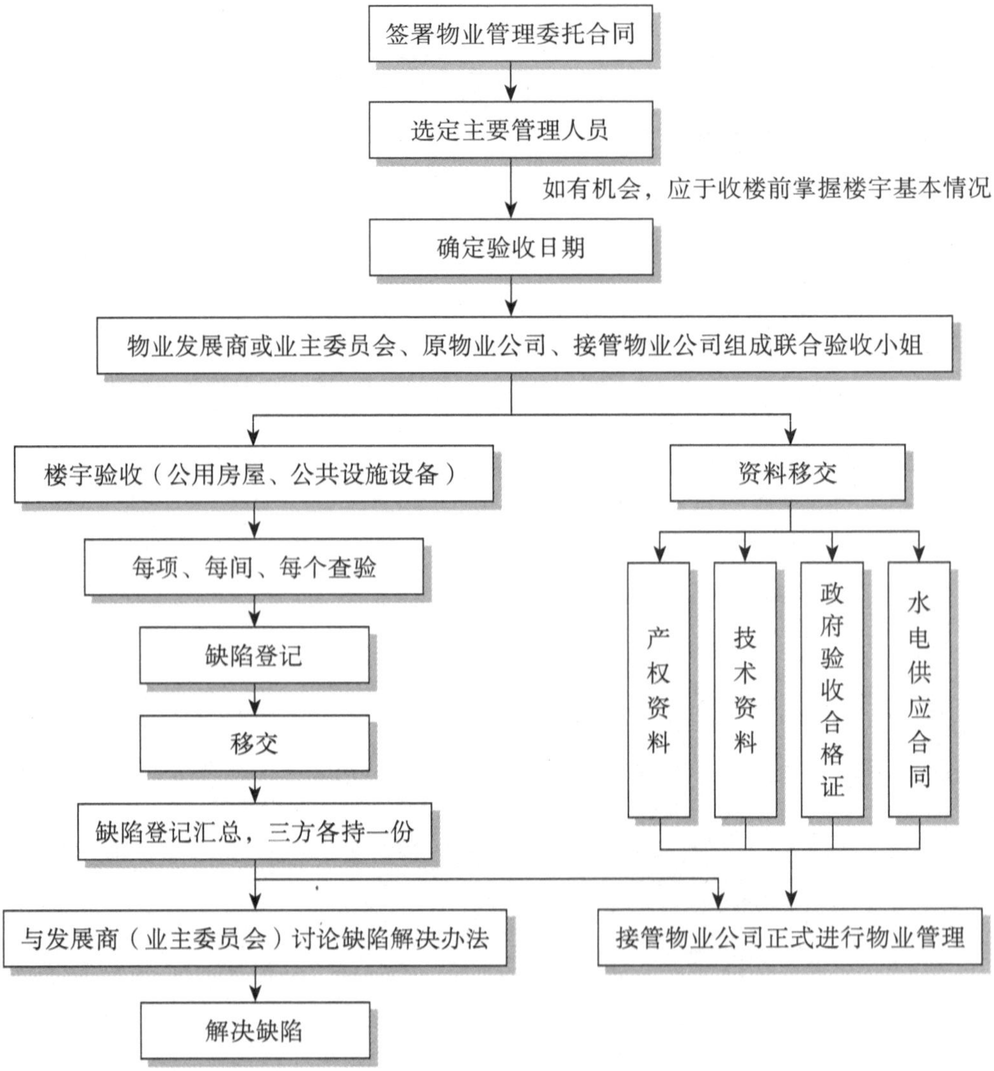

接管验收的流程

四、资料的接管验收管理

物业资料属于物业管理的重要基础性资料，做好物业资料的移交，有助于物业公司对物业共用部位、共用设施设备的查验，尤其是针对隐蔽性工程如地下管网，只有掌握了相关位置分布资料，才能及时找出问题，迅速处理突发性事件。

1. 资料接管验收的要求

（1）各项资料的接管验收由工程部安排专人参与，资料的接管通常由发展商、物业公司、施工单位三方联合组成小组进行。

（2）各项资料的验收记录单上应有三方人员的签名，验收记录单通常一式三联，三方各执一联，三方移交完毕后要签字。

（3）所有资料移交到物业公司后要派专人对资料进行分类整理、保存、归档，确保接收资料完整、有序，方便以后的日常管理。

2. 必须移交的资料

按照《物业管理条例》规定，在办理物业接管验收手续时，建设单位应当向物业公司移交下图所示的资料。

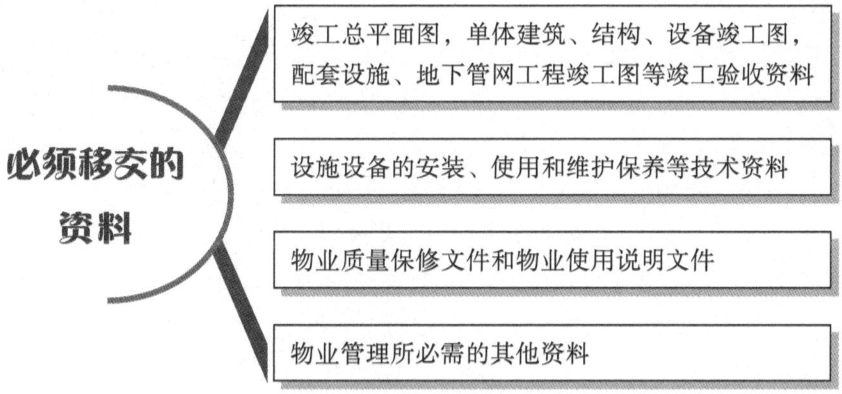

必须移交的资料

物业接管验收中的资料移交十分必要，如果相关物业资料移交不完整，物业公司就没办法全面了解整个物业的基本情况，无法掌握共用部位、共用设施设备的状况，就会给日后的物业管理服务带来很大的困难。

管理细节

不移交物业资料须承担法律责任

《物业管理条例》规定，不移交有关资料的，由县级以上地方人民政府房地产行政主管部门责令限期改正；逾期仍不移交有关资料的，对建设单位、物业公司予以通报，处1万元以上10万元以下的罚款。

五、房屋实体验收的管理

房屋实体验收其实就是对物业共用部位、共用设施设备进行查验。在进行实体验收时必须做到以下两点：

1. 掌握物业共用部位和共用设施设备的数量、状态和性能

对物业共用部位、共用设施设备进行查验，主要是摸清情况，掌握和了解物业的数量、状态和性能，便于物业公司根据实际情况，采取适当方式维护物业，确保物业具备正常使用功能。

这在前期物业服务阶段尤为重要，因为前期物业管理是一个物业管理区域实施物业管理的开端，通过认真查验，全面掌握物业共用部位、共用设施设备情况，可以及时发现缺陷和隐患，敦促建设单位及时维修、补救，为后续物业管理打下良好基础。

2. 对问题要记录好，且交接双方要确认

对物业共用部位、共用设施设备存在的问题进行记录，由开发建设单位和物业公司进行确认，分清责任。

在实践中，有一些属于建设单位子公司的物业公司或急于承揽业务的物业公司对物业不进行认真细致的查验，或者只是流于形式地进行查验，一旦出现质量问题，一些业主就会认为是物业公司维护不力，物业公司则会认为是建设单位移交的物业存在质量缺陷，于是与建设单位互相推诿责任，不少物业公司为此承担了本应由建设单位负责的物业维修责任。

因此，在前期物业管理阶段，物业公司一定要认真做好与建设单位的交接查验工作，对于发现的质量问题要明确责任，由建设单位进行整改和完善。

六、交接验收后的物业保修管理

物业保修责任是指建设单位有对物业竣工验收后在保修期内出现不符合工程建筑强制

性标准和合同约定的质量缺陷予以保证修复的责任。

验收交接后的物业，在规定的保修期内出现因施工造成的质量事故和质量缺陷，应按照住房和城乡建设部制定的《房屋建筑工程质量保修办法》的规定进行保修。

1. 保修范围

各种建筑物、构筑物和设备安装工程的保修范围如下：

（1）屋面漏雨。

（2）烟道、排气孔道、风道不通。

（3）室内地坪空鼓、开裂、起砂、面砖松动，有防水要求的地面漏水。

（4）内外墙及顶棚抹灰、面砖、墙线、油漆等饰面脱落，墙面浆活起碱脱皮。

（5）门窗开关不灵或缝隙超过规范规定。

（6）厕所、厨房、盥洗室地面泛水，倒坡积水。

（7）外墙渗透水、阳台积水。

（8）水塔、水池、有防水要求的地下室漏水。

（9）室内上下管道、供热系统管道漏水、漏气，暖气不热，电器、电线漏电，照明灯具坠落。

（10）室外上下管道漏水、堵塞，小区道路沉陷。

（11）钢、钢筋混凝土、砖石砌体及其他承重结构变形、裂缝超过国家规范和设计要求。

2. 保修期限

房屋建筑工程保修期从工程竣工验收合格之日起计算。在正常使用下，房屋建筑工程的最低保修期限为：

（1）地基基础工程和主体结构工程，为设计文件规定的该工程的合理使用年限。

（2）屋面防水工程、有防水要求的卫生间、房间和外墙面的防渗漏，为5年。

（3）供热与供冷系统，为2个采暖期、供冷期。

（4）电气管线、给排水管道、设备安装，为2年。

（5）装修工程，为2年。

其他项目的保修期限由建设单位和施工单位约定。

3. 如何落实保修事宜

交接验收后的物业应落实保修事宜，物业公司与建设单位应按照《房屋建筑工程质量保修办法》的规定签订保修实施合同，明确保修项目内容、进度、期限、方式等。

为了保证保修及时，交接双方可以根据具体情况协商采取下列方法：

（1）建设单位委托物业公司负责包干保修，由建设单位一次性拨付保修费用，由物业公司包干保修，费用标准双方依据物业质量商定。

（2）由建设单位一次性向物业公司预付保修金，由物业公司用于应急代修，保修期满，按实结算保修金金额，一般不低于当地直管公房每平方米建筑面积的年均维修费用。

（3）由建设单位落实一支维修小分队，在保修期内，留驻在住宅小区，承担各项保修任务。

在实际工作中需要特别注意的是，有的开发建设单位认为已经与物业公司进行了物业接管验收而拒绝承担维修责任，这实际上混淆了开发建设单位在与施工单位、物业公司、房屋买受人之间的不同法律关系中应承担的义务。物业接管验收只能约束签订物业服务合同的双方，即开发建设单位和物业公司，而不能对抗第三人。如果业主发现物业质量问题，仍然有权依据房屋买卖合同关系，追究开发建设单位的相关责任。

经典案例

新购住房的维修责任由谁承担

【案例背景】

王小姐年初购得一套商品房，因梅雨季节连日阴雨，该商品房部分墙面开始渗水，损坏了王小姐室内的部分装修。王小姐为此多次向物业公司反映，物业公司也两次派人前来维修。虽经维修，但该房屋墙面仍有渗水问题存在，物业公司表示，其已尽了维修义务，王小姐应与房地产开发商进行交涉。王小姐对此甚为不解。

【案例分析】

对房屋出现墙面渗水应视不同情况进行处理。

第一，如果王小姐与开发商签订的房地产买卖合同中对渗水、开裂等质量问题有约定的，按约定处理。

第二，如果没有上述约定，依据我国相关法规对房屋建成后保修期的规定，在房屋保修期内发现渗水，可以要求开发商指定的维修部门上门维修。

第三，如果多次维修仍存在渗水问题，疑由房屋质量所致，王小姐可委托房屋质量鉴定部门对房屋质量进行鉴定，确属房屋质量问题的，且该质量问题影响购房人居住的，居住人可凭房屋质量鉴定报告通过协商或诉讼的途径，要求开发商维修并承担赔偿责任。

在这一事件处理过程中，物业公司可以协助王小姐与开发商进行联系，同时，在开发商派人来修理的过程中，须配合王小姐进行验收。

七、旧有物业的接管

旧有物业项目通常从业主委员会或者原物业公司手中接管，因此，所接管验收的内容会有所不同。

1. 资料接管

（1）物业资料。

物业资料包括物业产权资料、综合竣工验收资料、施工设计资料、机电设备资料等。

（2）业主资料。

业主资料包括以下内容：

业主入住资料，包括入住通知书、入住登记表、身份证复印件、相片；房屋装修资料，包括装修申请表、装修验收表、装修图纸、消防审批、验收报告、违章记录。

（3）管理资料。

管理资料包括值班记录、设备维修记录、水质化验报告等各类服务质量的原始记录。

（4）财务资料。

财务资料包括固定资产清单、收支账目表、债权债务移交清单、水电抄表记录、其他需移交的各类凭证表格清单。

（5）合同资料。

合同资料包括合同协议书，对内对外签订的合同、协议原件。

（6）人事档案资料。

人事档案资料包括双方统一移交留用的在职人员的人事档案及培训、考试记录。

（7）其他要移交的资料。

经验之谈

资料移交应按资料分类列出目录，根据目录名称、数量逐一清点是否相符完好，移交后双方在目录清单上盖章签名。

2. 物业共用部位及共用设施设备管理工作的接管

（1）物业共用部位及共用设施设备。

物业共用部位及共用设施设备包括消防、电梯、空调、给排水、供配电等机电设备及附属配件，共用部位的门窗，各类设备房、管道井、公共门窗的钥匙等。

（2）共用配套设施。

共用配套设施包括环境卫生设施（垃圾桶、垃圾箱、垃圾车等）、绿化设备、公共秩序与消防安全的管理设施（值班室、岗亭、监控设施、车辆道闸、消防配件等）、文娱活动设施（会所、游泳池、各类球场等）。

（3）物业管理用房。

物业管理用房包括办公用房、活动室、员工宿舍、食堂（包括设施）、仓库。停车场、会所等需要经营许可证和资质的，移交单位应协助办理变更手续。

3. 人、财、物的接管

（1）人员。

在进行物业管理移交时，有可能会有原物业公司在本项目任职人员的移交，承接物业的公司应与移交方进行友好协商，达成共识。

（2）财务。

移交双方应做好账务清结、资产盘点等相关移交准备工作。移交的主要内容包括物业服务费、维修资金、业主的各类押金、停车费、欠收款项、代收代缴的水电费、应付款项、债务等。

（3）物资财产。

建设单位提供和以物业服务费购置的物资财产等，主要有办公设备、交通工具、通信器材、维修设备工具、备品备件、卫生及绿化养护工具、物业管理软件、财务软件等。

经典案例

新老管家平稳过渡

【案例背景】

刚刚完成新老物业交接的××公寓，在1个多月里缴齐了2017年的物业费，一些居民还将2018年的物业费也提前缴齐了。

××公寓是商品房和售后公房混合小区，有700多户居民，原来由A物业公司管理。2018年初，A物业公司提出6月将退出该小区，区房地办指导小区业委会开展物业选聘工作，最终选定由B物业公司接管该小区。B物业公司虽然是一家三级资质的物业公司，但是全体员工勤恳、敬业的办事作风得到了小区业主的认可。经业主大会表决通过，B物业公司和××公寓业委会签订了物业管理合同。

B物业公司在和A物业公司的交接过程中，始终坚持以下三点原则，保证了小区顺利、平稳交接。

一是紧密依托居委会、业委会，以“三位一体”为基础。尤其是在填写征询表、进行新老物业交接公示、签订物业服务合同等关键步骤，居委会、业委会发挥了不可替代的作用。在整治小区、整顿门岗等工作上，除了依托居委会和业委会外，还获得了公安机关的大力支持。

二是扬前任之长，避前任之短。B物业公司在交接过程中不对前任物业公司多加评论，反而对不足的地方尽量避免提及，对遗留下来的问题谋求解决方法。

三是留任原物业公司的部分员工。物业公司的交接常会出现秩序维护员、保洁工和维修工的去留问题，这批人员在交接前容易人心浮动。B物业公司留任了A物业公司绝大多数的秩序维护员、保洁工和维修工，稳定了人心，使工作有条不紊地开展，并且定期对这些留任人员进行考核。

【案例分析】

B物业公司做得很好的方面是依托居委会、业委会整治小区、整顿门岗，同时，与前任物业公司沟通协调得很好，尤其是解决了许多老物业公司撤离时犯愁的大问题——部分员工将失业。所以，交接顺利也在情理之中。

知名物业管理企业

绿城物业服务集团有限公司（简称“绿城服务”）成立于1998年10月，是一家以物业服务为根基，以服务平台为介质，以智慧科技为手段的大型综合服务企业，是全国同行业中物业类型最多、服务区域最广、服务面积最大的物业服务企业之一，并多年获得“中国物业服务百强满意度领先企业”第一名等殊荣，得到业内高度认可。

截至2018年6月，绿城服务业务已覆盖全国24个省、直辖市和自治区，以及134个城市，服务的物业类型涵盖市政公建项目、城市综合体、商务写字楼、别墅、公寓、学校、足球基地和高科技产业园等，接管、咨询及代管的合同数目逾千个，总合同服务面积约3.1亿平方米，成为全国同行业中物业类型最多、服务区域最广、服务面积最大的物业服务企业之一。

第三章

业主入伙管理

阅读提示：

业主入伙管理是物业公司为业主正式服务的开始，也是物业公司能否获得业主认可与支持的第一关。

关键词：

⇨ 入伙准备
⇨ 集中入伙
⇨ 办理入住

概念解析

物业入伙又称“业主入住”，是指业主领取钥匙、收楼入住。当物业公司的验收与接管工作完成以后，即物业具备了入伙条件后，物业公司就应按程序进入物业入伙手续的办理阶段。物业公司应及时将入伙通知书、入伙手续书、收楼须知、收费通知书一并寄给业主，以方便业主按时顺利地办好入伙手续。

管理要点

一、入伙前的准备工作

业主入伙前，物业公司需做好下图所示的准备工作。

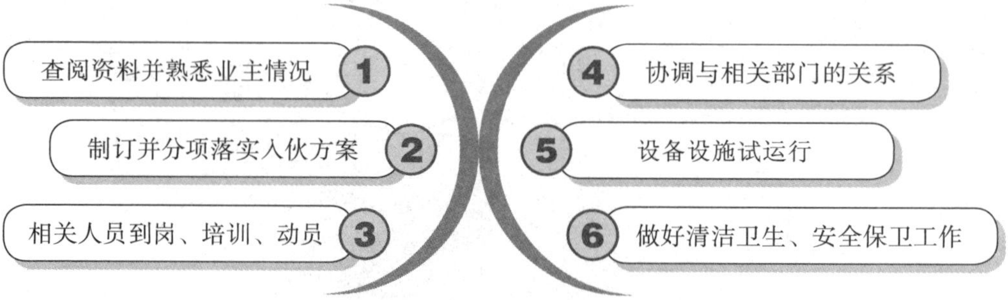

业主入伙前需做的准备工作

1. 查阅资料并熟悉业主情况

入伙前，物业公司应组织人员及时从房地产开发商手中取得已售出物业的业主的详细资料，仔细对照所接收到的物业资料，进一步熟悉每一位业主及其所购的物业单元的相关资料，这样才能做到为每一位业主提供周到的服务。

2. 制订并分项落实入伙方案

（1）拟定入住流程。

（2）根据小区的实际情况和管理协议中对小区管理的要求，拟定入伙后在治安、车辆管理、垃圾清运等方面的配套改进意见或整改措施。

（3）拟定、印刷相关的文件资料，如管理公约、住户手册、入伙通知书、收楼须知、缴款通知单、房产交接书、入伙表格等。

经验之谈

入伙管理工作是物业公司第一次正式面向业主提供服务的重要工作，也是考验物业公司管理能力的重要指标之一。入伙管理工作的成败主要取决于入伙方案编制水平的高低。

3. 相关人员到岗、培训、动员

入伙前相关人员应全部到位，接受严格培训，并对其进行充分动员，以提高其工作能力，激发其工作热情，这样才能使他们在今后的工作中减少差错，确保服务质量。

4. 协调与相关部门的关系

物业公司要和房地产开发商一起同水、电、燃气、电信等公用事业部门协调关系，解决遗留问题，避免业主入伙以后因此类问题而引起纠纷，影响入伙管理工作及今后物业管理工作的正常开展。

5. 设备设施试运行

给排水、电梯、照明、空调、燃气、通信、消防报警系统必须进行试运行，如有问题应及时整改，确保各设备设施处于正常的工作状态。

6. 做好清洁卫生、安全保卫工作

在业主入住前做好环境卫生清洁工作，可以让业主享有一个整洁的环境。要加强安全保卫工作，保证管理区域不发生盗抢事件，保证业主财物能够及时安全地搬入楼内。

二、入伙常用的文件资料

入伙手续文件是指业主办理入伙手续时需了解和签订的相关文件，如入伙通知书、入伙手续书、收楼须知、缴款通知书等。这些文件一般都由物业公司负责拟定，以开发商和物业公司的名义在业主办理入伙手续前发给业主。

1. 入伙通知书

入伙通知书是指物业公司在物业验收合格后通知业主准予入住，可以办理入伙手续的文件。

下面提供一份××物业公司××小区入伙通知书的范本，仅供参考。

范本

××小区入伙通知书

____先生/女士/公司：

您好！

感谢您购买________________（案名）的单位，我们高兴地通知您，经过本公司全体同仁的一致努力，现________________（案名）已正式竣工交付使用，请您持本通知于____年____月____日前前往______路/______街______号____________办理您所购单位的入伙手续。根据您所签订的房地产买卖合同、物业管理协议及物业管理法规的规定，您办理入伙手续时尚有如下款项应予支付：

（1）未付楼款：____________元；

（2）物业维修基金：____________元；

（3）首期物业管理费：____________元；

（4）公摊水电费押金：______________元；

（5）其他费用：________________元。

届时应随身带备文件：

a. 个人：护照或身份证复印件。

b. 单位：营业执照（或商业登记）复印件。

c. 入伙通知书。

d. 房地产买卖合同。

如属上列所示（1）的款项未付，采用汇款形式时，请汇至：

公司名称：　　　　　　账号：　　　　　　开户行：

如属上列所示（2）～（5）的款项，汇款时请汇至：

公司名称：　　　　　　　　账号：　　　　　　　　　开户行：

请在汇款单上注明所购房号。

再次感谢您成为我们的顾客，本公司将竭诚为您服务。

××物业公司

____年____月____日

2. 入伙手续书

入伙手续书是指物业公司为方便业主，针对已具备入住条件的楼宇在办理入伙手续时的具体程序制定的文件。其目的是让业主知晓入伙手续办理的顺序，使整个入伙过程井然有序。业主在办理入伙手续时，每办完一项手续，在入伙手续书上一般都会留有有关部门确认的证明，有关部门会在上面签字、盖章。

3. 收楼须知

收楼须知是指物业公司告知业主收楼时应注意的事项和程序，以及办理入伙手续时应该携带的各种证件、合同及费用等文件资料。

4. 缴款通知书

缴款通知书是指物业公司通知业主在办理入伙手续时，应该缴纳的款项及具体金额的文件。

5. 验房书

验房书是指物业公司为方便业主对房屋进行验收，督促开发商及时整改问题，避免互相推诿，使问题能得到及时解决而制定的文件。

6. 楼宇交接书

楼宇交接书是指业主确认可以接收所购楼宇后，与开发商签订的接收楼宇的书面文件。它证明了开发商及时提供了合同规定的合格的房屋商品，为开发商按合同收缴欠款提供了法律依据，同时，交接书重申了开发商按合同对房屋应承担的保修义务。

7. 住户登记表

住户登记表是指物业公司为了便于日后及时同业主保持联系，提高管理和服务的效率、质量而制定的文件。

8. 住户手册

住户手册是指说明物业的概况、物业管理机构的权利和义务、管理区域内的各项管理规定，以及物业公司的机构和各部门的职责分工、违章责任等的文件。在办理入伙时发给业主住户手册，以使业主更好地了解物业及物业公司和物业管理的相关规定，方便今后物业管理工作的顺利开展。

9. 业主（临时）公约

业主（临时）公约，一般是指由物业公司拟定，经过业主和物业公司共同签署并约束双方行为的具有合约、协议性质的文件。

三、入伙的工作流程

业主入伙的工作流程如下图所示。

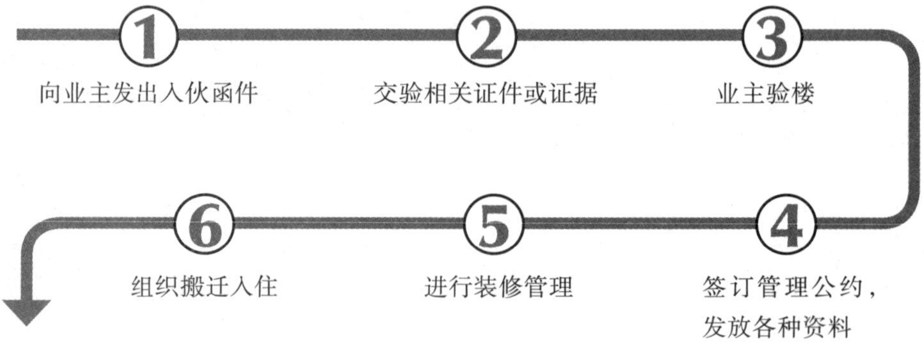

入伙的工作流程

1. 向业主发出入伙函件

入伙函件包括入伙通知书、入伙手续书、收楼须知、缴款通知书、住户登记表等，告知业主在规定时间内备齐相关资料，到指定地点办理入伙手续，并接受业主咨询，确保业主清楚如何办理入伙手续，知晓相关管理规定。

2. 交验相关证件或证据

物业公司应主动向业主出示公司有关证件、委托合同、政府文件、房地产开发商同意交楼的书面文件等，让业主出示身份证件或授权委托书、购（租）房合同、房屋缴款证明等资料。

3. 业主验楼

验楼是业主的一项基本权利，也是其入伙的必要程序。物业公司应派专人接待并陪同验楼。验收的重点项目是：给排水、门窗、供电、墙面、地板、公共设施等。

管理细节

验楼注意要点

物业公司在验收过程中应填写收房书，确认质量问题和水表、电表读数并核收归档。如有问题，物业公司应让开发商及建设单位进行整改，并让其签收，确定解决时间。在规定时间内不能解决的，要催其解决。

4. 签订管理公约，发放各种资料

签约之前应给业主一定的时间，以便其仔细阅读和认真推敲其中各项条款，使对方经过充分考虑，在不存在异议的情况下签约。然后发放住户手册、装修管理规定、收费项目一览表、装修申请表、业主临时公约等资料。

5. 进行装修管理

办理完楼房交接手续以后，各业主会对自己的房屋进行装修，物业公司将对业主的装修进行必要的指导和管理。

6. 组织搬迁入住

业主装修好房屋并办理好相关手续后，就可以搬迁入住了。物业公司可以帮助其联系专门的搬家公司或自行组织力量协助业主搬迁入住。

四、办理入住仪式

为了恭祝业主的乔迁之喜，让每一位业主感受到新家园、新生活的美好，同时展现未来物业管理人的良好形象，物业公司可以邀请业主代表、开发商及社会各界领导参加由物业公司举办的简朴的入住仪式，营造安宁、祥和、积极向上的氛围和良好的物业管理环境，给未来一个良好的开端。

经典案例

鸿荣源为业主入伙提供一站式服务

【案例背景】

2013年11月16～19日是鸿荣源西城雅筑业主入伙的好日子，在秋日的暖阳与微风的陪伴下，许多业主一大早就来到现场办理相关手续。道路两旁写着“恭祝西城雅筑业主入伙大吉”的红旗招展，大门口立着写有“欢迎回家”的标牌，现场洋溢着浓浓的喜庆祥和的气氛。

【案例分析】

从收到入伙通知书到正式办理入伙手续，鸿荣源为广大业主提供了一站式的省心服务。走入西城雅筑，立即就有热情的工作人员将业主引导至三楼入伙签到处签到。在入伙现场，从签到到签约、领取礼品及钥匙，再到验楼，每一个步骤都有相关工作人员一路微笑引导与陪同，他们为业主进行详细讲解、办理入伙相关手续，真正确保业主能够省心地入伙。

五、集中入伙手续的办理

业主在开发商规定的时间内到指定地点办理入伙手续，办理完就可以正式入伙了。具体过程如下图所示。

- 第1步　在开发商处办理相关手续及缴纳费用
- 第2步　到物业管理处领取资料及缴纳费用
- 第3步　到职能部门办理电话、燃气、有线电视等的开通手续
- 第4步　由物业管理处工作人员陪同验房

办理集中入伙手续过程图

此环节中较重要的一项就是业主验房。如果在验房过程中发现问题，则须由物业管理人员及时与开发商沟通，在最短的时间内予以解决。在办理集中入伙手续时一定要按“一条龙”方式进行，以便高效地进行。具体流程如下图所示。

- **验证岗**　查验住户提供的入伙通知书、购房合同、身份证原件（复印件留底）、委托书；发放入住资料，指导填写事项，并在住户的入伙手续书上签名确认
- **签约岗**　回收业主填好的前期物业管理合同、业主公约、业主信息登记表、消防安全责任书，与业主共同签署业主公约、住户手册，在入伙手续书上签字注明其入住日期
- **收费岗**　凭已签字的入伙手续书收费，并收回入住通知单，在入伙手续书上签字确认
- **钥匙岗**　凭缴费收据发放钥匙，让业主在钥匙发放登记表上签名
- **验楼岗**　验楼人员协同验收房屋，抄写水、电表底数，填写验收楼宇登记表，记录业主的维修要求，约定维修时间

办理集中入伙手续“一条龙”流程图

管理细节

积极地答复业主的疑问

业主在办理入伙手续的过程中，可能会有很多疑问，如有关房产证事宜、物业管理处情况、日常费用缴纳等。其中有些问题，若物业管理人员在前期准备工作中与开发商之间已做了较好的沟通与培训，就可以很快地向业主做出答复。

六、零散入伙的管理

大部分业主会在集中入伙期间办理好各种手续，但也有部分业主因为各种原因无法在规定时间内前来。因此，集中入伙后还会有业主不定期地到物业管理处办理入伙手续。零散入伙期间，物业公司与开发商应注意下图所示的两个方面。

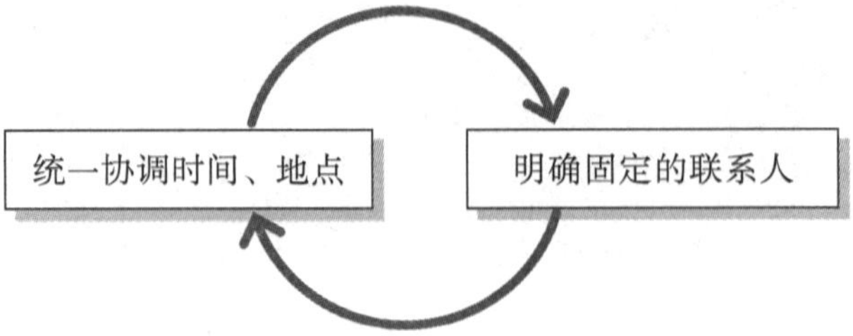

零散入伙期间的注意事项

1. 统一协调时间、地点

业主在办理入伙手续时，一般情况下都会先到物业管理处咨询办理事宜。但按照正常程序，业主应该先到开发商处办理相关手续，之后才到物业管理处继续办理。因此，当发现业主还没有到开发商处办理手续时，物业管理人员应对业主进行指导。在零散入伙期间，物业公司应与开发商协商好办理手续的时间、地点，双方最好能在统一的时间内办理；开发商的办公地点也要明确、固定，这样便于物业管理人员为业主提供正确的指引。

2. 明确固定的联系人

零散入伙期间，业主也会有各种各样的疑问，尤其是在验房后同样会发现很多问题，业主有时会要求尽快给予答复或处理。物业管理人员应根据所掌握的信息及实际情况及时答复业主。但若业主的问题需通过开发商方面才能解决时，就要及时和开发商沟通。

七、新入伙小区的管理重点

新入伙小区的物业管理工作往往存在较大的困难，做好这一阶段的物业管理工作，将为之后的日常管理服务打好基础。这就需要针对难点有目的地开展工作。一般来说，新入伙小区的管理重点如下图所示。

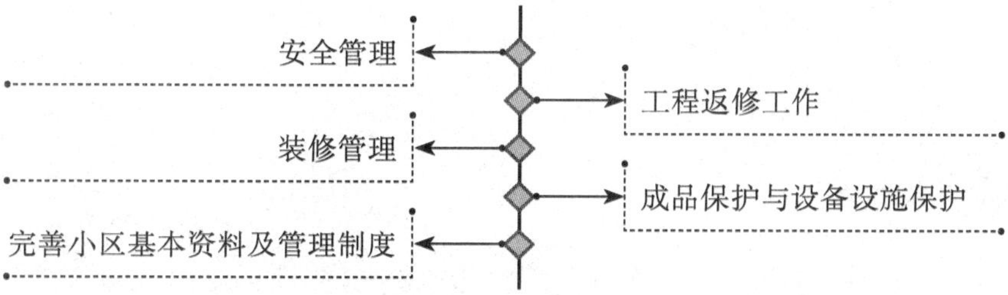

新入伙小区的管理重点

1. 安全管理

新入伙小区由于外来人员多，正常生活与施工同时进行，安全技防设施尚未正常使用，存在着极大的安全隐患。另外，新入伙小区的车辆管理系统尚未完善，而外来车辆又较多，极易发生车辆损坏或丢车现象。因此，做好小区治安安全管理、工地安全生产管理、小区消防安全管理、小区车辆安全管理就显得十分重要。

2. 工程返修工作

经验表明，业主入伙后的两年内是业主发现房屋质量问题从而要求维修或补偿最多的时期，也是业主极易与开发商及物业公司发生矛盾、产生积怨的时期。房屋质量问题并不是物业公司的责任，但若处理不好，往往会令业主和物业公司产生积怨，为日后的管理带来麻烦。因而，建立起业主与开发商之间的桥梁，积极跟进业主房屋的维修工作，是新入伙小区物业管理的重要工作之一。

3. 装修管理

装修管理是新入伙小区尤其是集中入伙小区最主要也是最重要的工作。据统计，一般中型以上小区在新入伙一年内，装修管理的工作量占小区物业管理工作量的一半以上。出于这个原因，新入伙小区的物业管理人员的投入往往比运作成熟的小区要多出不少。

4. 成品保护与设备设施保护

新小区入伙后，往往还有工程在继续进行，可能会对已完工的成品及已安装的设备造成较大的损坏或影响，业主入伙后的装修工程也会造成同样的问题。因此，保护好已完工的公共设施设备，保护好广大业主的长远利益，是新入伙小区物业管理的一项重要工作。

5. 完善小区基本资料及管理制度

新入伙小区的物业公司应利用各项工程移交验收及业主入伙的机会，完善小区各项设备设施的基本资料及各户业主的基本资料，分类造册归档，并针对小区的具体情况，制定各项管理制度，方便日后的管理。

经典案例

中海锦苑顺利入伙交付

【案例背景】

中海锦苑是中海地产在郑州的首个项目，2016年12月26～30日，如期展开了为期5天的集中交房入伙工作。

12月26日是寒潮侵袭郑州的第一天，刺骨的雨夹雪，让每一位来收房的业主显得异常烦躁。但是，当他们踏进中海锦苑的售楼部，看到工作人员都站到了门前笑脸迎接，并且递上一杯杯热饮时，一股暖意油然而生。“蒋叔，田姨！”一位工作人员亲切地喊着自己的客户，现场的气氛犹如家人相聚一般。

在交房前期要邮寄入伙通知书，为了让每一位业主都能及时收到入伙通知书，工作人员要逐一进行核实。有的工作人员尽管打电话讲得嗓子发炎，还是一户不落地核实，很多业主因为地址变更、号码错误等而联系不上，工作人员都想方设法通过微信、翻找认购协议等方法与其联系，只为第一时间让业主获得入住新家的喜悦。

在入伙期间，中海锦苑力求做到规范化和专业化：

1. 证书公示。

在中海锦苑交付现场比较显眼的位置，可以看到公示出来的五证和竣工验收备案表。户内也都张贴着分户验收表。其中，竣工验收备案表应该是开发商交付房屋时必须公示的内容，而郑州本地业主往往忽略了证书的重要性。

2. 快修反应机制。

在中海锦苑的交付现场，除了统一着红色马甲的陪验师队伍之外，比较显眼的就是穿着蓝色服装的快修师了。对于户内发现的部分问题，陪验师可通过对讲机直接呼叫快修师，当场处理问题，业主感受很不错。

3. 钥匙包。

这个问题虽然很小，但却是业主感触很深的一点。中海地产在房屋交付时会为每位业主提供一个红色的钥匙包，其中有挂扣的位置也有卡包的位置。钥匙、入户门禁卡、小区门禁卡、每户的电卡、信报箱钥匙，各有各的位置。在发放钥匙包的同时，工作人员还会进行展示和说明。

【案例分析】

中海锦苑的园区绿化、房屋品质、严谨的交付流程，以及工作人员的服务态度，成为中海锦苑顺利交房的有力保障。除此之外，中海锦苑用心的服务态度、务实的做事方法，让每一位来收房的业主都感觉犹如回家一般，“欢迎回家”不仅仅是四个字的宣传语，更是每一位工作人员对业主真挚的承诺。

知名物业管理企业

中海物业集团有限公司（简称“中海物业”）是中国首批一级资质物业管理企业。中海物业1986年在香港成立，自1991年在中国内地开展物业管理服务。2015年10月23日，中海物业在香港联交所主板上市，标志着中海物业正式迈入国际资本市场。

目前，中海物业业务分布于全国73个主要城市，旗下现有员工超过3.6万人，在管物业类型包括住宅社区、商用物业和政府物业等多种形式，在管的卖场项目数达139个，签约物业项目715个，服务面积超过1.41亿平方米，现已成为集全国性战略布局、国际化管理视野于一体的行业领导品牌。（统计数据截至2019年2月）

第四章

二次装修管理

阅读提示：

有效的装修管理可为今后的日常物业管理打下良好的基础，也有助于物业公司树立自身的品牌形象。

关键词：

⇨ 装修审批
⇨ 现场巡查
⇨ 装修验收

概念解析

物业管理是一个综合性较强的服务性行业，对业主单元的二次装修管理是其中的重要内容之一。由于目前开发商建造的居住物业绝大多数是毛坯房，物业交付使用后，会有较长一段时间的装修搬迁期。这段时期是小区秩序最乱、对物业人为损坏最严重、治安和消防管理难度最大、引发各类矛盾和纠纷最多的时期，因此，重视和加强对装修过程的管理，并达到有效管理的目标，就是抓住了物业管理的一项重点和难点工作。

管理要点

一、装修管理流程

为使业主和装修工作人员对装修的工作程序有一个完整的了解，从而让装修管理工作能顺利、有序地开展，物业公司有必要把这项工作的各个步骤理清，制定一个合适的流程，如下图所示。

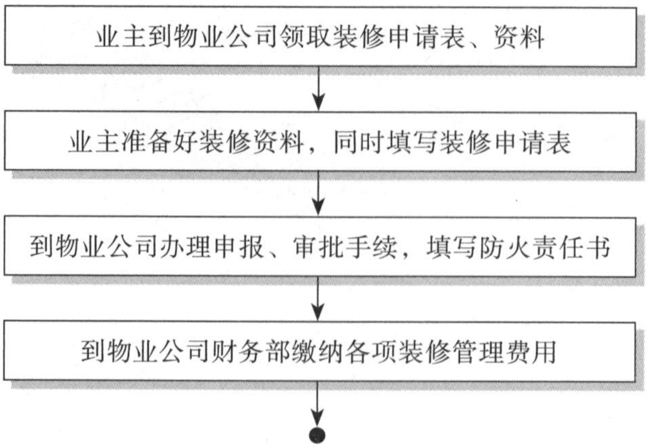

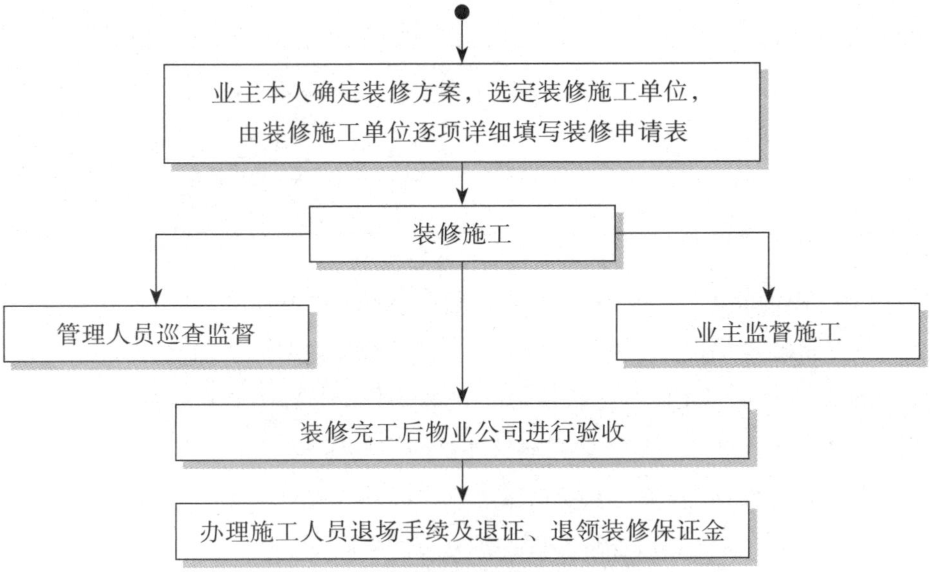

装修管理流程

二、装修申请与审批

业主凡欲进行室内装修改造的，都应准备好相关资料，并及时向物业公司提出申请，填写装修申请表，报物业公司审批。业主及施工单位应在装修申请表上签字盖章。物业公司对业主的申请进行审批，并发放物业辖区房屋装修管理规定及有关资料。

1. 装修申请

业主要开展装修工作，应先准备好相关资料，如装修施工图纸和施工方案等，并完整填写装修申请表，如下表所示。

小区房屋装修申请表

业主姓名		住　址		联系电话	
施工单位		负责人		联系电话	
申请装修期限		年　月　日　至　年　月　日			
装修项目（附装修方案）： 1. 2. 3.					
装修保证	本装修人和施工单位保证遵守装修管理规定和其他有关规定，保证按照装修方案完成装修，如有违约，愿意接受物业公司的处罚				

（续表）

业主签字（章） 年　月　日		施工单位签字（章） 年　月　日	物业公司签字（章） 年　月　日
备注			

对提出装修申请的业主，物业公司应要求其注意以下问题并提供相关资料：

（1）业主办理装修手续，施工单位需提供营业执照复印件（加盖公章）、承建资格证书复印件（加盖公章）。如代收装修税费的，需提供业主与施工单位签订的装修合同复印件。非业主使用人申请装修需提供业主同意装修的书面证书。

（2）施工图纸和施工方案（如更改原有水电线路需提供水电线路图）。

（3）施工单位负责人身份证复印件、照片、联系电话。

（4）施工人员身份证复印件、照片。

（5）如需改变建筑物主体或承重结构，超过设计标准或规范增加楼面面积的，须提交建筑物原设计单位或具有相应资质的设计单位提出的设计方案，非住宅用途房屋还须提交政府部门的施工许可证。

（6）如搭建建筑物、改变住宅外力面等，须经城市规划行政主管部门批准后，报物业公司备案，并经业主大会/业主委员会同意，方可搭建。

（7）只铺地板、墙壁表面粉刷、贴墙纸等简单装修，业主可不提供施工单位承建资格证书复印件（加盖公章）及施工图纸。

2. 装修审批

物业公司在收到业主的装修申请后一周内予以答复。对不符合规范或资料不全的，让业主按要求进行修改，并重新提交申请。

三、施工时间的管理

业主装修施工不得干扰左邻右舍，不得影响其他单位或个人的工作和休息，因此物业公司应加强装修时间的管理。

一般允许的施工时间为早上7:00以后，晚上 8 :00以前。

1. 要控制噪声施工的时间

噪声施工的内容包括砸墙、钻孔、墙面楼板开槽、钻切及锤打金属、电锯改料等。对住宅房屋来说，进行噪声施工要避开人们的休息时间。

比如，中午12时至下午2时、晚上8时以后至早上7时以前，不允许进行噪声施工。

经验之谈

一般规定是上班时间内只能从事不产生噪声的装修施工，产生噪声的装修施工可安排在下午4:00至晚上8:00前进行。还要规定不能使用散发有害气味的材料。

2. 对电梯使用时间做出限制

高层建筑内的业主或使用人的室内装修必须允许其使用电梯运送施工人员、装修材料和垃圾。但为不影响其他人的使用，应规定使用电梯的时间。

通常的规定是运送施工人员、装修材料和垃圾要避开电梯使用的高峰时间，这个高峰时间根据大楼的用途和对象的不同而不同。如果白天电梯使用非常繁忙，可安排在夜间运送装修材料和垃圾。

3. 采取措施有效防止干扰

装修期间，对左右邻居、上下楼层住户的工作和休息会产生影响，如果物业公司不采取有效措施，肯定会招致装修单元相邻住户的投诉和不满。为避免室内装修对邻居的干扰，应采取以下管理方法：

（1）装修前发通知给同一楼层及上下楼层住户，让他们有思想准备和采取一些预防措施，并请他们谅解。

（2）在装修户提交装修申请时，提醒装修户聘请信誉好、实力强、人员精的装修公司，并尽量缩短工期。

（3）对装修户和装修公司进行必要的培训，解释装修程序和有关管理规定，避免他们因事先不知而进行各种影响邻居工作或休息的装修施工。

（4）将用户室内装修注意事项贴在装修单元的大门上，提醒装修人员文明施工。

（5）对住宅楼，严禁在夜晚、周末等时间进行装修；对商业大厦，白天上班时间只允许进行一些不产生噪声及油漆味的装修，将发出较大噪声如电锯声等工序安排在非办公时间进行，并严禁在装修时开启空调。

（6）施工人员必须办理施工证或出入证方可进场施工，施工人员不得从事与施工无关的各种活动。

（7）加强对装修单元的监管，及时听取邻居意见，对违规施工人员视其情节轻重分别给予口头或书面警告、停止装修、暂扣装修工具、责令赔偿损失等处罚。

经典案例

业主装修致他人投诉

【案例背景】

业主刘某投诉：隔壁房间装修施工噪声过大，一天到晚不停地打墙、锯木，请物业公司尽快处理。物业公司赶快派人去查看，发现刘某反映的情况属实，于是提醒装修单位注意文明施工，不要影响他人生活。

次日，刘某又打电话来说情况并没有好转，严重地影响了他的正常生活与休息。如果再这样下去，他将拒交以后的物业管理费，并向有关行政主管部门投诉。物业公司回话说，已经告知装修单位了，但他们要赶工，没办法。刘某听后很生气，业主装修影响他人，物业公司就不能有效协调或制止吗?

【案例分析】

业主装修影响他人，物业公司理应想方设法予以协调或制止，这是物业公司的权利，也是应尽的责任和义务。

业主既然把装修管理的权利赋予了物业公司，物业公司就应该去行使这项权利，否则就是违反了合同，业主也就可以据此投诉物业公司，严重时甚至可以通过业主委员会将该物业公司解聘。

四、装修现场的巡查

装修现场，要求装修户将业主室内装修批准书和业主室内装修注意事项张贴于门上，便于物业管理人员检核和提醒装修人员安全施工；同时，物业管理人员须按规定对装修现场进行巡查。在进入现场前，物业管理人员要仔细查看图纸及审批文件，做到心中有数。巡查的重点内容如下图所示。

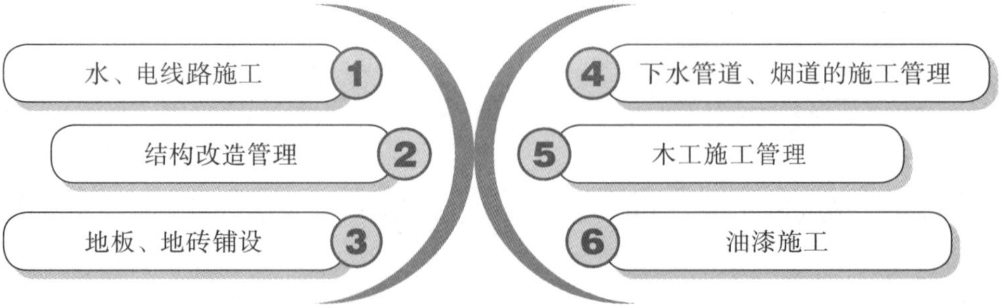

装修现场巡查的重点

1. 水、电线路施工

水、电线路的施工是业主装修工程的正式开始，同时也是物业公司装修巡查工作的重头戏。绝大多数业主为了居住美观，都将冷、热水管暗埋在墙壁和地板之下，虽然外表好看了，但隐患增大了。

（1）强电线路的改动。

强电线路的改动，要注意电线的质量和型号，连接大功率电器的线路一定要有相匹配的电线，线路改动时最好走垂直线路，接头和转弯的地方要设置接线盒，以便将来检修。房顶的混凝土层较薄，切槽深度不得超过1.5厘米。所有线路暗埋必须串管（PVC管），穿线管内不准有接头。

（2）弱电线路的改动。

弱电线路的改动一定要提醒业主和装修施工队伍，只有专业人士才能完成。小区的可视对讲、安全防范系统必须是物业公司指定的专业人员才能移动，而且是收费服务。一旦私自移位造成单元系统损失的，要照价赔偿。

2. 结构改造管理

小区的房屋户型是经过专业的设计师精心设计的，业主在购买房产时已经认可该户型，因此一般没有必要进行改建，而且也不准改建，任何改建都将会影响到整座楼的安全。

经验之谈

如果业主改动结构，就会有很大的响声。一旦发现有可疑情况，物业公司应及时派人查看，可以要求施工人员停工，等业主到现场说明情况后再行处理。

3. 地板、地砖铺设

业主在铺设房间的地板时，要提出如下建议：

（1）干铺，不能铺设太厚的混凝土层，以防楼板荷重太大。

（2）不能大面积地灌水泡地板，因为除了卫生间，其他房间都没有设置防水层，不能让楼下“下雨”。

（3）卫生间的地板一定要做好坡度，可以相对大一些，以利于及时排水。

（4）地漏一定要用防臭的，地漏、阴阳角、管道等地方要多做一次防水，马桶安装时不能用水泥，要用硅胶。

4. 下水管道、烟道的施工管理

对厨房和卫生间的下水管道进行施工时，要提出如下建议：

（1）用塑料扣板封闭，不主张用水泥板、瓷片封闭，否则将来维修时将增加难度和恢复成本，尤其是底层业主更应该注意。

（2）厨房的烟道开口位置是根据国家标准设计的，不能做任何改动，否则极易产生串烟现象。如果业主执意要改，应该告诉他物业公司不会再接受他的报修。如果业主已经改动，当发生串烟时，可以购买止逆阀安装上。

（3）厨房的燃气管道不能改动，否则燃气公司不给通气，同时也存在安全隐患。连接软管的长度不得超过2.5米，连接软管不得封闭在墙内，一旦发生泄漏，后果将十分严重。

5. 木工施工管理

相对来讲，对业主的木工施工管理比较轻松，只需要查看业主的装修进度，注意防范施工人员的用电安全、消防安全、在公共区域的施工问题、对环境卫生的保持等问题。

经验之谈

需要提醒业主，在吊顶和家具内安装的电线一定要穿线管，减少火灾隐患，尽量少安装大功率的照明设备。

6. 油漆施工

业主的墙壁和家具油漆施工也是比较轻松的管理环节。需要提醒施工人员注意环境卫生，不能影响到相邻业主的正常生活。施工时一定要关闭进户门，并提醒业主在恶劣天气时门窗要及时关闭，以防损坏已经完成的装修工程。

管理细节

巡查次数随装修进度而改变

在业主材料进场和水、电线路改造阶段，最少每天巡查一次，对有违规意图的业主，一天要巡查两次，否则一个晚上他就可能破坏了防水层，第二天封闭了，让你无法查看，留下隐患。对后面的木工和墙壁施工，一般一天或两天巡查一次就可以了。

五、装修验收

装修工程完工后，业主应书面通知物业公司验收。客户服务中心应检查装修工程是否符合装修方案的要求、施工中有没有违反装修守则、费用是否缴足等。如无问题，即予验收通过，退还装修保证金。

1. 装修验收的类别

装修验收可分为下图所示的类别。

类别1　初验：当装修户的所有装修工程施工完毕后，即可申请初验

类别2　初验时提出的问题得到整改后，业主应提前一周通知客服中心，客服中心在接到通知的第二周内安排人员进行正式验收

类别3　特殊情况：若装修量小、项目简单，并且不涉及改造的，物业公司对初验和正式验收可一次进行

装修验收的类别

2. 装修验收的要求

（1）对业主在装修时有违章行为，没得到整改的，不能进行验收。

（2）初验中存在的问题必须得到彻底的整改，对在正式验收中发现仍不合格者，将不进行验收并给予相应的处罚。

（3）业主和装修单位申请正式验收后，物业公司应收回装修出入证并存档；对遗失的证件扣除押金。

3. 正式验收

正式验收时，由工程部组织相关人员参加，针对初验中提出的问题进行逐项查验。

对初验合格后又增加装修项目的，无违章装修时，仍需补办申请；有违章装修的，按管理规定中的装修违章处理条款执行，并立即停止对该装修户的验收，直至整改完毕后再进行正式验收。

六、装修违规的处理

虽然物业管理人员掌握了业主装修的流程，加强了日常装修巡查，但仍然难以避免违

规装修的出现；同时，还有业主为了自己的需求，明知装修违规却一意孤行。这就需要物业管理人员努力沟通，尽量减少违规装修的出现。

1. 结构改动

这一类违规装修是最严重的，主要表现如下图所示。

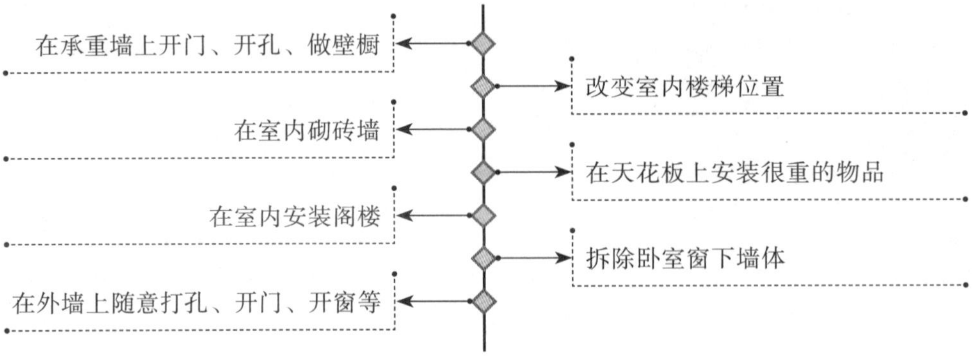

结构改动的违规装修表现

物业公司应该坚决制止这一类违规装修，必要时可以采取一些非常手段，同时上报相关管理部门共同处理。

经典案例

业主提出更改房屋大梁

【案例背景】

某小区有一位业主在装修时，向管理处多次提出要更改顶层复式房屋的一根大梁，他的理由是按常规该梁应为正梁，但搞成了反梁，既占用室内空间又影响美观。并声称自己的父亲是一位高级建筑师，已经计算出了有关参数、设计出了改造图纸。

对业主的这一要求，管理处根据装修管理规定耐心地对其进行解释，说明不能更改。然而，这位业主就是听不进去，态度还十分强硬。三番五次找管理处没有得到应允后，他干脆放了狠话："不管你们同意不同意，我都要改！"为了避免事情变得更糟，管理处的工作人员坐在一起商讨对策，并把商讨出的办法及时报告物业公司和发展商的责任人。然后他们约见这位业主，建议他写出书面申请，报原设计单位审批。这位业主觉得管理处的建议合情合理，便欣然同意。后来他咨询了设计单位，得知改梁既要一笔不小的变更设计费，又要等较长的时间才能确定，经过比较，最终打消了改梁的念头。

【案例分析】

物业服务人员在物业服务与管理中遇到违规行为时，必须予以制止或纠正，但未必一定要板起面孔坚持说“不”。其实，有时候不妨采取迂回战术，为业主指出一条正确的道路，让他自己去试一试。如果业主觉得可以，那就通过合法途径办理，这样可以把“球”踢给对方，矛盾就不会再集中在管理处。当业主撞了南墙后，自然就会回心转意。最后，有序管理的目的就达到了。

2. 改变房屋用途

这一类违规装修的主要表现如下图所示。

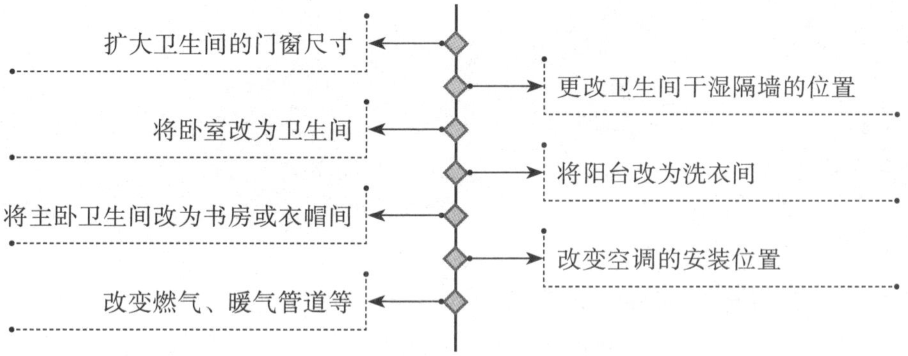

改变房屋用途的违规装修表现

针对这类违规装修，物业公司应尽量阻止其改动，告知业主这样改动应该承担的责任，可能会对其入住以后的生活带来麻烦等后果。如果业主执意要改，应将改动情况详细记录在档案中，并让业主签字认可。

经典案例

业主乱装空调如何处理

【案例背景】

一天中午，护卫班班长喘着气跑到管理处办公室告诉主管：“G栋1801的业主不想在指定位置安装空调，要将北侧空调孔打在窗户上方。”主管当时正在处理一项事务，便安排护卫班班长马上返回，先让空调安装人员停止打孔。

主管随后赶到，一进门还没开腔，业主就开始不停地说着自己的理由。他认为物业公司规定的位置不好，强烈要求将空调孔打在窗户上方，并且明确表示：“我今天就要在这里打孔，看你们能把我怎么样？”空调安装人员也不停地在一旁说着风凉话，这更助长了业主的不满情绪。

主管心里很不愉快，但仍耐心解释：“规定在指定位置安装空调、管线不能外露，是为了保证小区的外观统一美观，假如我们也像某些小区那样各行其是地安装空调，那咱们小区的外立面就会杂乱不堪，整个物业形象会大打折扣，物业也不会升值，甚至会贬值，这里是您的家园，您的朋友和亲戚要是看到小区杂乱不堪，说小区不好，您也没面子啊。”听完主管这番入情入理的话，业主不再固执己见。

这时，主管悄悄地将空调安装人员叫到一边，告诫说：“你们应当知道××物业的管理规定，假如执意违规行事，可要想清楚以后还要不要在我们的小区内做生意。”这么一说，空调安装人员马上声明要按照物业公司的规定打孔，并表示一定配合物业公司说服业主。最后，业主同意在规定位置安装空调。

【案例分析】

乱装空调的情况在许多物业小区屡见不鲜，解决此类问题需要物业公司做耐心细致的解释工作。物业公司在做好具体管理服务工作的同时，应加强对物业管理服务相关法律法规和具体案例的宣传，提高业主的法律意识，降低争议处理的成本。

3. 线路改动以及房屋外观改变

这一类违规装修的主要表现如下图所示。

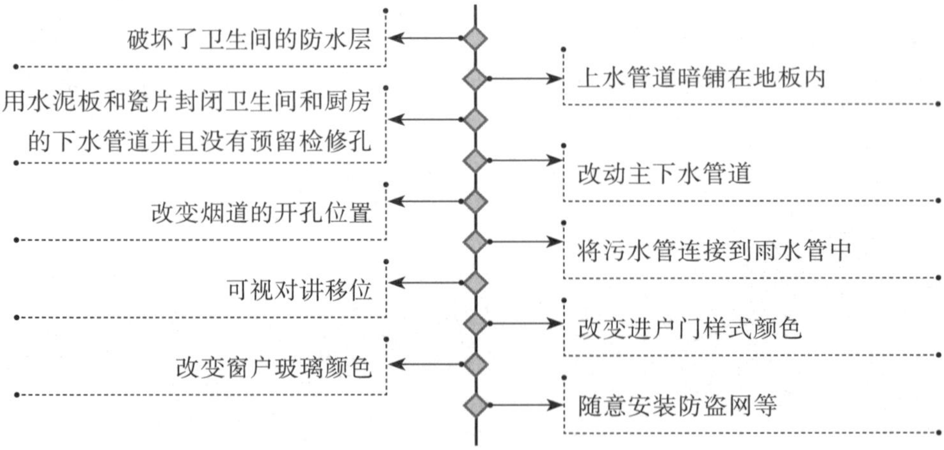

线路改动以及房屋外观改变的违规装修表现

同样，物业公司应尽量阻止其改动，告知业主这样改动所应该承担的责任，相应的，地产公司保修期将被取消。若业主执意要改，应将改动情况详细记录在档案中，并让业主签字认可。

经典案例

业主违规装防盗网

【案例背景】

某高档小区一位业主正在装修新房，其他部位装修完后他提出要安装防盗网包括阳台部分。物业管理员接到通知后立刻到达现场，将运输防盗网的车子挡在小区之外，并向业主说明小区不许安装防盗网。但业主态度非常强硬，质问物业管理员为什么不能安装防盗网？假如失盗怎么办？物业管理员从三方面向业主做了解释：

第一，安装防盗网，给人的感觉像在笼子里栖身一样，既不美观也会使人心情压抑。

第二，按照《中华人民共和国消防法》规定，人员密集场所的门窗不得设置影响逃生和救援的障碍物，即公共场所不可以安装防盗网。假如室内失火，安装防盗网会给人员疏散和消防救火带来不利影响。

第三，本小区是一个智能化小区，每家每户都有智能安防系统，并且有24小时不中断巡逻，没有必要安装防盗网。如真想安装防盗网，只能按照小区的规定安装在室内。

最后，业主同意将防盗网安装在室内。

【案例分析】

安装防盗网的事情应围绕着业主手册、业主公约和前期物业管理服务协议的要求进行，如果小区有规定不准安装防盗网，而业主按照自己的意愿非要做特殊装修，物业管理员应该讲明利害关系并给业主提出合适的建议。

4. 破坏环境卫生

这一类违规装修的主要表现如下图所示。

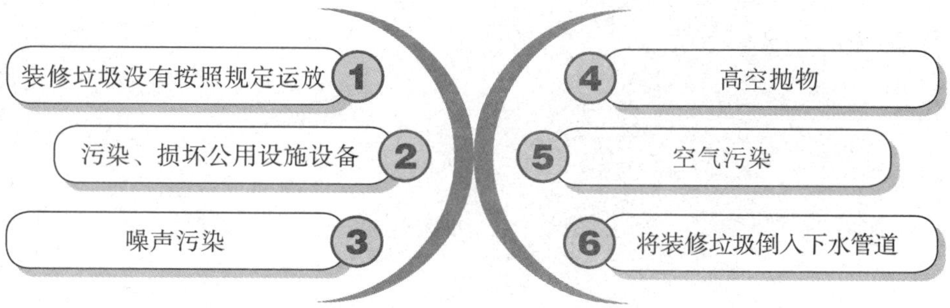

破坏环境卫生的违规装修表现

这一类违规一般情况下是由施工人员造成的，需要安全部和保洁部的密切配合，发现一起，严肃处理一起，必要时可以要求相关人员离开小区，但一定要及时联系施工负责人和业主讲明原因，避免不必要的误会。

经典案例

业主装修家具堵占楼道

【案例背景】

一天，管理处接到投诉：某位业主二次装修地板，将家具堆放在楼道和电梯间，妨碍通行。管理处派人上楼查看后发现情况属实。该业主是某中学的老师，他在办理装修手续时，就无视装修管理规定，拒交装修保证金，对有关规定吹毛求疵，与管理处的工作人员闹得不可开交。怎样去说服这样一个难缠的人呢？管理处几经协商，确定了坚持原则，针对其心理状态和实际情况采取因势利导的策略，另外再安排几个人一起上楼做工作，以形成一定的声势。

管理处人员首先称赞教师是一个崇高的职业，为人师表应体现在各个方面；然后再介绍装修的管理规定，讲明堵塞通道可能带来的可怕后果，不能图一己之便而危及众人；接着对其二次装修放置家具的难处表示理解，建议采用集中一室、分室进行装修或由管理处代找暂存位置、一并装修的方案；最后限定整改的期限，表明如果其继续我行我素，将按业主公约予以处罚。

通过一番苦口婆心的劝说，这位业主心悦诚服，很快进行了整改，事后又到管理处对自己的言行表示歉意。

【案例分析】

怎样和业主交流是一门学问。同样的一件事，如何去说，先说什么后说什么，效果通常有很大的差异。所以，每天都要同形形色色的业主打交道的物业管理人员应当认真学习和研究语言艺术和表达技巧。

在本案例中，管理处工作人员利用集体的智慧，群策群力，制定了切实可行的处理办法。在处理时，不仅指出业主的错误所在，而且告知其怎样做才符合规定，让业主觉得你不仅只考虑自己的工作，同时也在设身处地地为他着想，所以，事情处理起来就容易多了。

知名物业管理企业

保利物业

超越期望　共建和谐

保利物业发展股份有限公司（简称“保利物业”）于1996年在广州成立，旗下分、子公司26家，业务遍及北京、上海、广州、成都、长春等全国60个大中城市，承接的物业管理项目400余个，管理面积超过1亿平方米，员工总数2万余人。

管理的项目涵盖普通住宅、高端住宅、写字楼、政府办公楼、商业综合体、旅游综合体、购物中心、酒店公寓、学校等多种业态。服务内容包括物业服务、物业项目前期咨询服务、物业项目交付后评估分析服务以及会所经营、资产管理（物业托管、物业委托经营、物业中介）、专业设备设施维护保养服务、家政服务、社区健康管理（社区家庭健康管理、社区居家健康养老服务、健康产品与服务线下和线上销售）、居家适老改造服务、社区教育、社区智慧平台建设与运维等。

第五章

保洁绿化管理

阅读提示：

保洁绿化是衡量居住区域居住舒适度重要的评价指标之一。

关键词：

⇨ 制定保洁规划

⇨ 执行质量检查

⇨ 绿化宣传

概念解析

保洁管理，是指物业公司通过宣传教育监督治理和日常清洁工作，保护物业区域环境，防治环境污染，定时、定点、定人进行生活垃圾的分类收集处理和清运。通过清扫及擦、拭、抹等专业性操作，维护小区所有公共场所的清洁卫生，从而塑造文明形象，提高环境效益。

管理要点

一、保洁管理的范围

物业公司要做好保洁的管理工作，首先必须对物业保洁管理的范围有一个全面的了解，不同的物业，可能保洁的范围不一样，但总体而言，包括以下几个方面。

1. 公共场所保洁管理

公共场所保洁管理的范围如下表所示。

公共场所保洁管理的范围

序号	范围	主要内容
1	室内公共场所的清洁和保养	主要是指围绕办公楼、宾馆、商场、居民住宅楼等楼宇开展的物业保洁，包括楼内大堂、楼道、大厅等地方的卫生清扫、地面清洁、地毯清洗；门、玻璃、墙裙、立柱等物品的擦拭；卫生间的清洁
2	室外公共场所的清扫和维护	室外公共场所主要有道路、花坛、绿地、停车场地、建筑小品、公共健身器材等。重点应做好地面清扫、绿地维护、建筑小品的维护和清洁等

（续表）

序号	范围	主要内容
3	楼宇外墙的清洁和保养	主要是指楼宇外墙的清洁和墙面的保养，以及雨篷等楼宇附属设施的维护

2. 生活垃圾管理

生活垃圾管理包括以下三个方面的内容：

（1）生活垃圾的收集和清运。

物业公司应熟悉物业管辖范围内居住人员的情况和管辖区域物业的用途，并据此确定垃圾产生量，从而确定收集设施的规模；合理布设垃圾收集设施的位置，包括垃圾桶、垃圾袋、垃圾箱等；制订日常的清运计划并做好时间安排。

（2）装修建筑垃圾的收集和清运。

随着城市居住面积的大幅度增加，装修带来的建筑垃圾问题日益凸显。建筑垃圾产生量大、品种相对稳定、不易降解，如果将建筑垃圾混杂在普通生活垃圾中，会降低生活垃圾的热值，从而使生活垃圾难以采用焚烧方式处置或占用卫生填埋场地，增加了生活垃圾处理的难度。因此，对于装修产生的建筑垃圾，应要求单独收集和清运，并可采取综合利用的办法进行处置。

（3）垃圾收集设施的维护和保养。

近年来，垃圾收集设施品种和规格不断增加；垃圾场中转设施更加完善；各种形状、规格的垃圾箱、果皮箱逐渐取代了传统的大型铁皮垃圾箱，因此，应根据垃圾收集设施的特点，安排人员经常性地对其进行维护和保养。

3. 公共场所卫生防疫管理

公共场所卫生防疫管理包括以下两个方面的内容：

（1）公共场所传染病控制。

公共场所包括旅店、文化娱乐场所、公共浴池、图书馆、博物馆、医院候诊室、公交汽车、火车等。就目前物业管理范围而言，重点涉及的是宾馆、商场、办公楼等公共场所的消毒问题。

（2）公共场所杀虫、灭鼠。

公共场所有许多病媒昆虫、动物，它们容易在人群居住的地区传播疾病，尤其是苍蝇、老鼠、蚊子、蟑螂等“四害”，以及臭虫、蚂蚁等。

二、保洁管理规划的制定

保洁工作是重复性的工作，需按部就班地按要求执行。物业公司应制定保洁管理的规划，使员工有章可循，具体如下图所示。

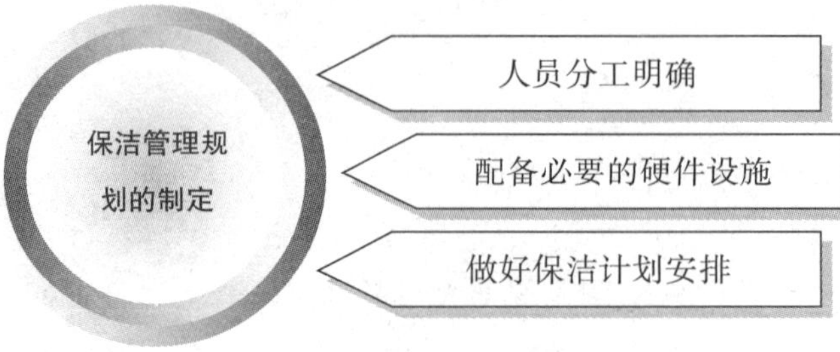

保洁管理规划的制定

1. 人员分工明确

物业保洁管理是一项细致、量大的工作，每天都有垃圾要清运、场地要清扫，涉及物业管理范围内的每一个地方。因此，必须做到责任分明，对物业范围内的任何一个地方均应安排专人负责清洁卫生，并明确清扫的具体内容、时间和质量要求。

2. 配备必要的硬件设施

为了增强保洁工作的有效性，物业公司还应配备与之有关的必要的硬件设施，如在每家每户门前安置一只相对固定的定制的ABS塑料垃圾桶。

3. 做好保洁计划安排

物业公司应做好保洁工作每日、每周、每月、每季直至每年的计划安排。

下面提供一份××物业公司年度保洁工作计划的范本，仅供参考。

范本

××物业公司年度保洁工作计划

项目	月份												标准
	1	2	3	4	5	6	7	8	9	10	11	12	
电梯轿厢、门框及两侧红外幕帘	★	★	★	★	★	★	★	★	★	★	★	★	无尘、干净无污秽

（续表）

项目	月份												标准
	1	2	3	4	5	6	7	8	9	10	11	12	
电梯轿厢顶棚	◆	◆	◆	◆	◆	◆	◆	◆	◆	◆	◆	◆	无尘、干净无污秽
草坪灯、健身器材、路灯2米以下	★	★	★	★	★	★	★	★	★	★	★	★	无尘、干净无污秽
路灯2米以上	◆	◆	◆	◆	◆	◆	◆	◆	◆	◆	◆	◆	无尘、干净无污秽
雨水井清掏、鹅卵石清理		◆		◆		◆		◆		◆		◆	雨水井无堵塞，鹅卵石无严重污染或积尘
水幕墙	◆	◆	◆	◆	◆	◆	◆	◆	◆	◆	◆	◆	如遇重大节日，应在节前完成工作
水泵、水池				◆					◆				根据水面污染情况，适时清洗
阳光雨棚、单元雨棚、屋面、露台、泄水孔清理	◆		◆		◆		◆		◆		◆		如遇重大节日，应在节前完成工作
楼道、天花板、车库顶、管道、电梯顶棚板等除尘、清除蛛网		◆			◆			◆			◆		如遇重大节日，应在节前完成工作
单元门清洁	★	★	★	★	★	★	★	★	★	★	★	★	无尘、干净无污秽
楼道顶灯擦拭	◆			◆			◆			◆			如遇重大节日，应适当增加1次
楼道公共玻璃、纱窗、窗框清洁			◆			◆			◆			◆	如遇重大节日，应适当增加1次
落叶清理										☆	☆	☆	秋季工作重点
鞭炮清理	☆	☆			☆					☆			节日期间工作重点
说明	★：每天一次；◆：当月一次；☆：重点，根据情况随时进行保洁												

三、保洁质量标准的制定

标准是衡量事物的准则，也是评价保洁工作的尺度。要对保洁质量进行检查，必须有标准可参照。

物业公司可参照物业区域环境保洁的通用标准“五无”制定保洁质量标准，如下图所示。

保洁通用标准“五无”

另外，住房和城乡建设部颁布的《城市道路清扫保洁质量与评价标准》中，有两条标准可以作为物业区域道路清扫保洁质量的参考：

（1）每日普扫两遍，每日保洁。

（2）达到“六不”“六净”标准，如下图所示。

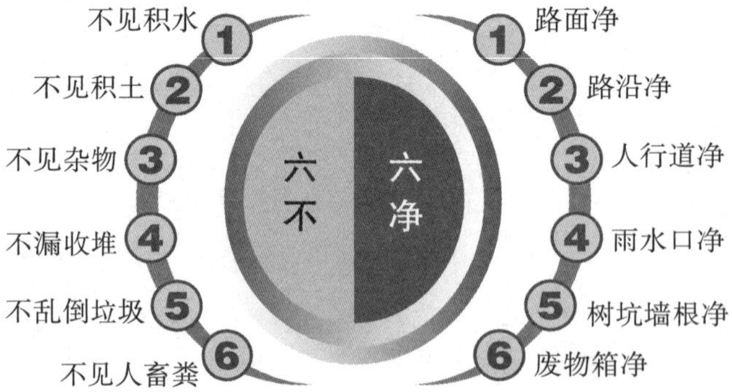

“六不”“六净”标准

质量是保洁工作的生命，达到质量标准是保洁工作的目的。为使服务质量标准切实可行，标准的制定必须具体、可操作，最好将检验方法和清洁频率等都确定下来。质量标准应该公布出来，并注明保洁员工的姓名，让业主监督，以增强保洁员工的责任心。

下面提供一份××物业公司小区保洁质量标准的范本，仅供参考。

范本

××物业公司小区保洁质量标准

分类	序号	项目	标准	检验方法	清洁频率
室外组	1	路面、绿地、散水坡	无瓜果皮壳、纸屑等杂物，无积水，无污渍；每10平方米内的烟头及相应大小的杂物不超过一个	沿路线全面检查	每天彻底清扫两次；每半小时循环一次；每月用水冲刷一次
	2	果皮箱	内部垃圾及时清理，外表无污迹、黏附物	全面检查	每天清倒两次；每天刷洗一次；每周用洗洁精刷一次
	3	垃圾屋	地面无散落垃圾，无污水、污渍，无明显污迹	全面检查	每天清倒、冲刷两次；每周用清洁剂刷洗一次
	4	垃圾中转站	地面无散落垃圾，无污水、污渍，墙面无黏附物，无明显污迹	全面检查	每天清理刷洗两次
	5	标志牌、雕塑	无乱张贴，目视表面无明显灰尘，无污迹	全面检查	每天清抹一次
	6	沙井	底部无垃圾，无积水、积沙，盖板无污迹	抽查三个井	每天清理一次
	7	雨水管道、污水管道、雨水井、污水井	井内壁无黏附物，井底无沉淀物，水流畅通，井盖上无污迹	抽查五个井	雨水井、污水井每年清理一次；雨水管道、污水管道每半年疏通一次
	8	化粪池	不外溢污水	全面检查	每半年吸粪一次
地下室	1	车库地面	无垃圾、杂物，无积水，无泥沙	抽查五处	每天清扫两次；每两小时循环一次；每月用水冲刷一次
	2	车库墙面	目视无污迹，无污渍，无明显灰尘	抽查五处	每月清扫、冲洗一次
	3	地下车库的标志牌、消火栓、公用门等设施	目视无污迹，无明显灰尘	抽查五处	每月用洗洁精清抹一次；灯具每两个月擦一次

（续表）

分类	序号	项目	标准	检验方法	清洁频率
地下室	4	车库和天台管线	目视无积尘、污迹	抽查五处	每两个月用扫把清扫一次
室内组	1	雨篷	目视无垃圾，无青苔，无积水	全面检查	每周清理一次
	2	天台、转换层	目视无垃圾，无积水，无污迹，明沟畅通	抽查五处	每天清理一次
	3	水磨石、水泥大理石、地毯地面	无垃圾杂物，无泥沙，无污渍，大理石地面打蜡抛光后有光泽，地毯无明显灰尘，无污渍	抽查五处	每天清扫一次；大理石打蜡每两个月一次，抛光每周一次；地毯吸尘每周一次，地毯清洗每季度一次
	4	大理石、瓷片、乳胶漆、喷涂墙面	大理石、瓷片、喷涂墙面用纸巾擦拭50厘米无明显灰尘，乳胶漆墙面无污迹，目视无明显灰尘	抽查七层，每层抽查三处	大理石打蜡每半年一次；抛光每月一次，乳胶漆墙面扫尘每月一次；喷涂、瓷片墙面擦洗每月一次
	5	天花板、天棚	距1米处目视无蜘蛛网，无明显灰尘	抽查七层，每层抽查三处	每月扫尘一次
	6	灯罩、烟感、吹风口、指示灯	目视无明显灰尘，无污渍	抽查七层，每层抽查三处	每月清抹一次
	7	玻璃门、窗	无污迹，清刮后用纸巾擦拭无明显灰尘	抽查七层，每层抽查三处	玻璃门每周刮一次；玻璃窗每月刮一次
	8	公用卫生间	地面无积水，无污渍，无杂物；墙面瓷片、门、窗用纸巾擦拭无明显灰尘，便器无污渍；天花、灯具目视无明显灰尘；玻璃、镜面无灰尘，无污迹	全面检查	每天清理两次；每两小时保洁一次
	9	公用门窗、消火栓、标志牌、扶手、栏杆	目视无明显污迹，用纸巾擦拭无明显灰尘	抽查七层，每层抽查三处	每天清抹一次（住宅区）；每周清抹一次

四、保洁质量的检查

检查是一种控制保洁质量常用的方法，也是很有效的方法，为多数物业公司所采用。

1. 质量检查四级制

质量检查四级制如下图所示。

部门经理抽查	部门经理应对管辖内区域、岗位和作业员进行有计划的区域、岗位、作业点抽查，并及时解决问题
主管巡查	主管对管辖内的区域、岗位进行巡查或抽查，应结合巡查所发现的问题、抽查纠正后的效果，把检查结果和未能解决的问题上报部门经理，并记录在交接本上
班长作业检查	班长在指定管理的岗位和作业点实施全过程的检查，发现问题及时解决
员工自查	员工依据本岗位责任制、卫生要求、服务规范，对作业的效果进行自查，发现问题及时解决

质量检查四级制

2. 质量检查的要求

质量检查的要求如下图所示。

要求一　检查与教育、培训相结合

对检查过程中发现的问题，不仅要求及时纠正，还要帮助员工分析原因，对员工进行教育、培训，以防类似问题再次发生

要求二　检查与奖励相结合

在检查过程中，将检查的记录作为对员工工作表现等的考核依据，并依据有关奖惩和人事政策，对员工进行奖惩及做好有关人事问题的处理

要求三　检查与测定、考核相结合

通过检查、测定不同岗位的工作量和物料损耗情况，考核员工在不同时间的作业情况，更合理地利用人力、物力，从而达到提高效率、控制成本的目的

要求四　检查与改进、提高相结合

通过检查，对所发现的问题进行分析，找出原因，提出措施，从而改进服务方式，提高工作质量

质量检查的要求

经典案例

垃圾满地遭投诉

【案例背景】

某日上午9时10分左右，一业主很生气地打电话来投诉，说该户楼梯口处满地都是垃圾，要求管理处立即派清洁人员过来处理。管理处服务中心接到投诉后，立即通知保洁主管前往处理，保洁主管赶到现场指示先清完垃圾再说。经过调查了解，查明是装修单位在搬运装修物品时未清洁，而装修单位以为是由管理处负责清洁装修垃圾，导致最终无人清理。保洁主管立即向该业主当面赔礼道歉，就此做出解释，并承诺以后此事不会再发生。

【案例分析】

该案例透露出装修垃圾管理方面的漏洞。管理处应加强安全防范意识的宣传，告知广大用户不可占用公共走道。同时，要加强对装修户的管理。而保安人员也要加强巡查，发现有不规范的行为要及时纠正。

五、绿化管理的内容

物业绿化管理主要是指在物业管理区域内进行的各种环境绿化活动，是物业公司日常管理工作的重要内容。物业日常绿化管理的主要内容如下。

1. 一般住宅小区绿化管理重点

一般住宅小区绿化管理重点如下图所示。

重点1　加强对植物病虫害、水肥的管理，保证病虫害不泛滥成灾，植物能正常生长

重点2	及时清除园林植物的枯枝败叶，并每年对大乔木进行清理修剪，清除枯枝。在大风来临前还应派人巡视辖区内的园林树木，检查是否存在有潜在危害的枯枝
重点3	及时对阻碍业主生活、活动的绿化景点进行改造，减少人为践踏对绿化造成的危害
重点4	创建社区环境文化，加强绿化保护宣传，使业主形成爱护绿化的良好习惯

一般住宅小区绿化管理重点

2. 高尚住宅小区绿化管理重点

高尚住宅小区绿化管理重点如下图所示。

重点1	加强园林植物日常淋水、施肥与修剪等工作，保持植物生长健壮良好
重点2	每天及时清除小区内的枯枝败叶
重点3	对生长不良的绿化景点或损坏的园林小区应及时进行更换或改造，始终保持园林景观的完美
重点4	经常举办插花艺术、盆景养护、花卉栽培方面的绿化知识讲座、技术咨询等活动。也可通过花店等为业主提供鲜花、观赏植物、观赏鱼、插花服务以及花木代管、私家园林代管等有偿服务

高尚住宅小区绿化管理重点

六、绿化管理的方法

物业公司要做好绿化管理工作，可以从以下几个方面入手。

1. 建立完善的管理机制

为了将物业绿化管理做好，必须要有一个完善的管理机制，包括完善的员工培训机制，如员工入职培训、技能培训、管理意识培训；完善的工作制度、奖惩制度及标准等。

另外，物业绿化并非单纯是物业公司的事，业主对物业绿化的维护与保养也是很重要的。所以，物业公司宜在业主入住之初，与之签订小区环保公约，以此激励其进行自我约束。

2. 建立完善的质量管理系统

为了保证管理质量，应建立完善科学的质量管理系统，包括操作过程的质量控制方法、检查及监控机制、工作记录等。

管理细节

绿化质量管理可体系化

绿化管理可在园林绿化管理上导入ISO 9000质量管理体系，建立完善的日检、周检、月检、季检及年检制度，对检查结果记录存档，以便将管理中出现的问题进行系统分析，采取有效措施进行整改，并将检查结果与员工或分包商的绩效考评挂钩，从而实现对员工及分包商的有效控制；将绿化管理的质量管理科学化，保证物业绿化管理的质量。

3. 制定科学合理的操作规程

操作规程是规定操作者在做某一件事时必须遵循的操作方法与步骤。由于绿化管理受环境及天气影响较大，在不同的天气条件下做同一件事的方法步骤会有所不同。所以，物业公司在组织人员制定操作规程时必须充分考虑各种因素，把各项操作步骤充分量化、标准化，使员工易于明白及接受。

经典案例

淋水不当遭业主投诉

【案例背景】

某日上午，小区管理处服务中心接到一业主怒气冲冲打来的投诉电话，说绿化工在浇水时，把水淋到业主晾晒在花园中的衣服上。

管理处服务中心及时通知园林绿化负责人王主管，王主管立即赶到现场，经过与业主及绿化工的沟通了解后，王主管立刻向业主赔礼道歉，当场对该员工进行批评教育。该业主看到王主管处理事情的经过，又看到该员工认错态度良好，也就不再追究此事了。

【案例分析】

通过这一事件，我们了解到，在绿化工作中，一定要细致、认真、负责，同时要时刻提高观察能力，随时随地注意周边环境，避免绿化作业影响到行人（业主）；出现问题时，要及时、主动地与业主进行沟通，以避免事态往恶劣方向发展。

七、绿化宣传

物业小区绿化工作的好坏，不仅是绿化部门的职责，也是每一位业主的职责。因而，物业公司应致力于在业主中树立起环保的意识、绿化的意识，具体措施有：

（1）制定规章并进行宣传。

（2）完善绿化保护系统，在人为破坏较多的地方增加绿化保护宣传牌。

（3）加强绿化知识宣传，可在每期报刊栏内开辟出一部分进行绿化知识的宣传，也可将主要苗木挂上讲解牌，注明树名、学名、科属、习性等。

（4）在绿化专业人员的主持下，为业主举行插花艺术、盆景养护、花卉栽培等绿化知识的培训活动。

（5）举行小区内植物认养活动，让业主认养小区内的主要植物，加强业主对植物的认同感。

（6）由管理处出面，在小区内举办绿化知识竞赛或诸如美化阳台等比赛活动。

（7）在植树节或国际环保日举办植树活动或绿化知识咨询活动等。

经验之谈

物业公司应当主动向业主宣传绿化方面的要点，强化其绿化意识，以便双方共同维护小区的绿化成果。

经典案例

闹杂人员逗留，损毁花园绿地

【案例背景】

××花园有一片敞开式绿地，绿地上亭栅多姿、曲径通幽、池水泛光、花木含情。在春、夏、秋的傍晚时分，众多住户都喜欢在这里驻足小憩。然而，其中也有一些太自觉的人，他们随意在草地上穿行、坐卧、嬉戏，导致绿地局部草皮倒伏、植被破坏、黄土裸露，不得不反复种植，管理处想了很多办法，都未奏效。后来，管理处拓宽思路，采取了教、管、疏相结合的办法：

教——加大宣传力度。首先将警示牌由通道旁移到人们时常穿越、逗留的绿地中，同时将警示语由严厉的“请勿践踏草地，违者罚款”更改为温和的“请高抬贵脚，听，小草在哭泣”“人类有了绿树、鲜花和小草，生活才会更美丽”“我是一朵花，请爱我，别踩我”“小草正睡觉，勿入草坪来打扰”，让人举目可及，怦然心动。

管——配足保安人员，实行全员治理。针对午后至零时人们出入较多的时段，此间的中班保安指定一人重点负责绿地的巡逻，同时划定管理处其他员工若发现有人践踏绿地，都要主动上前劝阻（办事有分工，管事不分家，这为高水准物业治理所必需），把绿地治理列为重要事件，重点管理。

疏——营造客观情境，疏通游人流向。在只有翻越亭台才能避开绿地通行的地段，增铺平顺的人行通道，同时，把绿地喷灌时间由早晨改为傍晚，使人们尽享天然而又无法做出坐卧、嬉戏等行为。

经过一段时间之后，××花园的绿地中依然游人如织，但破坏绿地的现象则变得很少了。

【案例分析】

克服人们的陋习，不做宣传教育工作是不行的，但光靠宣传教育也是难以奏效的。既要讲道理，又要有强有力的措施，情理并用，各管理处的工作便会水到渠成。

知名物业管理企业

长城物业 CHANGCHENG PROPERTY

长城物业集团股份有限公司（简称“长城物业”）自1987年创立以来，以“让社区变得更美好”为使命，秉承“诚意链接+满意服务”的核心价值观，经过近30年的发展，已经成为中国最大的现代物业服务集团企业之一，并长期稳居中国物业管理行业市场化运营领先企业第一名、中国物业管理行业综合实力前五强。

长城物业是中国首批国家一级资质物业服务企业，员工人数约30000人（含分包方），形成了覆盖全国的发展态势，集团以“三精化”网格管理模式，着力打造“物业管理发展”与“社区生态建设”双主航道的发展模式。

第六章

物业维护管理

阅读提示：

物业设施设备的维护管理是保障物业功能正常发挥的有力保证，也是物业管理工作的重要内容。

关键词：

⇨设备养护
⇨设备维修
⇨房屋养护

概念解析

物业设施设备管理是指物业公司根据物业服务合同约定和有关规定，运用先进的技术手段和科学的管理方法，对房屋的共用部分及共用设施设备的使用、维护、保养、维修实施管理，提高它们的完好率，保证它们能正常使用，延长它们的使用寿命，以最大限度地满足业主对物业使用的需要，并创造良好的经济效益和社会效益。

管理要点

一、物业设施设备的构成

物业设施设备主要由下图所示的系统构成。

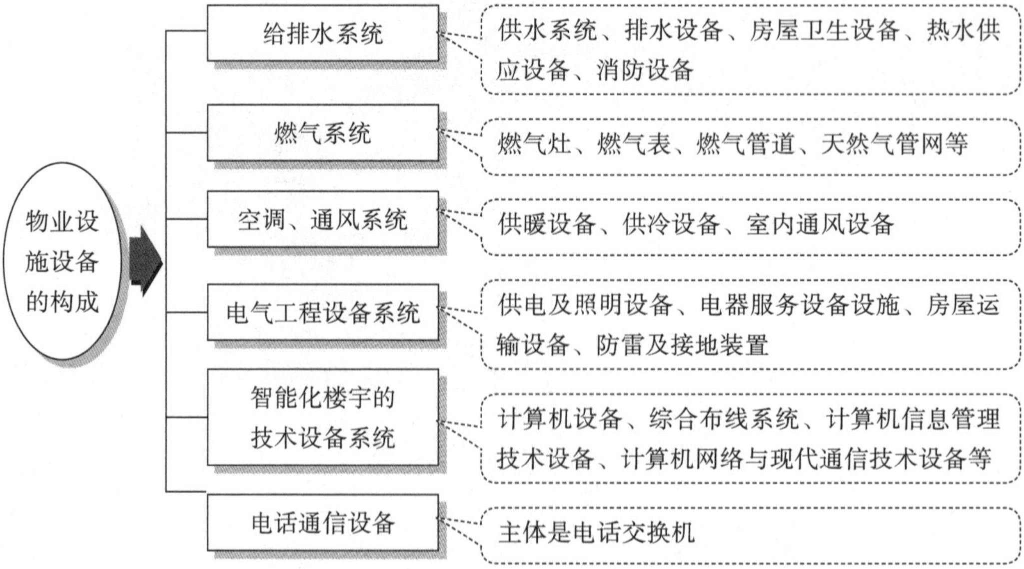

物业设施设备的构成

二、设施设备的运行管理

设施设备运行管理是物业管理过程中的重要一环，它关系到物业使用价值的体现，是支撑物业管理活动的基础。设备运行不好，不但会直接影响业主的生活质量和生活秩序，而且会严重影响物业公司的社会声誉。因此，物业公司必须做好设施设备的运行管理，具体措施如下图所示。

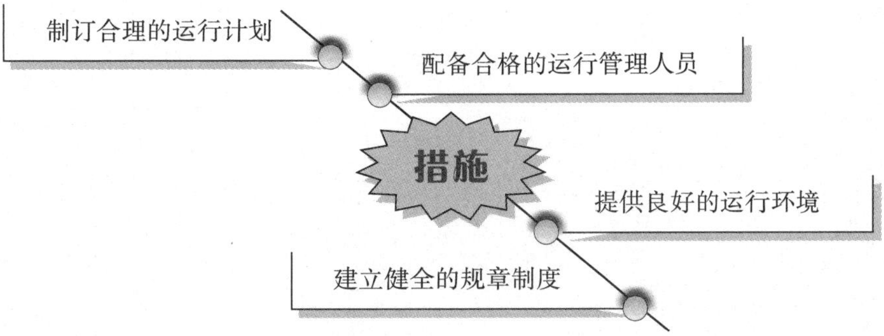

设施设备的运行管理措施

1. 制订合理的运行计划

根据设施设备和物业的实际情况制订合理的运行计划，其中应包括开关机时间、维护保养时间、使用的条件和要求等内容。

比如，电梯的运行时间、台数和停靠楼层，中央空调机组的开关机时间、制冷量、供应范围和温度，路灯或喷泉的开关时间等。

这些内容应根据具体物业的实际情况和季节、环境等因素的变化而有所区别，以满足安全、使用、维护和经济运行等方面的需要。

2. 配备合格的运行管理人员

物业公司应根据设施设备的技术要求和复杂程度，配备相应工种的操作人员，并根据设施设备性能、使用范围和工作条件安排相应的工作量，以确保设施设备的正常运行和操作人员的安全。具体措施如下图所示。

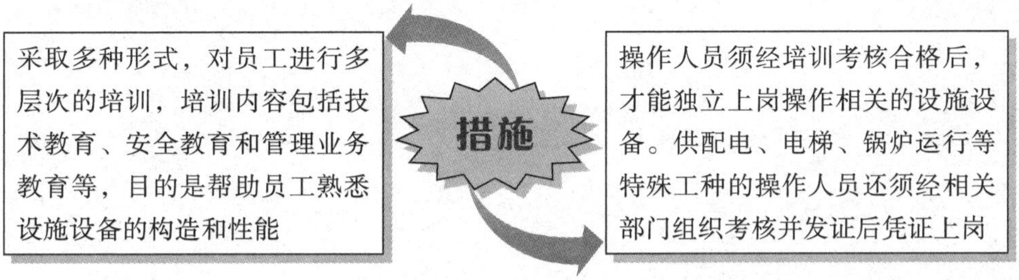

配备合格的运行管理人员的措施

3. 提供良好的运行环境

运行环境不但与设施设备的正常运转、减少故障、延长使用寿命有关，而且对操作者的情绪也有重大影响。为此，应安装必要的防腐蚀、防潮、防尘、防震装置，配备必要的测量、保险、安全使用仪器装置，还应有良好的照明和通风设备等。

4. 建立健全的规章制度

健全的规章制度应包括下图所示的内容。

内容1　实行定人、定机和凭证操作设施设备制度，不允许无证人员单独操作设施设备，对多人操作的设施设备，应指定专人负责

内容2　对于连续运行的设施设备，可在运行中实行交接班制度和值班巡视记录制度

内容3　了解业主或使用人对物业使用的有关安排、打算

健全的规章制度应包括的内容

经典案例

电梯延误老人猝死，家属告物业和急救中心

【案例背景】

因认为物业公司及急救医生的行为有过错，致使家人错过最佳抢救时间导致死亡，业主（李女士的家属）将所在小区的物业公司以及急救中心一并告上法庭。

某年3月15日凌晨，李女士（以往有心脏病史）在儿子家出现呼吸困难、昏迷等症状，其儿子于15日1时35分向急救中心呼救，急救中心立即派车前往李女士住地。2时整，急救中心医务人员赶到现场，但由于物业公司管理的电梯尚未运行，医务人员得知要几分钟后电梯才可运行。待电梯运行后，医务人员乘电梯来到位于14层的李女士儿子家中，为李女士进行心电图检查。2时16分李女士的心电图显示心脏停搏，尸体出现尸斑、肢体僵硬。

4月，李女士的家属起诉至一审法院称，3月15日1时30分～35分之间，李女士呼吸困难，其家属立即联系急救中心，之后立即下楼联系物业公司开电梯，但被告知拿钥匙的人不在。此后，救护车赶到，家属再次联系物业公司，但被告知电梯班长已回家，大家只好继续等待。在这期间，李女士家属曾要求医务人员步行上楼，但被拒绝。待医务人员乘电梯上楼后，李女士已死亡。

【案例分析】

在本案例中，尽管没有证据能证明物业公司因电梯延误直接造成李女士死亡，但是物业公司电梯值班员未在岗，造成医务人员不能及时乘梯上楼，说明物业公司在管理中确实存在问题。对于高层楼房来说，电梯的维护与管理尤其重要，不应该出现脱岗的情况。

三、设施设备的保养管理

在长期的、不同环境的使用过程中，机械的部件磨损、间隙增大、磨合改变会直接影响到设备原有的平衡性、稳定性和可靠性，使用效益也会有相当程度的降低，甚至会导致机械设备丧失其固有的基本性能，无法正常运行。因此，设备就要进行大修或更换，这无疑增加了企业成本，影响了企业资源的合理配置。为此，物业公司必须建立科学、有效的设备管理机制，加大设备日常管理力度，将理论与实际相结合，科学合理地制订设施设备的维护保养计划。具体措施如下图所示。

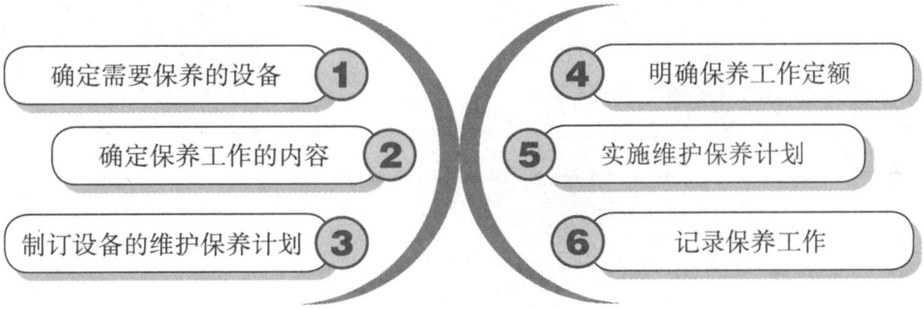

设施设备保养管理的措施

1. 确定需要保养的设备

物业公司应该建立按照设备系统划分的设备档案。通过设备档案就可以全面了解设备现状，从而确定需要保养的设备。

2. 确定保养工作的内容

保养工作的内容要根据设备的运行状态确定，主要是基于两个方面，如下图所示。

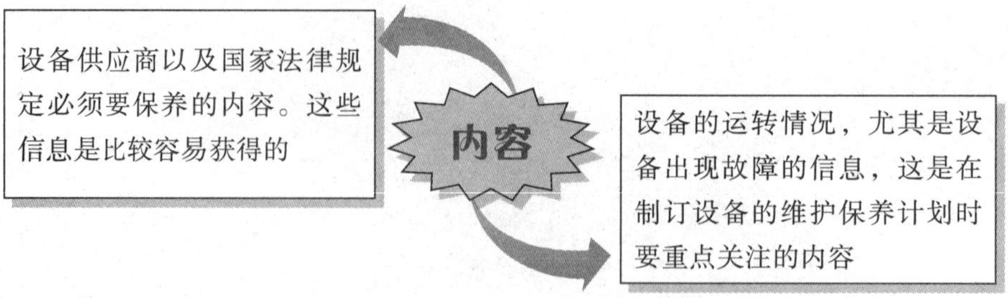

确定保养工作的内容

3. 制订设备的维护保养计划

设备的维护保养计划可以根据管理要求制订，形式是多样的，但必须包含下图所示的内容。

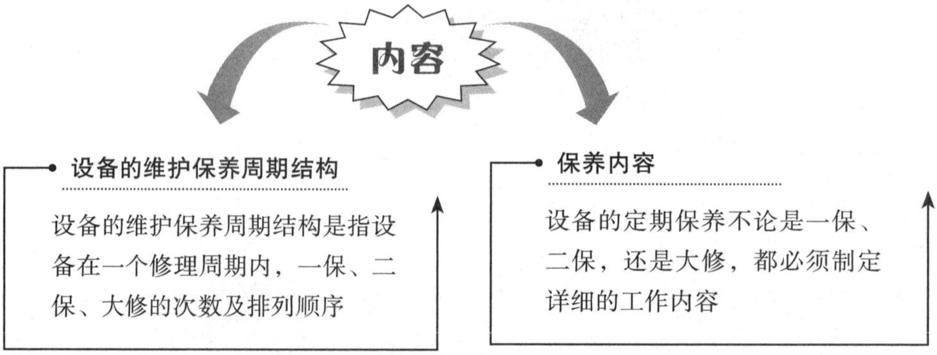

设备的维护保养计划应包括的内容

4. 明确保养工作定额

设备保养工作定额包括工时定额、材料定额、费用定额和停歇天数定额等。设备保养工作定额是制订设备维护保养计划、考核各项消耗及分析保养活动经济效益的依据。

5. 实施维护保养计划

如果没有特殊情况发生，设备保养的实施应该按照维护保养计划进行。在具体工作开始前，要对工作进行分解，准备好相关材料，实施保养后要进行验收和记录。

经验之谈

如果当天的保养工作受到干扰，或者因为其他原因没有完成工作，则需要重新安排保养工作，既要完成没有实施的工作，又要考虑到不影响其他工作。

6. 记录保养工作

每次保养都应当做好记录工作，以便物业公司能够及时了解所有物业设施设备的运行状况。

四、设施设备的日常维护保养

好的设备若得不到及时的维护保养，就会出现故障，缩短其使用年限。对设备进行维护保养是为了保证设备的运行安全，最大限度地发挥设备的有效使用功能，因此，物业公司应加强对设备的维护保养，做到以预防为主，坚持日常维护保养与计划检修相结合。

1. 维护保养的方式

维护保养的方式主要是清洁、紧固、润滑、调整、防腐、防冻以及外观表面检查。对长期运行的设备要巡视检查、定期切换、轮流使用，进行强制保养。

2. 维护保养工作的实施

维护保养主要是做好日常维护保养和定期维护保养工作，其要求如下表所示。

维护保养工作的实施要领

序号	类别	管理要求	保养实施要求
1	日常维护保养工作	应该长期坚持，并且要做到制度化	设备操作人员在班前对设备进行外观检查；在班中按操作规程操作设备，定时巡视并记录各设备的运行参数，随时注意设备在运行中有无震动、异声、异味、超载等现象；在班后做好设备清洁工作
2	定期维护保养工作	根据设备的用途、结构复杂程度、维护工作量及维护人员的技术水平等，决定维护保养的间隔周期和停机时间	需要对设备进行部分解体，为此，应做好以下工作： （1）对设备进行内、外清扫和擦洗 （2）检查运动部件转动是否灵活、磨损情况是否严重，并调整其配合间隙 （3）检查安全装置 （4）检查润滑系统油路和过滤器有无堵塞 （5）检查油位指示器，清洗油箱，换油 （6）检查电气线路和自动控制元器件的动作是否正常等

3. 设备的计划检修

计划检修是指对正在使用的设备，根据其运行规律及点检的结果确定检修周期，以检修周期为基础制订检修计划，对设备进行积极的、预防性的修理。根据设备检修的部位、修理工作量的大小及修理费用的高低，计划检修工作一般分为小修、中修、大修和系统大修四种，如下表所示。

计划检修工作种类

<table>
<tr><th>序号</th><th>计划检修类别</th><th>主要内容</th><th>备注</th></tr>
<tr><td>1</td><td>小修</td><td>清洗、更换和修复少量易损件，并做适当的调整、紧固和润滑工作</td><td>一般由维修人员负责，操作人员协助工作</td></tr>
<tr><td>2</td><td>中修</td><td>在小修的基础上，对设备的主要零部件进行局部修复和更换</td><td rowspan="2">中修、大修主要由专业的检修人员负责，操作人员协助工作</td></tr>
<tr><td>3</td><td>大修</td><td>对设备进行局部或全部的解体，修复或更换磨损或腐蚀的零部件，尽量使设备恢复到原来的技术标准；同时也可对设备进行技术改造</td></tr>
<tr><td>4</td><td>系统大修</td><td>对一个系统或几个系统甚至整个物业设备系统进行停机大检修，通常将所有设备和相应的管道、阀门、电气系统及控制系统都安排在系统大修中进行检修</td><td>系统大修时，所有相关专业的技术管理人员、检修人员和操作人员都要按时参加，积极配合</td></tr>
</table>

经典案例

电梯困人4小时物业公司被罚5万元

【案例背景】

2017年11月17日下午2时25分，某小区A栋18楼一业主姜某乘电梯回家，电梯运行至4楼时，突然发生故障。被困后，由于电梯轿厢内手机无信号，姜某无法与外界通话，随即持续按轿厢内的报警装置和呼叫装置，但无任何反应。之后，物业公司的一名保洁员向公司报告电梯内有响动，物业公司随即通知保安队长唐某前去查看。唐某来到困人电梯一层门口后，随便检查了一下，认为电梯处于正常工作状态，未进一步核实即离开。直至下午6时20分，姜某妻子下班回家，发现丈夫仍被困在电梯内，便立即通知物业公司，至此，被困4个多小时的姜某才被解救出来。

市质量技术监督局（简称“市质监局”）知悉相关情况后进行调查，发现困人电梯是A电梯有限公司制造的合格产品，由B电梯有限公司安装，于2015年4月经省特种设备检验所验收检验合格，并于当年5月18日办理了使用登记手续。B电梯有限公司承担安装后第一年内的维护保养工作。电梯安装后，由C物业公司负责管理。该电梯轿厢内的通话装置在安装验收检验合格半个月后被B电梯有限公司拆除。

市质监局对擅自将电梯轿厢内的通话装置拆除，致使困在电梯内的人无法与外界取得联系，违反相关规定的B电梯有限公司处罚10万元；对因未制定特种设备事故专项应急预案，未对电梯异常情况进行全面检查，事故发生后未按规定向相关部门报告的C物业公司处罚5万元。

【案例分析】

物业公司应落实安全主体责任，建立健全特种设备安全责任制和各项安全规章制度，制定特种设备事故专项应急预案，定期进行应急演练并落实到位；同时，要与通信单位协调联系，使手机信号覆盖电梯轿厢内，确保通信正常。

五、设施设备的维修管理

维修是指为了恢复或改善设备性能而实施的技术活动。维修为设备的顺利工作做出了重要的保障，随着技术的提高和进步，维修可以确保设备无故障运行，保证设备经常处于良好的工作状态。

就性质来说，维修也是对将来的投资。维修不只是排除故障，而是保证公司的生存和发展，提高公司经济效益的一种长期连续的投资。做好这项工作，对于增强公司技术力量、降低成本具有重要的意义。

1. 设立便民维修保养服务部门

物业公司应考虑设立便民维修保养服务部门，为业主提供服务。虽然工程部门也可以提供相应的服务，但还是应该设立一个专门的部门为业主提供专业的服务，负责宣传部门形象。

为业主提供良好的服务是成功的前提。当便民维修保养服务部门满足并超过业主对服务的期望时，就能更好地取得业主的信任。为了达到这个目的，便民维修保养服务部门必须有计划地提供良好的服务，再者是向业主宣传他们的服务成绩。

2. 规范报修程序

为规范管理便民维修保养服务工作，使之有序进行，物业公司须对业主报修及处理的程序做出规定。

一般而言，日常报修的程序如下图所示。

- **第一步** 业主根据所要报修的项目内容，通知便民维修保养服务部门请修
- **第二步** 物业公司接到报修通知后，发出请修凭证，同时调度维修人员赶赴现场维修
- **第三步** 维修人员修理完工后，由业主或物业公司进行维修质量验收
- **第四步** 维修质量验收合格后，由业主按维修人员的维修统计核算结果和请修凭证及有关的收费标准付费，并在派工单上签字后收取付费发票或单据
- **第五步** 业主如对维修质量、收费及服务等有异议并未能获得及时解决的，可向物业管理处或其他有关单位投诉

业主日常报修程序

3. 日常报修处理的时间安排

对于业主日常报修处理的时间也要事先进行安排，一方面让维修部门的人员有据可循，另一方面将之公示出来也会获得业主的认可，减少业主的投诉。一般来说，时间可以参考以下几点来安排：

（1）急修项目可日夜（24小时）报修，并在接到报修后1天内上门修理（市内在1小时内即可上门修理）。

（2）一般项目应安排在上午8时至12时，下午2:00至晚上8:00前进行，并在接到报修后3天内上门修理（市内在1天内即可上门修理）。

（3）对疑难修理项目应在1周内安排查勘，约定修理日期，如期完成报修项目（市内物业小区处理报修单一般都能及时到位，无拖拉、推诿现象）。

（4）双休日、节假日维修应安排在上午10:00～12:00，下午2:00至晚上8:00前进行。

4. 制定维修服务承诺

为了加强管理，提高服务质量，物业公司应组织员工制定维修服务承诺，并向全体业主公布维修时间。

为避免服务承诺难以兑现，引起业主投诉，物业公司在制定承诺时应注意下图所示的事项。

事项一 显式承诺与隐式承诺相结合

根据实际情况，公布可控标准，不公布不可控标准。如可公开业主维修的时间，不公开完成维修的时间。另外，应避免使用“承诺”之类的词语，可以采用“服务标准”等中性词

事项二 完全承诺与具体承诺相结合

完全承诺有较大的风险，对简单易行、费用较少的项目，可采取完全承诺，如“保证维修效果，否则不收费”等；对一些昂贵的大型项目，可采用具体承诺，如“一般情况下，保证维修效果”等

事项三 内部承诺与外部承诺相结合

规模小、人员较少的物业公司如对公开承诺没有把握，可在公司内部采取内部承诺，这样有助于提高内部服务质量，以积累一定的经验，为公开承诺做好准备

事项四 补救与补偿相结合

为了避免承诺不能兑现而导致业主不满，可提供补救性服务，消除业主的不满情绪，以获得他们的信赖，避免扩大事态。补救性服务可像商场一样采取“以修代退”的方法，尽量用较小的代价挽回局面。例如业主对维修质量不满意，公司可以免费再次维修等

制定承诺时的注意事项

5. 制定维修服务程序

为了对维修人员的维修服务进行监控，物业公司有必要制定相应的程序，以规范物业维修人员开展服务的步骤。基本要求如下表所示。

维修服务的基本要求

序号	步骤	具体要求
1	接单派工	填写维修（服务）任务单后，应及时落实维修服务人员和上门维修服务时间
2	工具箱配置	工具箱由公司统一配置，应完好无损，外观整洁，标识、编号字迹清晰；箱内工具应齐全、完好无损，每件工具表面应保持清洁，箱内供维修使用的布垫、鞋套等应完好无损
3	交通工具配置	维修服务人员使用的自行车由公司统一配置

（续表）

序号	步骤	具体要求
4	安全操作	（1）维修电工应持有效的电工安全操作证上岗 （2）维修电工作业前应穿着绝缘鞋，应确保测电笔和万用电表性能良好 （3）维修电工所使用的扶梯梯脚应用橡皮包扎，具有良好的绝缘性能。登高作业使用的扶梯应无断档、开裂，扶梯的保险绳应牢固，登高作业时应有专人挡梯、监护 （4）注意作业安全，如遇电气线路故障，应停电作业；如遇水管修理，应采取防止水管泄漏的措施；如一人难以操作，应由两人共同作业
5	维修服务质量检查	维修服务主管每天应检查任务单完成状况及维修服务质量，并做好记录；管理处经理（或物业主任）应及时完成维修服务回访，并做好回访记录

6. 加强维修服务检查与回访

为了确保服务承诺能兑现，有必要对维修服务进行检查和回访。回访对维修服务非常重要，也是许多物业公司通行的做法，物业公司有必要重视这方面的工作。

（1）维修服务回访的内容。

维修服务回访一般包括下图所示的内容。

内容1　实地查看维修项目

内容2　向在维修现场的业主或其家人了解维修服务人员服务的情况

内容3　征询改进意见

内容4　核对收费情况

内容5　请被回访人签名

维修服务回访的内容

（2）维修服务回访的时间要求。

对于回访时间，物业公司最好在回访制度中加以规定。回访时间一般应在维修服务后一星期之内进行。如安全设施维修服务在两天内回访，漏水项目维修服务在三天内回访。每家物业公司都会有相应的规定。

经典案例

维修不及时致业主摔倒

【案例背景】

某小区第38栋楼的公用水箱出现渗漏现象，该栋楼的业主们向物业公司反映了情况，要求其及时予以修缮，但物业公司一直未采取措施。有一天，住在该栋楼的业主赵小姐回家经过楼前通道时，因地面积水湿滑而不慎摔倒，导致右腿骨折，被送往医院治疗。赵小姐要求物业公司赔偿其医药费、营养费及误工补贴等相关费用未果，于是把物业公司告上法院。法院判决：物业公司应当承担责任。

【案例分析】

在本案例中，小区物业公司对公用水箱的渗漏未及时进行维修，致使赵小姐因地面积水湿滑而摔倒住院，应由物业公司对赵小姐的损失给予赔偿。

物业公司要避免因维修不及时导致的赔偿责任，就必须对职责范围内有问题的设施设备及时进行维修，并建立维修责任人制度，对没有尽职尽责的相关责任人予以处罚。

六、房屋的零星养护

房屋的零星养护，是指结合实际情况确定或由突然损坏引起的小修。

1. 零星养护的内容

零星养护的内容如下图所示。

- 内容 1　屋面筑漏（补漏），修补屋面、泛水、屋脊等
- 内容 2　钢、木门窗整修，拆换五金，配玻璃，换窗纱，油漆等
- 内容 3　修补楼层地面，抽换个别楞木等
- 内容 4　修补内外墙、抹灰、窗台、腰线等
- 内容 5　拆砌挖补局部墙体、个别拱圈，拆换个别过梁等
- 内容 6　抽换个别檩条，接换个别木梁、屋架、木柱，修补木楼等

内容7 水卫、电气、暖气等设备的故障排除及零部件的修换等

内容8 下水管道的疏通，修补明沟、散水、落水管等

内容9 房屋检查发现的危险构件的临时加固、维修等

零星养护的内容

2. 日常零星养护的要求

日常零星养护项目主要通过维修管理人员的走访、业主的随时报修两个渠道来进行。零星养护的特点是修理范围广、项目零星分散、时间紧、要求及时、具有经常性的服务性质。

经验之谈

零星养护应力争做到“水电急修不过夜，小修项目不过三，一般项目不过五”。

七、房屋的计划养护

房屋的各种构、部件均有其合理的使用年限，超过这一使用年限一般就会开始不断出现问题。因此，要管好房子，就应该制定科学的大、中、小修三级修缮制度，以保证房屋的正常使用，延长其整体的使用寿命。这就是房屋的计划养护。

比如，房屋的纱窗每3年左右就应该刷一遍铅油保养；门窗、壁橱、墙壁上的油漆、油饰层一般5年左右就应重新油漆一遍；外墙每10年就应彻底进行1次检修加固；照明电路明线、暗线每年都要检查线路老化和负荷的情况，必要时可局部或全部更换等。

这种定期保养、修缮制度是保证房屋使用安全、完好非常重要的制度。下表列出了建筑设施的保养周期。

建筑设施的保养周期

序号	公共建筑设施名称	保养周期	备注
1	屋顶	每2年	及时更换破碎的隔热层面砖
2	外墙饰面	每3年	每年对重点部位进行清洗

（续表）

序号	公共建筑设施名称	保养周期	备注
3	内墙饰面	每3年	对于裂缝较大的及时予以更换，发现有脱落的及时进行修补
4	楼梯间	每3年	对粉刷墙面损坏的及时修补
5	门	每1年	对生锈或掉漆的门及时修理
6	防盗网、花园围栏	每2～4年	根据损坏情况确定刷油漆时间
7	窗	每1年	发现损坏及时修补、更换
8	公共地砖	每3年	发现损坏或裂缝严重的应更换
9	吊顶	每3年	发现有破损的及时更换
10	人行道、车行道	每1年	发现有损坏的及时修补
11	管道	每3年	必要时可以增加刷油漆次数
12	污水井	每1年	发现堵塞应及时疏通
13	遮雨篷	每1年	在大雨或台风来临前应增加保养次数
14	玻璃幕墙（玻璃门）	每1年	在大雨或台风来临前应增加保养次数

经典案例

污水管道返水

【案例背景】

某年8月5日，某小区15栋302房业主给管理处打来了电话，说厨房和洗手间的地漏返水，污水已淹没大厅的部分木地板，要求即刻处理。

5分钟后，维修工带着工具赶到现场，但这时污水已经退去。随后，清洁工也闻讯赶来了，并按照业主的要求迅速将厨房内的物品搬出去并进行了保洁。然后，主管及时安排有关人员更换木地板和橱柜，同时协调责任方与业主就赔偿问题达成共识。业主对物业公司的处理表示满意。

为了彻底解决问题、消除隐患，管理处决定查个清楚。他们对此问题进行了认真的检查和分析，最后查明是污水管的管道内残留建筑垃圾，平时排水量少时污水可以排出去，但在用水高峰期时则排水不畅，导致返水。

发现问题后，管理处马上协调和督促有关方面对小区的所有排污管道进行了一次全面检查，对排污不畅的管道进行了疏通，从管道中清除了不少建筑垃圾，进而彻底消除了污水管道返水的隐患。

【案例分析】

出了类似的问题要迅速处理，该管理处的员工可谓训练有素，相关部门的人员能迅速到位，使问题得以解决。同时，管理并不止于某一问题，而应由点及面，找出问题的根源，从而把隐患彻底消除，这也有利于将来工作的开展。

知名物业管理企业

招商局物业管理有限公司（简称“招商物业”）是招商局集团旗下唯一一家从事物业管理与服务的企业，隶属于招商局蛇口工业区控股股份有限公司；公司运营管理总部位于深圳，拥有国家一级物业管理企业资质，是国内最早以产权为纽带、以资产管理为核心的规模化、品牌化和集团化物业管理企业。

招商物业“百年诚信，至尊服务”的发展理念，源于跨越三个世纪的历史传承。20世纪80年代初，招商物业在蛇口应运而生，近40年耕耘，招商物业发展成为招商局集团旗下唯一一家房地产价值链全程综合服务商，业务遍布全国40多个城市和地区，员工规模16000余人，在管物业逾500个，服务中高端项目面积超7500万平米，服务客户人数超百万。截至2018年底，公司在管面积超过7500万平方米，拥有下属机构61家，业务涉及国内40多个城市和地区。

第七章

物业安全管理

阅读提示：

在物业管理活动中，安全管理不仅能保护业主的生命安全及财产不受损害，而且能保障物业公司的正常运作。

关键词：

⇨ 出入安全管理
⇨ 车辆安全管理
⇨ 高空坠物管理

概念解析

物业安全管理是指物业公司采取各种措施和手段，保证业主的人身和财产安全，维持正常的生活和工作秩序的一种管理工作。物业安全管理包括“防”与“保”两个方面。“防”是预防灾害性、伤害性事故发生；“保”是通过各种措施对发生的事故进行妥善处理。“防”是防灾，“保”是减灾，两者相辅相成，缺一不可。

管理要点

一、物业安全管理的原则

安全管理在整个社会中具有重要的地位和意义，是社会活动中的基础和保障。在物业管理活动中，安全管理不仅能保护业主的生命安全及财产不受损害，而且能保障物业公司的正常运作，因此，物业公司要切实抓好安全管理。在实际工作中可遵循下图所示的原则。

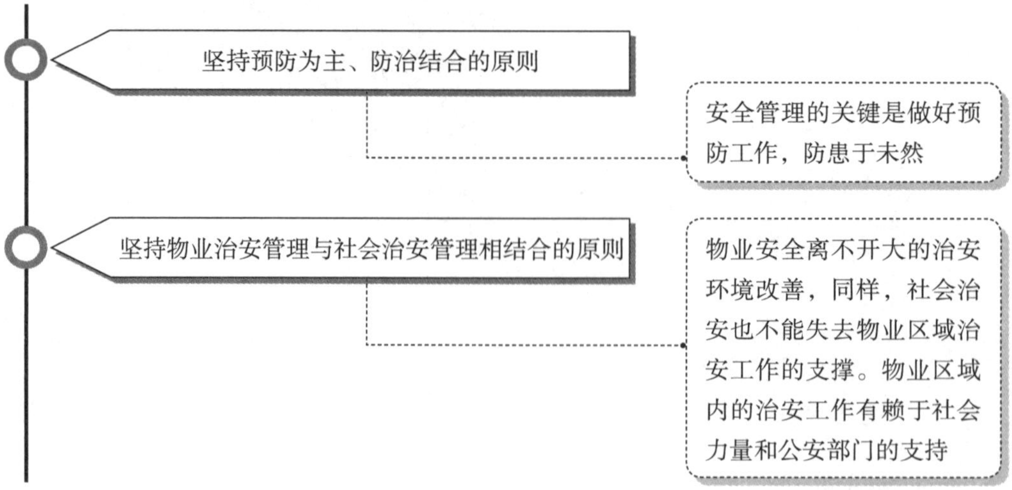

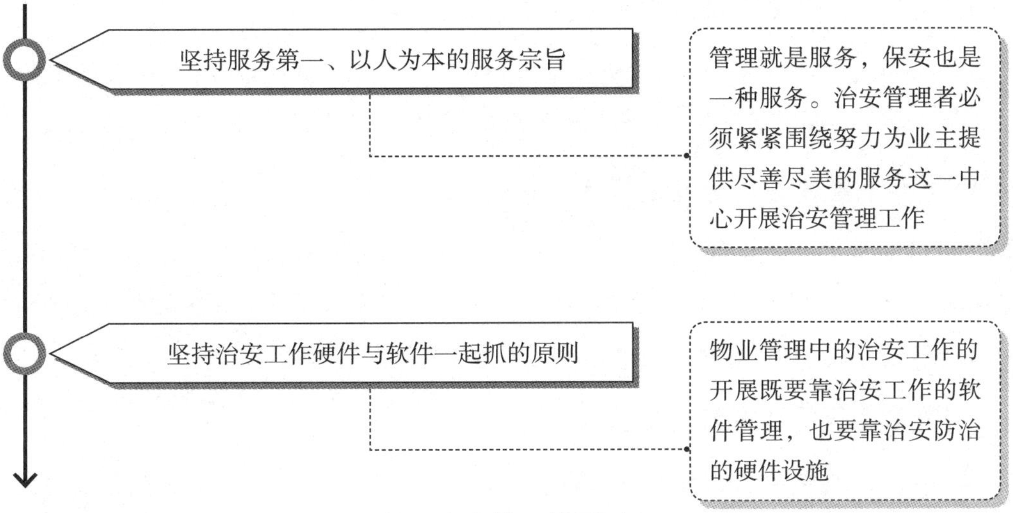

物业安全管理的原则

二、物业安全管理的内容

物业安全管理包括下图所示的内容。

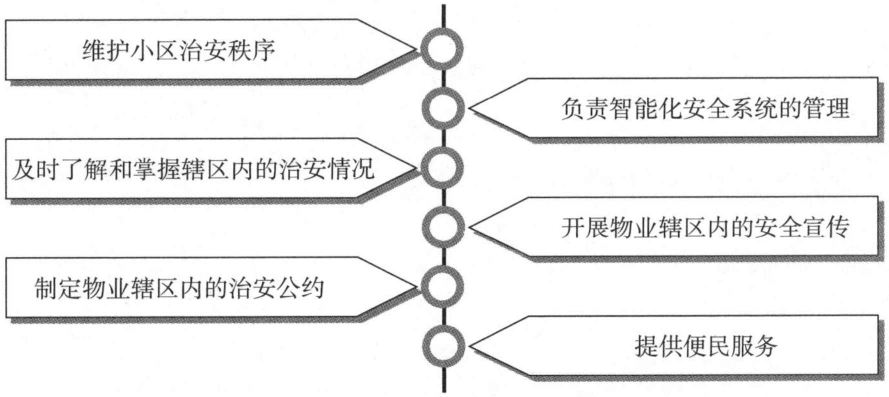

物业安全管理的内容

1. 维护小区治安秩序

严格执行国家有关政策、法令，密切配合公安部门，做好物业辖区内的治安管理工作，并对物业辖区内违反国家治安管理的行为及时进行规劝和制止，并将犯罪嫌疑人员及时送交公安机关依法查处。

2. 负责智能化安全系统的管理

闭路电视监控系统、报警系统等智能化安全系统要实行24小时监控。

3. 及时了解和掌握辖区内的治安情况

定期开展物业辖区内的安全检查；了解和掌握辖区人口居住情况，熟悉物业辖区内的常住人员，及时掌握变动情况，发现可疑情况及时查处，避免或降低治安危害程度。

4. 开展物业辖区内的安全宣传

宣传的内容主要包括禁毒、扫黄、打假、防盗、预防治安事故发生等。可采用的宣传方式有有线电视、板报、图片、标语、横幅、讲座、印发资料等。通过物业的安全宣传使辖区内人人知法、懂法、守法，共同预防各类治安案件的发生，创造良好的治安环境。

5. 制定物业辖区内的治安公约

建立健全物业安全管理的各种规章制度是堵塞漏洞、杜绝安全隐患的有效措施，是加强保安人员管理的有效手段，并有助于社区安全工作与社区物业管理各项工作的同步和协调。

物业安全管理需要制定的主要规章制度有：安全管理人员工作职责、突发事件处理制度、巡逻制度、安全工作总结制度、安全文明小区公约等。

6. 提供便民服务

物业公司在安全管理方面应该给业主和使用人提供最大的便利服务，安全管理的根本目的不是限制人们的活动，而是为人们的活动提供更好的服务。

三、物业安全管理的方式

物业安全管理的方式根据物业性质的不同而有所不同，总体上主要有下图所示的三种。

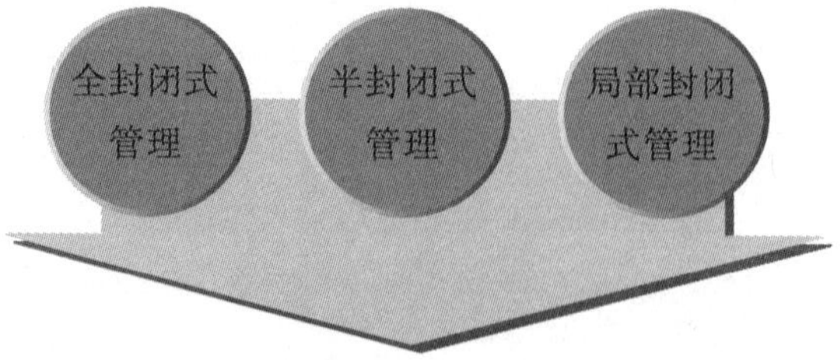

安全管理的方式

1. 全封闭式管理

全封闭式管理是对进出物业的人、车、物全部实行查验放行的管理方法。全封闭式管理要求物业具有物质上的全部隔离装置，而且往往采用先进技术来防止翻越围墙及安装翻越围墙报警系统，对物业所有的出入口都进行管理。具体管理内容主要有：

（1）人：访客必须得到业主的许可并进行登记才可进入，其他人员禁止入内。

（2）车：所有机动车辆进行登记发卡，验证后放行。

（3）物：禁止物业不允许存放的物品入内（如危险品、剧毒物品等），大件或具有一定价值的物品需由业主本人同意方可运出。

经验之谈

全封闭式管理安防效果好，但成本较高。较高档次的住宅物业，尤其是高层住宅楼宇多采用这种管理方法。

2. 半封闭式管理

半封闭式管理是对进出物业的人、车、物实行部分查验放行的管理方法。半封闭式管理要求物业具备对需要进行验放的内容进行限制、隔离和管理的物质条件、技术手段和管理方法。一般较大型的住宅小区、写字楼、工业区多选用半封闭式管理。

3. 局部封闭式管理

局部封闭式管理是对物业进行区块上的划分，对部分区域进行封闭式管理而对其他区域进行敞开式管理。大多运用于混合型物业。

比如，包含商业街的住宅区，可以对住宅部分进行封闭式管理，而对商业部分进行敞开式管理。

四、出入口管理

物业安全管理部门应当根据国家法规和物业管理服务合同的约定，结合所管项目的类型、档次、周围环境和业主的要求制订相应方案。既要有效把好人员、车辆、物品等出入的管控关，也要把好执行过程中的服务关。

1. 外来人员的管理

任何封闭式小区对外来人员都要实施核实登记管理工作，但在实际操作过程中有很多的难点。如有的业主不理解到其家中做家政为何要登记，有的业主防范意识差把门禁卡随意给外来人员使用等，给物业治安防范带来很大的安全隐患。从治安防范的主体对象来看，下图所示的人群是非小区业主的管理。

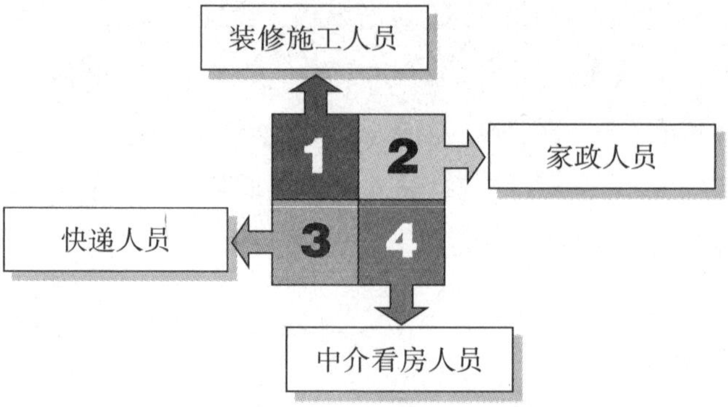

非小区业主管理的人员

物业公司可结合实际情况对这几类人员实行以下管理办法。

（1）对装修施工人员实行A、B证管理，也就是一个施工人员办两个出入证，A证为白天进入小区的证件，B证为离开小区的证件。出入证都放在出入口岗位，如果在规定的装修时间内施工人员的B证还在岗位，说明施工人员还未离开服务区域，那么出入口岗位就会及时通知巡逻岗上门督促其离开。这样做有效消除了施工人员留在小区过夜的安全隐患。

（2）对保姆及长期家政人员进行登记造册备案，并尽可能地劝说业主要求其到公安机关做指纹备案，同时对家政人员实行出入证管理。

（3）对快递人员及送外卖人员一律实行与住户先核实，准许其进入后再登记放行的方法。

（4）对中介看房人员一是要加强对业主委托书的验证；二是未带客户的一律不准其进入；三是看房客人必须实行登记制度；四是和当地派出所联系让中介人员做指纹备案；五是和中介负责人签订治安责任书，保证中介人员不私自联系住户。

2. 出入车辆的管理

随着生活水平的提高，停在高档住宅小区里的车辆越来越高档，价值几百万元的车辆占有相当大的比例，再加上新的停车场相关法规的出台，物业公司对停放车辆管理的风险和难度正在增加。车辆剐蹭、无卡出场等给物业公司带来了财产损失和极大的风险。车辆管理的重点包括车辆进入管理和车辆放行管理。

（1）车辆进入管理。

业主的车辆应当刷IC卡进入小区或通过自动识别系统进入小区，陌生车辆、来访车辆要实行核实登记制度，对于无明确事由的车辆或其他异常车辆拒绝放行。

（2）车辆放行管理。

当驶出的车辆出现没有IC卡、车辆停放服务卡，车辆临时停放服务凭证（卡）上的车牌号与所开车辆的车牌号不符、驾驶员不符，无车牌等异常情况时，应立即报告当值班长或安全负责人，查验并登记车主的有效证件如车辆行驶证、驾驶证、车牌号、车型等，进行人、车、证的核实，经车辆所有权人或单位证实并在驶出车辆异常情况登记表上签名后方可放行。

3. 物资放行管理

物业公司应建立有效的物资放行管理制度，规范相应的物资放行流程，从而保证业主的财产安全。物业公司应当对搬出管理区域的物资进行核实登记工作，搬出物资经业主本人确认并办理相关书面手续后方可放行。主要应做好下图所示的两方面的工作。

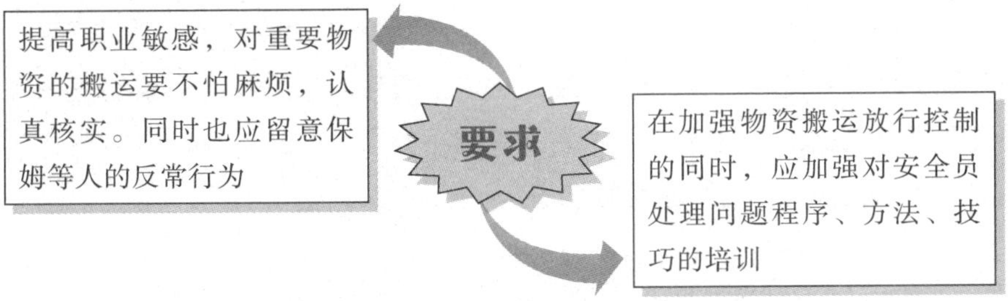

物资放行的管理要求

经典案例

访客拿住户钥匙要上楼入户

【案例背景】

某大厦管理处大堂保安员碰到这样一件棘手的事情：两位访客自称是某住户的密友，受在外的住户之托，持有住户交给的钥匙，要进入其在此大厦中的住宅办理要事。经仔细询问，两人能够比较准确地说出该住户的基本情况，如果放行自己心中无底，如果拒绝又恐耽误人家的要事……

针对这种情况，管理处及时研究对策。他们在大堂保安员作业指导书中补充规定，凡遇到类似情况，要求访客出示住户的书面委托，在确定书面委托真实性并留存书面委托后，登记其有效证件，予以放行；若访客不能出示住户的书面委托，则由大堂保安员用电话与住户直接联系，确认无误后，做好记录和登记再放行；如无法直接或间接证明访客上楼入户已得到住户认可时，就婉言谢绝入内，若其无端生事，可视情况上报或报警。

之后，管理处又数次遇到这种情况，工作人员按照上述规定进行处理，既得到了住户和访客的理解，又确保了大厦的安全。

【案例分析】

此类情况许多物业公司都会遇到，因不严格执行登记制度而造成住户财、物甚至人身受到伤害而致物业公司惹上官司的不在少数。所以，物业公司应能预想到这类情况，并据此制定相应的对策以规避风险。

五、治安巡逻管理

在物业治安管理中，巡逻是很重要的一个保障。一是出入口的第一道防线还不足以完全防止所有不法分子的进入；二是治安、消防等其他隐患只能通过巡逻岗位的巡视才能及时发现并得到消除。因此，加强安全巡逻，发现并消除各种不安全因素就显得尤为重要。要利用好巡逻岗位，确保做到“巡之有效，巡之有为”，打造物业治安防范管理的立体防范体系，需要做好下图所示几个方面的工作。

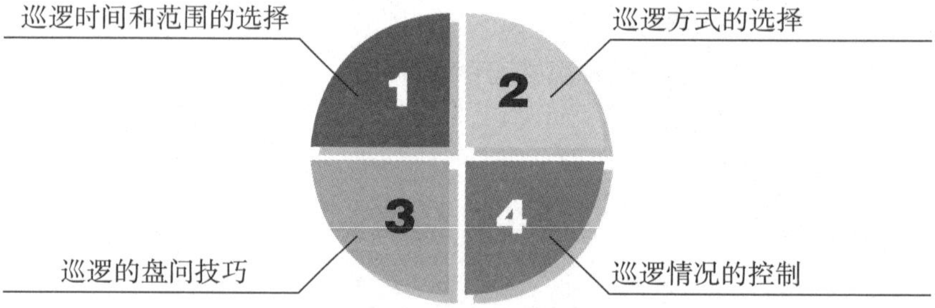

治安巡逻管理的主要工作

1. 巡逻时间和范围的选择

要根据小区周边治安形势、犯罪分子活动的特点及所管项目的特点，结合季节变化做相应的调整。一般来说，夜间是巡逻的重点，尤其是要在傍晚至午夜、节假日、恶劣天气等情况上下功夫，不能在时间上留空档。

比如，××物业到年底治安形势严峻的时候要求：岗位佩戴“××派出所治安巡逻”红色袖标，统一着装，尽量扩大声势。主要负责外围、出入口及商业广场的巡逻，体现震慑力；小区内列队巡逻，增加业主的安全感，提高满意度；根据重点合理分配时间，巡逻队应配有强力灯。

2. 巡逻方式的选择

巡逻的方式很多，主要有定时巡逻、不定时巡逻、定线巡逻、不定线巡逻、定线和不定线相结合巡逻、制服巡逻和便衣巡逻。但总的来说，巡逻的方式要结合实际情况灵活变化，制定不同的巡逻路线并且做好保密工作，不让犯罪分子掌握巡逻规律。

3. 巡逻的盘问技巧

在巡逻过程中发现可疑人员不但要敢于盘问，更重要的是要会盘问。对形迹可疑人员、财物来源可疑人员、身份不明人员、案件关联人员等重点盘问对象，可采取下图所示的盘问方式进行盘问。

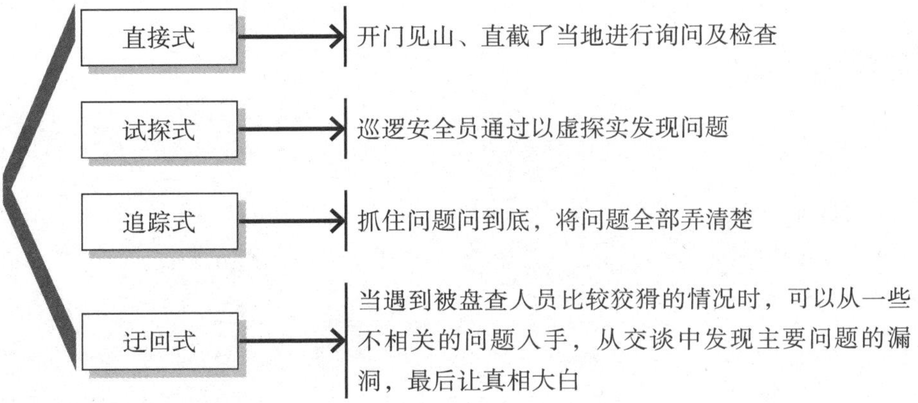

盘问的方式

4. 巡逻情况的控制

虽然很多物业公司制订了周密的巡逻计划，但由于部分安全员工作态度不端正、责任心不强，存在走过场甚至未巡逻的现象，因此，要对安全员的巡逻情况进行控制和检验。最常用的方法如下图所示。

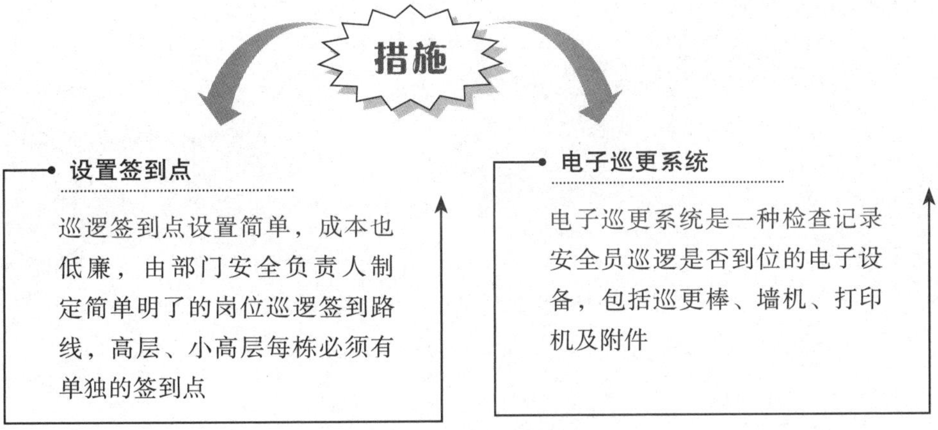

巡逻情况的控制措施

经验之谈

监控方法只能解决有没有巡逻的问题，而巡逻的质量要通过平时的培训教育来提高。

经典案例

贼两次从窗户进入，物业难逃其责

【案例背景】

万先生居住在一个半封闭的小区里。春节前的一天，万先生下班回到家，一进门就傻眼了，满屋被翻得乱七八糟，家里的首饰、金表、数码相机连同2万元现金一并被小偷洗劫了。万先生马上报了警。经过警方调查，小偷应该是在家里人上班、小区里人不多的9时至10时，通过楼梯通道的窗户爬上万先生家的阳台，从没有关好的窗户爬进去的。小偷专门翻找轻便的物品，大摇大摆地从正门出去，致使后来查看监控录像时，都看不出哪个人是小偷。损失惨重的万先生一方面等待警方破案，一方面与物业联系寻求解决办法。

万先生家在3楼，卧室的阳台与楼梯的窗户相隔不远，那天早上他开窗透气，结果忘了关窗，于是小偷从临近这扇窗户的楼道窗户爬进了万先生家。发生盗窃案后，万先生要求物业必须为楼梯内的窗户安装防护栏，小区物业认为如果小区内都装防护栏，将是一笔不小的费用，于是没有同意。气愤的万先生说："要是再出事，就得你们物业负责！"同年3月，万先生家再次被盗了，而且与上次的情况完全一样，只是这次万先生家里没有放置值钱的东西，只丢了几百元钱。万先生再次找到物业，下达了他已准备将物业公司起诉到法院的最后通牒。物业公司这次没敢怠慢，而是尽力安抚万先生，并及时为离万先生家较近的楼道窗户安装了防护栏，不久后又为小区内所有存在安全隐患的楼道窗户都安装了防护栏。

【案例分析】

按照《物业管理条例》的规定，安全防范是物业管理合同中主要的基本业务：

第一，要协助物业管理，做好物业管理区域内的安全防范工作。

第二，发生了安全事故时，物业公司应当采取一切应急措施来解决问题。

当业主已经发现安全隐患，特别是发生过盗窃案件后，物业公司明知存在隐患却不顾业主要求，没有实施必要的防范措施，致使业主家再次被盗，这就难逃其责了。尽管物业合同中没有规定要安装防护栏，但在业主的人身财产安全受到威胁时，物业公司有防护、减小危害的义务。

六、车辆安全管理

由于对停车场位、停车场库不够重视，或者对车辆发展速度估计不足，尽管一般的住宅区、商业区、工业区都留有停车场位或设有停车场库，但是停车位大都严重不足，造成车辆乱停乱放；加之车辆种类、型号、吨位的复杂，成为管理人员日益头疼的问题。但无论怎样，在已有停车场的基础上，物业公司要想办法做好车辆的安全管理。

1. 加强人力安排

物业管理区域内的交通一般不由交警管理，而是由物业管理处管理。

（1）对于大型物业，范围广、道路多，物业公司可以考虑设置交通指挥岗位，安排专职人员指挥交通。

（2）在交叉口交通流量不大的情况下，可由保安指挥交通；如果交通流量较大或在特殊的交叉口上，则设置交通信号灯指挥交通。

经验之谈

使用交通信号灯进行交通指挥，可以降低交通指挥员的劳动强度，减少交通事故以及提高交叉口的通行能力。同时，要对保安加强培训，让每个人都有指挥交通的能力。

2. 制定管理规定

为了确保物业管理区域内的交通安全畅通，物业公司最好组织人员制定小区交通管理规定，对进入小区的车辆进行限制，并提出规定以规范居民车辆停放、行驶的行为。小区交通管理规定一定要予以公示，具体可贴在小区入口或停车场库入口处。

3. 完善停车场的管理

停车场管理是物业日常管理的一项重要内容，为了让所管辖区域车辆有序进入、安全停放，减少纠纷与事故，杜绝车辆丢失，物业公司应积极完善停车场的管理工作。具体措施如下图所示。

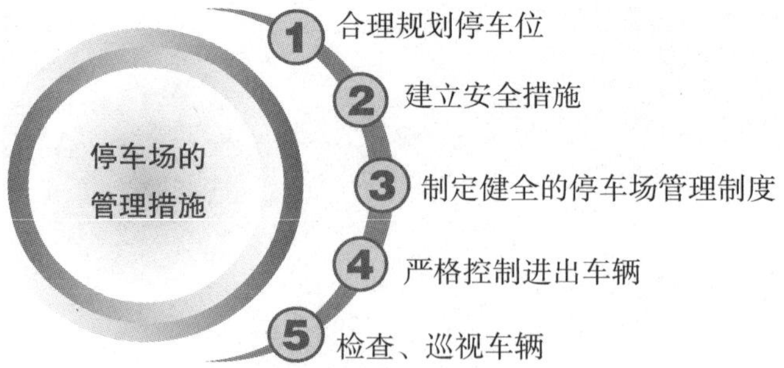

停车场的管理措施

（1）合理规划停车位。

停车位分为固定停车位和非固定停车位、大车位和小车位。使用固定停车位的业主应办理月租卡，临时停放的应使用非固定停车位。固定停车位应标注车牌号，以方便车主停放。

经验之谈

车场的管理人员应熟记固定停车位的车牌号码，并按规定引导小车至小车位、大车至大车位，避免小车占用大车位。

（2）建立安全措施。

建立安全措施即要求停车场内光线充足，适合驾驶，各类指示灯、扶栏、标志牌、地下白线箭头指示清晰，在车行道、转弯道等较危险地带设立警示标语。

在车场内设立防撞杆、防撞柱。车场管理人员在日常管理中应注意这些安全措施，一旦发现光线不足，就要通知维修人员来处理，各类警示标语、标志如不清楚，应及时向上级汇报，请求进行维护。

（3）制定健全的管理制度。

如果没有健全的管理制度，即使有良好的停车场库，也同样不能把车辆管理好。健全的管理制度应该包括门卫管理制度、车辆保管规定等。

（4）严格控制进出车辆。

在停车场库出入口设专职人员对进出车辆实行严格控制。专职人员负责车辆进出、登记车牌号、办理停车和取车手续等工作。进场车辆应有行驶证、保险单等，禁止携带危险品及漏油、超高等不符合规定的车辆进入。在出入口处应设置停车场出入登记卡、机动车停车场车辆出入登记表、摩托车车库出入登记表等表格供专职人员登记使用。

（5）检查、巡视车辆。

车辆保管员应实行24小时值班制，做好车辆检查和定期巡视，确保车辆的安全，消除隐患。具体措施如下图所示。

措施1	车辆停放后，保管员检查车况，并提醒驾驶人锁好车窗、带走贵重物品，调整防盗系统至警备状态
措施2	对入场前就有明显划痕、撞伤的车辆要请驾驶人签名确认
措施3	认真填写停车场车辆状况登记表，以防日后车辆有问题时产生纠纷

检查、巡视车辆的措施

经典案例

车辆破损进入车场后推卸责任

【案例背景】

某日23时40分，××花园B栋一业主将车辆驶进小区，停放在地面车位上后上楼休息。随后赶到的巡逻保安发现车的后窗玻璃已经破碎，当即向保安班班长汇报，并做了详细记录。考虑到车主可能已经就寝，且现场情况可以认定车窗是在小区外损坏的，他们就没有打扰车主，且没有对车主予以核对确认。

次日早晨6时20分，保安员向车主通报其车辆后窗破碎的情况。不料车主竟一口咬定是停进车位后被高空抛物所致，要求管理处予以赔偿。保安员拿出查车记录加以说明，并让其仔细查看一直保护着的现场情况，车主否认记录和现场的真实性。一方据理评说，一方拒不认账，一时难以扯清。

在双方争执不下的情况下，管理处马上电请所属派出所派员进行调查和调解。派出所的工作人员认真查阅记录和勘查现场，询问有关人员和周边住户，然后签署意见，断定车窗是在小区外破碎的，由车主自行负责，并且对车主嫁祸于人的行为提出了严厉批评。车主哑口无言，只得认账。

【案例分析】

从这个案例中我们得到以下经验：

（1）发现类似的大事，应该及时告知业主，当时打扰一下，可能就少了后面的麻烦。

（2）当遇到一些可能产生争议的问题时，从一开始就要注意收集和留存相关证据。有了证据，一旦出现纠纷，处理起来就可以省去许多麻烦。

（3）在无法扯清的情况下，没有必要再扯下去，及时请权威机关来处理是最好的办法。

七、高空坠物管理

高空坠物很容易造成人员伤亡，因此，物业公司必须采取各种措施加强这方面的管理，同时做好高空坠物的处理工作。

1. 建筑物及附着物坠物管理

建筑物及附着物坠物管理可以采取下图所示的措施。

措施1 承接项目时应考虑建筑物的新旧和外墙面的材质

措施2 就外墙的养护、维修与开发商做出相关约定

措施3 定期排查隐患

措施4 购买适当的保险

建筑物及附着物坠物管理措施

（1）承接项目时应考虑建筑物的新旧和外墙面的材质。

在与开发商或业主委员会签订物业服务合同时，应考虑建筑物的新旧和外墙面的材质，建筑物越旧，其悬挂物或搁置物发生坠落的可能性越大。承接一个项目时，这一风险不得不考虑。

管理细节

承接项目时应做好养护预算

目前建筑物的外墙面有多种材质，如金属、石材、玻璃等。对各种材质的外墙面，其养护和维修的要求也存在差异，这些都应予以考虑。在承接项目时，需详细做好不同材质的养护、维修预算。

（2）就外墙的养护、维修与开发商做出相关约定。

承接一个项目时，物业公司还需要了解开发商对外墙的养护和维修方面的责任以及其与施工单位有何约定。假如开发商在与施工单位签订施工合同时，未在对外墙的养护、维修方面做出具体约定，物业公司可与开发商约定相关免责条款，或就外墙的养护、维修进行相关约定，避免不必要的纠纷。

（3）定期排查隐患。

开展建筑物及附着物安全隐患排查整治工作。对公共场地和公共设施设备、窗户及玻

璃、小区户外广告牌和空调主机等户外附着物定期组织工程技术人员逐户排查，发现存在安全隐患的，要立即整改并登记在册。

经验之谈

台风期间，告知居民住户关好门窗，搬掉阳台边的花盆，防止高空坠物。

（4）购买适当的保险。

为了减少不必要的纠纷，物业公司可以考虑购买适当的保险。

比如，在停车场靠近外墙的情况下，购买物业管理责任险时可考虑购买停车场附加险。根据需要，还可以与开发商或业委会商量，为管理的物业项目购买公共责任险。

2. 高空抛物管理

物业公司对高空抛物应采取预防为主的手段，与居委会、派出所等部门相互配合，从宣传入手，发动群众监督。对不听劝阻、屡教不改的个别人员，与治安机关联合采集证据，予以处罚。防止高空抛物，预防是关键，可以从下图所示的几个措施入手。

措施1　增加技防设施

措施2　尽量不给业主乱扔垃圾的机会

措施3　装修阶段明确责任

措施4　学校、居委会、街道办共同合作，加强社区宣传

防止高空抛物的措施

（1）增加技防设施。

为了确定高空抛物的黑手，物业公司可相应地在此区域增加技防设施，如安装探头等进行监测。技防设施可以抓住真凶，同时也能起到监督的作用，让附近的居民一起来谴责这种行为。

（2）尽量不给业主乱扔垃圾的机会。

由于一些比较老的小区的绿化带布局不合理，因此给一些不太自觉的业主创造了乱扔垃圾的机会。业主选择在隐蔽的地方扔垃圾，其实还是有一定的廉耻心的。因此，物业公

司要在情况比较严重的楼房内进行宣传教育，让他们明白这种行为是不对的，如果伤及他人的话是要负法律责任的。

（3）装修阶段明确责任。

不少业主在装修时图省事，经常从楼上往下扔装修垃圾。因此，在新建小区的物业管理还处在初级阶段时，物业公司和业主委员会可以未雨绸缪，制定相关规范并将其纳入物业管理规定，明确责任，让居民在一开始就知道一旦发生这种行为，就要受到处罚。

（4）学校、居委会、街道办共同合作，加强社区宣传。

提高业主的道德素质，是预防高空抛物的关键。具体措施如下图所示。

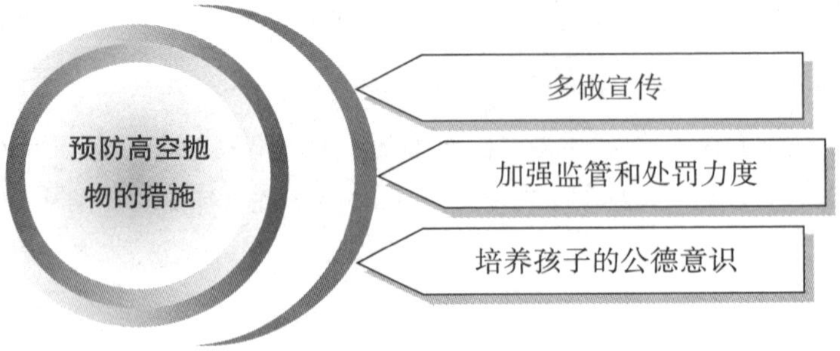

预防高空抛物的措施

图示说明：

①物业管理处要对业主多做宣传，警示高空抛物的危害，提高业主的公共道德素质。同时，物业管理处在和业主签订业主公约时，要对高空抛物进行特别强调，要让业主意识到问题的严重性，在小区内形成“高空抛物可耻”的氛围。

②高空抛物不仅污染环境，更重要的是危及他人的人身安全，管理部门如发现有高空抛物的现象，应当积极搜集证据，张榜公布，联合社区治安部门采取措施对高空抛物者予以惩罚，从而杜绝人为的高空抛物行为。

③从心理学角度看，青少年富有冒险心理，孩子从高空抛物的可能性要比成人大得多。一方面，他们还不了解这种行为的后果；另一方面，孩子的天性是喜欢冒险。

经典案例

墙皮砸出植物人

【案例背景】

一日，市民张某在路过一小区时被楼房脱落的外墙皮砸中头部，造成脑疝、创伤后脑积水、右颞顶骨骨折等损伤，成了植物人，经鉴定为一级伤残。事故发生时，张某的儿子还不满10岁，其家属以张某的名义将小区的物业公司告上法院，索赔216万余元。

一审法院审理后认为，物业公司是脱落墙皮楼房的管理者，因没有提供自己没有过错的证据，所以应当承担责任。故判决物业公司赔偿张某各项经济损失48万余元，其中包括2万元的精神损害抚慰金。

一审宣判后，张某家属认为精神损害抚慰金偏低，于是向二中院提出上诉。

二中院审理后认为，由于张某现年38岁，其植物人的状态虽没能治愈，但也没有进一步恶化，只要精心护理、细心照顾，张某的生命就能够维持到理想的期限，所以法院酌情确定护理期限为15年，护理人员为2人，护理费按1人1年12673元确定。

关于精神损害抚慰金的问题，原审判定2万元偏低。但是，由于物业公司只是事故楼房的管理者，并没有参与开发和施工，所以主观过错较小，且还要承担巨额的赔偿费用，所以精神损害抚慰金酌情调整为8万元。

【案例分析】

这是一起典型的高空坠物致人损害的案件，涉及的情况通常应追究建筑物责任，由建筑物的所有者或管理者承担。什么是建筑物责任呢？在《中华人民共和国民法通则》第一百二十六条中有明确规定："建筑物或者其他设施以及建筑物上的搁置物、悬挂物发生倒塌、脱落、坠落造成他人损害的，它的所有人或者管理人应当承担民事责任，但能够证明自己没有过错的除外。"物业公司是这一建筑物的管理者，所以，必须承担这一责任。

知名物业管理企业

彩生活服务集团有限公司（简称"彩生活服务集团"）成立于2002年6月18日，总部设立于深圳。2014年6月30日在香港联交所主板上市，成为国内社区服务运营第一股。彩生活服务集团是一家集物业服务、楼宇智能、社区服务于一体的科技型、综合型社区服务企业。

彩生活服务集团将"对物的管理"转变为"对人的服务"，研发并运营了彩之云社区服务平台。平台以社区服务为基础，围绕社区基本服务和配套生活服务，为业主和商家提供对称的信息与交易平台，满足社区业主包括"衣食住行娱购游"等在内的主要居家生活服务需求。在提供全新的客户体验的同时，彩之云以网络技术结合本地服务为主，为业主和住户打造了一个一站式的本地生活服务平台。

第八章

消防安全管理

阅读提示：

在城市现代化进程日益加快的今天，消防安全事故已经成为影响国民生产生活安全的重要隐患。

关键词：

⇨ 消防设施配置

⇨ 消防隐患整改

⇨ 消防宣传培训

概念解析

物业消防安全管理是指在日常管理中通过有效措施预防物业发生火灾，在火灾发生时采取应急措施最大限度地减少火灾的损失。消防安全管理不仅关系到物业公司保障小区业主生命和财产的安全，而且还涉及社会的安定与经济的健康发展。火灾是现实生活中最常见、最突出、危害最大的一种灾害，给许多单位和家庭带来了巨大的灾难。因此，做好消防安全工作是物业安全使用和社会安定的重要保证。

管理要点

一、建立消防安全管理体系

消防安全管理体系是一个系统化、程序化和文件化的管理体系。物业公司应结合自身情况，有针对性地改善企业的消防安全行为，建立规范的消防安全管理体系，以期达到对消防安全绩效的持续改善，切实做到经济发展与消防安全同步进行。

1. 建立消防安全组织结构

物业公司的消防安全管理部门一般从属于公司的安全保卫部门，即在保安部设有消防班。但实际上，消防安全工作并不是某一个部门的事，而是全公司的事。一般来说，物业公司的消防安全组织结构如下页图所示。

2. 明确消防相关人员职责

按照《中华人民共和国消防法》的规定，物业公司应建立消防网络，对于公司的各级人员——消防安全领导小组、消防兼职领导、消防中心、消防队队员、义务消防队队员等也都要明确其职责，并以文件的形式体现出来。

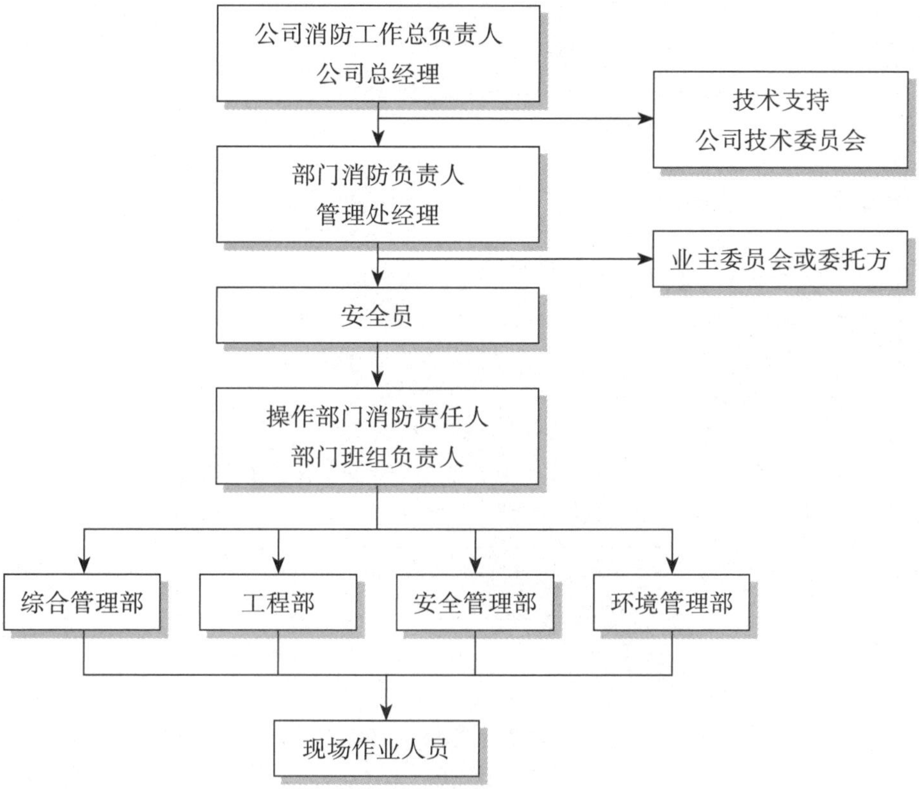

消防安全组织结构

3. 组建灭火组织结构

物业公司灭火的组织结构模式一般是“一部、六组”，即：指挥部、灭火行动组、疏散引导组、通信联络组、安全防护组、救护组和后勤保障组。当然，不同类型的物业，各组的组成人员须根据具体情况来定。

下面提供一份××写字楼物业的灭火组织结构范本，仅供参考。

范本

××写字楼物业的灭火组织结构组成

结构形式		人员组成及职责
一部	指挥部	总指挥：总经理 副总指挥：副总经理 指挥部办公室负责人：护卫部经理 成员：综合办公室主任、工程部经理、客物部经理、中控室主管、护卫部主管

（续表）

结构形式		人员组成及职责
六组	灭火行动组	护卫部20人 负责人：护卫部带班主管、护卫班班长为义务消防队队长 职责：扑灭火灾和防止火势蔓延
	疏散引导组	各客户行政负责人25人，客物部4人 负责人：客物部带班经理、各客户行政负责人 职责：引导客户从消防安全通道疏散到安全的地方，避免拥挤损伤
	通信联络组	中控室1人，着火单位通信联络人2人 负责人：中控室主管、客户行政负责人、保安部主管 职责：保证各组与指挥部的通信联络及情况的反馈
	安全防护组	护卫部5人 负责人：护卫部主管 职责：守护大厦各个出口，防止坏人进行破坏
	救护组	工程部4人、综合办公室2人、财务部2人 负责人：综合办公室主任 职责：救护受伤人员
	后勤保障组	工程部10人 负责人：工程部带班经理或主管 职责：提供水、火场用灭火器、断电及抢险工具等

4. 制定消防安全管理制度

消防安全工作重在预防，物业公司要做好预防工作就必须建立消防安全管理制度。引起火灾大多是由于疏于管理，没有建立起严格的管理制度，或者有相关制度却不能认真执行，麻痹大意。因此，物业公司有必要制定相应的制度来管理和约束相关人员。

二、完善消防安全管理系统

物业消防要加强人防，更要重视物防。重视物防需要根据物业项目的规模、等级配置相应的消防系统，设置好物业区域内的消防标志，尤其是火灾危险区的标志，同时要配备相关的消防器材。

物业公司消防工具一般应包括消防头盔、消防战斗服、消防手套、消防战斗靴、消防安全带、安全钩、消防钩、消防腰斧、照明灯具、个人导向绳和安全滑绳等。

1. 楼层配置

消防器材应结合物业的火灾危险性，针对易燃易爆物品的特点进行合理配置，具体要求如下图所示。

要求1　一般在住宅区内，多层建筑中每层楼的消火栓（箱）内均配置2瓶灭火器

要求2　高层和超高层物业每层楼放置的消火栓（箱）内应配置4瓶灭火器

要求3　每个消火栓（箱）内均配置1～2盘水带、1支水枪及1个消防卷盘

消防器材楼层配置要求

2. 岗亭配置

物业管理项目的每个保安岗亭均应配备一定数量的灭火器。在发生火灾时，岗亭保安应先就近使用灭火器扑救本责任区的初起火灾。

3. 机房配置

各类机房均应配备足够数量的消防器材，以保证机房火灾的处置。机房内的主要配备有手提式灭火器和推车式灭火器。

4. 其他场所配置

其他场所配置的消防器材应保证在发生火灾后，能在较短时间内迅速取用并扑灭初起火灾，以防止火势进一步蔓延。

经典案例

新房起火消火栓却没有水

【案例背景】

某小区6号楼刚装修完还没来得及入住的1801房着火了，消防队员接到报警电话后迅

速赶到现场，却发现该层楼的消火栓没有水。无奈之下，灭火者只得从邻居家用水盆、水桶接自来水灭火，同时，另一路消防官兵从楼下沿着楼梯铺设消防水带到6号楼1801房。“从底楼寻找水源，耽误了宝贵的15分钟，错过了最佳的扑救时间。”消防官兵说，最后是用消防加压泵，接上小区底楼的消火栓，才将水送上6号楼1801房，因此耽搁了15分钟，错过了最佳灭火时机。而6号楼1801房的业主花费11万元装修的新居在大火中化为灰烬，于是向物业公司提出索赔。

小区管理处负责人对消火栓无水的原因，解释称本月18日，也就是火灾发生的前一天，在例行检查时发现6号楼消防管道有漏点，于是当天关上了阀门，停止对该栋楼的消火栓加压供水。不料还未修补漏点，不幸就发生了。

对于业主的索赔要求，管理处负责人表示，该负的责任他们绝对不会推卸，他们准备与业主就赔偿事宜进行商谈，以便待火灾原因、责任认定结果出来后，尽快与业主达成赔偿协议。

【案例分析】

根据《物业管理条例》第三十六条的规定，物业服务未能履行物业服务合同的约定，导致业主人身、财产安全受到损害的，应当依法承担相应的责任。

物业公司在此事中肯定负有责任，但责任大小，要依据火灾原因来划分：如果火灾是因为业主的过错引起的，那么业主需要承担主要责任；如果火灾是因为物业公司的过错引起的，那么物业公司将承担主要责任；如果火灾原因与双方都没有关系，那么双方争论的焦点将集中在消火栓无水，在多大程度上对火灾造成影响，具体加大了多少损失上，这个需要权威机构（比如消防部门）的量化数据作为凭证。

三、确定区域防火责任人

消防安全人人有责，并不仅仅是指物业管理人员，还应包括业主。他们也有防火责任，因为他们所居、所用的区域有时候物业管理不到，可能存在违规情况，比如乱拉电线等。所以，一定要依法确定各区域防火安全责任人，履行消防安全责任制，落实消防安全管理工作，完善各项消防安全管理规章制度，做到业主都清楚消防安全人人有责。

可要求业主和租户根据企业规模大小、经营类别、机构部门设置和公众人流的特点等实际情况，建立并落实逐级消防安全责任制及消防安全管理制度。其具体步骤为：

1. 发出确定防火责任人的通知

在业主迁入之初，就应要求其确定防火责任人。不过，业主是不会主动去做这项工作的，所以，物业公司应派人主动、积极地发出通知，并不时跟催。

关于确定防火责任人的通知

各用户：

为严格执行国家消防法规，保障大厦用户的生命财产安全，请贵单位确定防火责任人（应为贵单位常驻本大厦的负责人），并填写用户单位防火责任人回执表，加盖公章后送交管理公司服务中心。我公司将签发防火责任人任命书给贵单位，请贵单位防火责任人按照防火责任人职责贯彻落实各项消防安全工作。

管理公司（盖章）

……………………………………………………………………………

用户单位防火责任人回执表

房号	单位名称	防火责任人姓名

紧急情况联系电话：__________

签名盖章：__________

日期：____年____月____日

2. 签发防火责任人任命书

在收到用户单位的防火责任人回执表后，一定要按程序签发防火责任人任命书给用户单位，请用户单位防火责任人按照防火责任人职责贯彻落实各项消防安全工作。

防火责任人任命书

兹任命______先生/女士为________防火责任人，具体负责本单位消防安全工作。

防火责任人职责：

1. 贯彻执行《中华人民共和国消防法》实施细则和其他有关消防法规。
2. 组织实施逐级防火责任制和岗位防火责任制。
3. 建立健全防火制度和安全操作规程。
4. 把消防工作列入工作、生产、施工、运输、经营管理的内容中。
5. 对职工进行消防知识教育。

6. 组织防火检查，消除火险隐患，改善消防安全条件，完善消防设施。
7. 领导专职或者义务消防组织。
8. 组织制订灭火方案，带领职工扑救火灾，保护火灾现场。
9. 追查处理火警事故，协助调查火灾原因。

________物业管理处
日期：____年____月____日

3. 签订区域防火责任协议书

确定好区域防火责任人以后，一定要记得与之签订区域防火责任协议书。

××商场防火责任协议书

消防工作重于泰山。为认真贯彻“谁主管、谁负责”的消防工作原则和“预防为主、防消结合”的消防工作方针，积极落实消防岗位责任制，努力搞好群治，维护大厦安全，管理处防火负责人______确定______为商场______区域防火责任人，现就有关防火责任达成如下协议：

1. 区域防火责任范围：

商场层铺位。

2. 区域防火责任人职责：

（1）协助大厦防火责任人搞好消防工作，共同维护大厦防火安全。
（2）负责本区域范围内的防火工作，确保本区域的安全。
（3）认真宣传、贯彻、执行《中华人民共和国消防法》和其他消防法规。
（4）制定并组织实施区域防火责任制和岗位防火责任制。
（5）建立健全防火制度和安全操作规程。
（6）把消防工作列入生产、施工、经营管理的内容中，经常对职工进行消防知识教育，领导和指导本区域的消防工作。
（7）协助管理处保护好本大厦公共场所的消防设备设施及爱护消防器材。
（8）定期（每月一次）组织消防检查，改善消防安全条件，完善消防设施，把火灾事故消灭在萌芽状态。
（9）审核、上报本区域装修工程，纠正和处理本区域违反消防法规的现象和行为。
（10）组织制订本区域灭火作战方案，带领职工扑救火灾，并保护好现场。

3. 本协议书一式两份，大厦防火责任人、区域防火责任人各一份。

4. 协议书经双方代表签字后生效。

管理处	业主/租户：____________
防火负责人：____________	用户名称：____________
	防火责任人：____________
电话：____________	电话：____________
日期：____年____月____日	日期：____年____月____日

经典案例

住户在楼层里焚香、烧纸

【案例背景】

每逢清明、中秋等农历节日，很多人都有焚香、烧纸的习俗。住在高层的人往往贪图便利，就在楼层里焚香、烧纸。一方面，缭绕的烟雾使消防警报频发，令人真假难辨、疲于应付；另一方面，残存的烟垢污损墙面和地砖，很难彻底清除，最重要的是有消防隐患。管理处从实际出发，采取了以下对策：

1. 尊重住户焚香、烧纸的习俗，指定供住户焚香、烧纸的地点，防止"处处冒烟"，便于统一管理。

2. 逢节日提前发出告示，提醒住户自觉遵守管理处关于到指定地点焚香、烧纸的规定，并派专人到现场疏导与监督。

3. 要求所有在楼层作业的员工主动负起责任，发现违规焚香、烧纸的当即予以制止，加大管理力度。

4. 严肃查处违规焚香、烧纸的现象，对不听劝阻、屡禁屡犯的住户给予书面告诫，严重的进行处罚或提请消防主管机关处理。

该措施实施以来，在楼层内焚香、烧纸的现象大为减少。

【案例分析】

涉及民风民俗的问题，处理起来一般比较棘手。本案例中的物业公司在尊重民风民俗的前提下加强管理，在管理的过程中注重现场疏导与监督，其经验值得借鉴。

四、开展消防宣传、培训工作

消防宣传、培训工作非常重要，而且应是物业公司常年要进行的工作。消防培训工作主要从以下三个方面展开：

1. 消防队伍的训练和演习

物业公司应根据所辖物业的实际情况，每年进行一次消防演习。演习结束后，要及时总结经验，找出不足，以便采取措施加以改进，提高物业管理处防火、灭火、自救的能力。

进行消防演习应请公安消防部门派人指导，帮助讲评和总结，并请他们指点改进的办法或途径。

管理细节

义务消防队的培训

义务消防队应由物业管理处中年轻、身体素质好和工作负责的人员组成，保安部全体保安应是义务消防员。可请有经验的专业消防员、有关专家等来讲课，也可请公安消防部门代为培训。培训内容可以适当拓宽，使消防员们能适应更加复杂的消防情况。

2. 加强对员工的消防安全教育培训

物业公司应加强对员工的消防安全教育培训，提高火灾应急处置能力；定期组织所有员工进行灭火演练，开展防火和灭火知识教育，使全体人员都掌握必要的消防知识，做到会报警、会使用灭火器材、会组织群众疏散和扑救初起火灾。对于新员工，上岗前必须进行消防安全培训，合格后方可上岗。

员工消防培训操作程序如下图所示。

第1步　明确授课人，由人力资源部指派

第2步　选择授课地点，确定授课时间

第3步　明确授课内容：防火知识、灭火知识、火场的自救和救人、灭火的基本方法与原则

第4步　组织参加学习人员考核

第5步　考试结果存档备案、总结

员工消防培训操作程序

3. 对业主进行培训

物业公司须定期组织业主进行消防知识培训。在培训前应预先发通知，并进行跟催确认。

（1）培训内容。

培训内容包括消防管理有关法律法规，防火知识，灭火知识，火场的自救和救人，常用灭火器的使用与管理，公司所制定的消防管理公约，消防管理规定，业主/住户安全责任书，安全用电、用水、管道燃气管理规定，消防电梯使用规定等。

（2）培训记录。

在组织各位业主参加消防培训时，一定要做好相关记录，以彰显消防培训的严肃性。

（3）考核与备档。

培训结束后，应组织参加人员进行考核，并对试卷进行立档备案、总结。

经典案例

火灾发生以后对业主进行专业培训

【案例背景】

2018年8月的一天，天干物燥。某小区一新业主正忙着装修，结果因其在装修中操作不当，引起了一场火灾。经消防部门奋力抢救，大火终于被扑灭了，但整幢楼的外墙被熏黑了，并造成停电和部分房屋积水。

事后，小区物业管理处人员及时拍照取证，同时对受害业主逐一进行了走访安慰，组织人员帮助清除积水，与电力公司取得联系，以保证及时通电。可是，直至晚上7时还没有通电。管理处又与电力公司进行了联系，并向其说明了利害关系。半小时后，电力公司的维修人员赶到小区，恢复了电力供应。

接下来，管理处提出了整改的设想与方案，维护了广大业主的利益，避免了矛盾的激化。管理处还请来公安消防单位为业主举办消防知识讲座。同时，管理处针对该事件，举一反三，与街道居委会、业委会一起在小区内建立了消防安全责任制。

【案例分析】

消防安全是物业安全管理的重点。它不仅包括事前的防范，也包括事后的处理。在该案例中，物业管理处的处理方式很好，能尽量从服务业主的角度出发。尤其值得一提的是，该管理处请来专业消防人员，开展消防安全知识宣传活动，并举一反三，建立了相应的防范措施。

五、实施消防安全检查

实施消防安全检查是预防火灾的一项基本措施，物业公司应积极组织、督导消防检查工作。

1. 消防安全检查的内容

物业消防安全检查的内容主要包括：消防控制室、自动报警（灭火）系统、安全疏散出口、应急照明与疏散指示标志、室内消火栓、灭火器、机房、厨房、楼层、电气线路以及防排烟系统等。

2. 消防安全检查的流程

消防安全检查的流程如下图所示。

第一步　按照部门制定的巡查路线和巡检部位进行检查

第二步　确定被检查的部位和主要检查内容得到检查

第三步　对检查内容的完好情况进行判断，并通过直观检查法或采用现代技术设备进行检查，然后对检查结果和检查情况进行综合分析，最后得出结论，进行判断，提出整改意见和对策

第四步　对检查出的消防安全问题在规定时间内进行整改，对不及时整改的予以严肃处理。对问题严重或不能及时处理的应上报有关部门

消防安全检查的流程

3. 消防安全检查的要点

消防安全检查的要点如下图所示。

要点1　深入楼层对重点消防保卫部位进行检查，必要时应做系统调试和试验

要点2　检查公共通道的物品堆放情况，做好电气线路及配电设备的检查

要点3　对重点设施设备和机房进行深层次的检查，发现问题立即整改

要点4	立即处理消防隐患
要点5	应注意检查容易忽略的消防隐患，如单元门及通道前堆放单车和摩托车、过道塞满物品、疏散楼梯间应急指示灯不亮、配电柜（箱）周围堆放易燃易爆物品等

消防安全检查的要点

4. 监督消防隐患的整改

消防隐患的整改管理要重点注意以下事项：

（1）如在检查中发现各种设备设施有变异，或其他违反消防安全规定的问题时，要立即查明原因，及时处理。不能立即解决的，由公司下发整改通知书，要求受检单位限期整改。

（2）受检单位接到整改通知书后，应及时组织人员对消防隐患进行整改，并在规定时限完成。

（3）受检单位整改完毕后，检查负责人应组织人员对消防隐患进行复查，并记录复查结果。

（4）每到月末，要对物业的消防隐患情况做月度汇总表。

经典案例

烟花蹿上高楼引发官司

【案例背景】

烟花蹿上高楼引发火灾，小区多户人家遭殃，肇事者是谁却至今是谜，那么，火灾所造成的损失该由谁承担？××市××区人民法院判决物业公司赔偿业主40%的损失。

2018年1月25日0时，新年的钟声刚刚敲响，在某住宅小区内，因多户业主燃放烟花爆竹，空中散开的火星落入小区A栋503房的阳台，引燃放在阳台上的纸板箱。

消防部门接警后，在几分钟后到达现场，但因为小区内消防通道堵塞，而其他通道上又停满了车辆，消防车无法到达起火点。在救火的过程中，消防人员又发现楼道内消火栓的水压不够，无法出水，在启动了增压水泵后，消火栓才开始出水作业。

由于无法及时灭火，503房的火势蔓延到楼上的603房，烧毁了603房内的空调、门窗等物品。而火灾发生时，503房和603房都无人在家，燃放烟花爆竹引发火灾的肇事者也无法查明。

2018年 3 月，503房与603房的两位业主将物业公司告上了法庭。两位业主认为，小区的物业公司疏于管理，致使消防通道堵塞；同时，由于其对消防设施维护不力，最终导致对503房的救火延误，进而殃及603房。

法院审理认为，火灾的直接责任人是燃放烟花者，但无法查明责任人，物业公司对此没有尽到防护义务。此外，由于物业公司管理不到位，延误了救火的时机，使火势蔓延至603房。物业公司虽然不是直接的侵权人，但没有尽到物业管理的职能，导致损失扩大。鉴于以上原因，法院酌情确定物业公司赔偿503房、603房业主的经济损失。

【案例分析】

避免此类风险的最好措施是平时注意保持小区内消防通道畅通。对消防隐患要及时进行处理，消防设施设备由物业公司负责维护的应制订日常维保计划，并在消防演习中启动，保证运行良好。同时，在过年过节期间，物业公司应运用各种方法告知居民不能燃放烟花爆竹，注意防火防灾。

六、开展消防演习

消防演习既可以检验物业管理区域内消防管理工作的情况，消防设备设施的运行情况，管理处防火、灭火的操作规程和组织能力，又可以增强员工及业主的消防意识，提高他们逃生及自救的能力。物业公司应根据物业管理区域的实际情况和消防管理部门的要求，每年组织1～2次消防演习。

1. 消防演习方案的制订

在制订消防演习方案时，物业公司一定要充分考虑本物业的具体情况，其内容通常包括演习时间、地点、参演单位、组织机构设置、演习程序及演习结束后的工作。

2. 申请批准

物业公司或物业服务管理项目部应提前一个月将消防演习方案上报业主委员会，经业主委员会批准后，向公安消防部门主管警官汇报、备案；同时，就消防演习方案向主管警官征询意见，并进行整改和修订。

3. 消防演习实施的通知

在消防演习前两周，应向物业管理区域内的业主发出消防演习通知。在消防演习前两日，应在公共区域张贴告示，进一步提示业主关于消防演习的事宜。

> **关于组织实施消防演习的通知**
>
> 尊敬的各位业主：
>
> 为提高公司应对突发事件的处置能力，保护业主的生命财产安全，经研究决定，开展一次“楼层着火扑救及着火人员疏散”消防模拟演习。希望公司各相关部门和相关楼层人员遵从指挥，严格按照方案要求实施消防演习。
>
> ××物业服务有限公司
>
> 日期：____年____月____日

4. 消防演习内容的分工

消防演习内容的分工如下表所示。

消防演习内容分工表

序号	人员分工	工作内容
1	灭火总指挥	（1）向消防值班人员或其他相关人员了解火灾的基本情况 （2）命令消防值班人员启动相应的消防设备 （3）命令物业公司员工根据各自分工迅速各就各位 （4）掌握火场扑救情况，命令灭火队采取适当的方式灭火 （5）命令抢救队采取相应措施 （6）掌握与消防相关的各系统的运行情况，命令各系统采取相应措施 （7）协助消防机关查明起火原因；处理火灾后的有关事宜
2	灭火副总指挥	负责在灭火总指挥不在现场时履行总指挥的职责，协同配合灭火总指挥的灭火工作，根据灭火总指挥的意见下达命令
3	现场抢救队和运输队	负责抢救伤员和物品，本着先救人、后救物的原则，运送伤员到附近的医院进行救护，运输火场急需的灭火用品
4	外围秩序组	负责维护好火灾现场外围秩序，指挥疏散业主，保证消防通道畅通，保护好贵重物品
5	综合协调组	负责等候引导消防车，与火灾现场、外围及指挥中心保持联络
6	现场灭火队	负责火灾现场的灭火工作
7	现场设备组	负责火灾现场灭火设备、工具的正常使用

（续表）

序号	人员分工	工作内容
8	机电组、供水组、通信组	负责确保应急电源供应，切断非消防供电，启动消防泵确保消防应急供水，确保消防电话和消防广播畅通，确保消防电梯正常运行，其他电梯返至一层后停止使用，启动排烟送风系统，保持加压送风排烟

5. 消防演习前的培训、宣传

对物业公司管理处全体员工进行关于消防演习方案的培训，使各个部门的员工了解自己的工作范围、运行程序和注意事项。在演习前采用挂图、录像、板报、条幅等形式对业主进行消防安全知识宣传。

6. 做好消防设备、器材等的准备

在消防演习前一周时间，消防设备、器材进入准备状态。检查消防播放设备、电梯设备、供水设备、机电设备的运行状况；准备各种灭火器和消防水龙带等工具；准备通信设备；选定“火场”并准备制造火源用品及预防意外发生的设备和器材；准备抢救设备工具和用品等。确保所有消防设备、器材处于良好状态。

7. 准备工作落实情况的检查

演习前三天，由灭火总指挥带领相关负责人对消防演习准备工作进行最后综合检查，确保演习顺利进行，避免发生混乱。检查包括人员配备、责任考核、消防设备和器材准备、运输工具以及疏散路径等内容。

8. 消防演习的实施

（1）开启消防广播通知业主消防演习开始，反复播放引导业主疏散。

（2）灭火队各灭火小组开始行动，按分工计划展开灭火、疏散、抢救工作。

（3）电梯停到一层，消防梯启动，所有消防设备进入灭火状态。

（4）开始消防灭火模拟演习。物业公司进行疏散演练、灭火器实喷演练、抛接水龙带演练、救护演练、模拟报警训练等。邀请业主观看或参加实际训练。

（5）演习结束，用消防广播通知业主消防演习结束，电梯恢复正常，并感谢业主的参与和支持。

（6）消防演习总结。消防演习结束后，要求各灭火小组对演习工作进行总结，要拜访业主或采取其他方式收集业主对消防演习的意见，找出存在的问题并进行讨论确定，改进演习方案和演习组织实施过程中的不合理之处。

管理细节

消防演习的注意事项

在消防演习中，应注意以下事项：

（1）消防演习应选择在白天进行，安排在对业主生活和工作影响小的时间段，以便有更多的人参加。

（2）消防演习“火场”应选择在相对安全的位置，尽量减少对业主的影响并保证安全。

（3）消防演习时，要避免长时间断电（停电），可以象征性地停电数秒钟。

（4）在消防演习过程中，应采取各种形式做好参加演习业主情况的记录工作，对不理解的业主做好解释工作，加强消防知识宣传、讲解工作，做好参与演习业主的安全保护工作。

知名物业管理企业

JINKE 金科服务
美 好 你 的 生 活

金科物业服务集团有限公司（简称“金科服务”），中国知名物业服务商之一。金科服务成立于1998年，公司注册资本5000万元，在职员工12000余人。凭借企业综合管理实力和领先的品牌优势，金科服务荣膺中国指数研究院、中国房地产TOP10研究组等权威机构颁发的“2018中国物业服务百强企业”“2018中国物业服务质量领先企业”等荣誉。截止2018年9月，金科服务品牌价值达34.66亿元。

目前，金科服务已覆盖24个省、自治区及直辖市。物业服务形态已涵盖住宅物业、商写物业、高校以及政府部门办公楼等诸多类型，包括开发商服务、资产服务、楼宇服务以及生活服务，管理方式从最初的委托管理转型为“全委服务、咨询服务、股权合作、专项合作”为一体的多样化发展。

第九章

多种经营管理

阅读提示：

开展多种经营服务，不但能满足不同业主的需求，而且能提升物业服务企业的盈利能力和竞争力。

关键词：

⇨整合资源

⇨服务业主

⇨多渠道创收

概念解析

随着社会的进步、经济的增长，物业公司所处的环境发生了巨大的变化，传统的管理服务已经不能使物业公司长久地保持竞争力。积极开发多种经营模式，发挥自身优势，创造更多盈利点，更好地为业主提供现代化的管理与服务，成为所有物业公司的共识。但是，每个物业公司所处的经营环境不一样，所以应当结合自身情况开发契合自己的经营模式，使企业可以保持市场竞争力。

管理要点

一、开展多种经营的优势

众所周知，物业管理是微利行业，物业公司要想盈利，除扩大管理面积外，还应利用自身优势开展多种经营活动，以此弥补物业主业的不足。而对于物业公司来说，开展多种经营具有下图所示的优势。

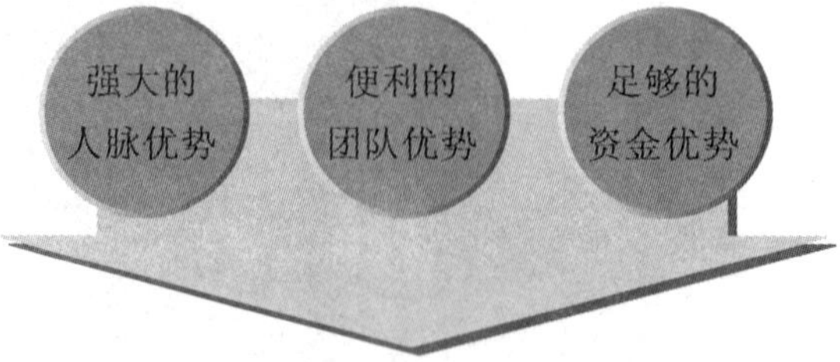

物业公司开展多种经营的优势

1. 强大的人脉优势

物业公司虽然做主业服务时并未能得到高额的回报，也许会有不赚钱的抱怨和感叹，但是，这并不等于物业服务行业一定不赚钱，实际上，不赚钱是因为物业公司没有意识到自身的优势。也许你认为小区里住的只是普普通通的业主，其实不然，这些业主恰恰并不普通，他们是最有力的资源，也是最强大的人脉资源，他们是位于你身边而你却没有发现的消费能力惊人的消费者。

比如，每户家庭每天平均消费50元用于衣食住行或游购娱，那么一户家庭每月就是1500元，1000户家庭每月就达到150万元，一年就将达到不可想象的1800万元。物业公司只要从中占有一半的份额，也有近千万元的营业收入，所以，物业公司身边的业主才是“财神”，用好用足这一人脉优势，对于物业公司来说前景相当可观。

2. 便利的团队优势

物业公司在所服务的各个项目上都有一个相当强大的服务团队，不但有素质上佳的管理人员团队，服务规范的客户服务团队，管理严格的安保团队，还有保洁、绿化、维修等操作性团队。这是其他众多行业无法比拟的。

比如，可将维修团队作为现成的安装维修人员来做广告业务；做家政业务，可以将保洁人员作为团队或补充团队；做销售、促销，物业公司有规范文明的客服团队。

3. 足够的资金优势

虽然物业公司的物业服务主业无法赚取高额利润，但并不代表物业公司没有资金流，很多物业公司服务的住宅项目数量很多，业主数量也特别多，他们在办理入住手续时往往会缴纳相应的装修保证金、代收代缴费等，这类费用收取后会有一个暂存期，如果没有投资或使用方向，物业公司通常将其闲置于账面，除了有少量活期利息外别无其他收益。

经验之谈

如果物业公司有了“不务正业”的项目作为支撑，这些暂存资金就可以作为短期的投资或流动资金，成为发展的资金保障，省下了很大的融资费用。

二、开展多种经营的基础理念

物业公司进驻小区的主要目的，是为业主提供优质的管理和服务，最终使业主的物业得到保值和增值。对于物业公司来说，开展多种经营的基础理念如下图所示。

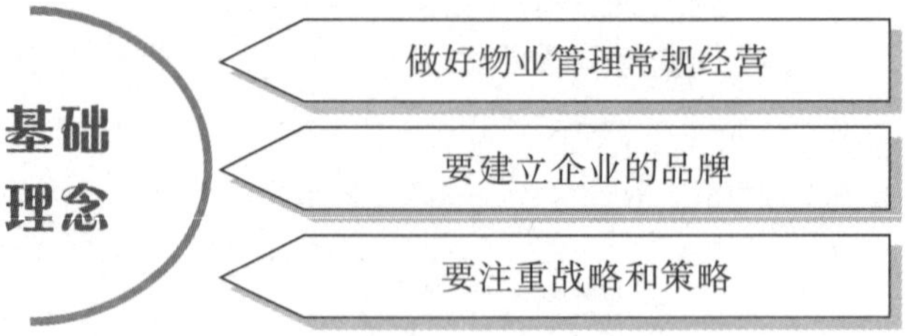

开展多种经营的基础理念

1. 做好物业管理常规经营

对小区房屋和配套设施设备进行维修、保养，对道路和场地进行管理、维护，对业主报修及时响应、处理，保持小区环境安全有序、整洁美观。当这些基础管理服务到位之后，物业公司才能赢得业主的信任和支持，为开展多种经营打下基础。

2. 要建立企业的品牌

要实施品牌战略，有计划、有步骤，积极稳妥地建立企业的品牌，充分利用品牌所带来的巨大市场效应和市场信誉。物业管理由于涉及面较广，影响服务质量的因素较多，因此难以保证质量。尤其特殊的是，业主对物业管理服务质量很难进行全面的、客观的检查和评价。这些特点决定了业主在选择物业公司的时候，非常注意其信誉。而优质的品牌是良好信誉的集中体现，所以物业公司的品牌是开拓多种经营市场的关键因素。

经验之谈

有关统计资料表明，在各领域，前十大品牌的市场份额占有率超过70%，物业公司如果不能树立自身的品牌形象，其发展空间将受到很大限制。

3. 要注重战略和策略

经营的本质是交换。交换只有是双赢的、愉悦的，才可能长久。因此，物业管理多种经营的主旨必须清晰，战略上以“业主需求”为中心，向前后左右辐射扩展。同时，“业主需求”一直在不断发展变化，因此物业公司的多种经营也要与时俱进。

比如，随着时代进步和科技发展，各种信息传播速度加快，工作节奏日趋紧张，人们越来越明白时间的宝贵，“花钱买时间”已成为人们的共识。物业服务公司可围绕让业主“不出家门，能办天下事”来开动脑筋，开展多种经营。

在经营策略上，一方面要注重宣传，另一方面要注重内部管理。宣传不仅能提高企业的知名度和认同感，还能起到引导消费、拓展市场、减少与业主争议的作用。

内部管理上要重视财务管理，加强工程管理，节能降耗，有效控制或降低成本，为经营产生良好的经济效益打好基础。

三、多种经营的运作方式

物业公司多种经营的运作方式其实有很多途径，方式不尽相同，可能会根据不同的企业、不同的服务项目、不同的规模而有相应的差别。但总体来说，其发展的方向基本是一致的。

1. 整合利用各类资源

从经营原理来看，经营的目的是盈利，盈利的手段是整合利用各类资源。物业公司要实现多种经营，可以从自身现有的两种资源着手，具体如下图所示。

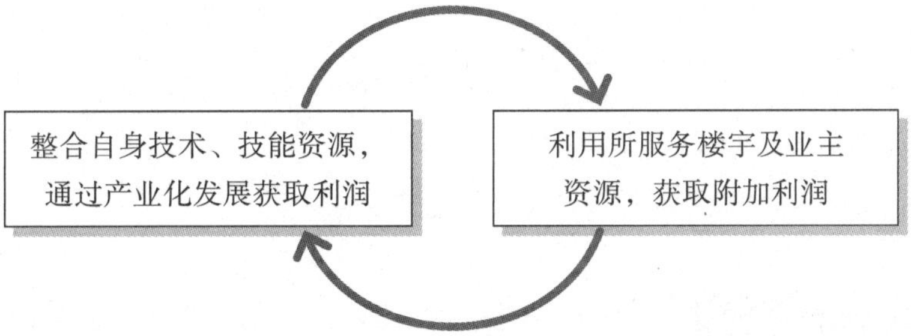

整合现有资源实现多种经营

（1）整合自身技术、技能资源，通过产业化发展获取利润。

为了避免物业公司利润的外溢和流失，有实力、有条件的物业公司可以成立电梯维保机构、清洁服务机构、绿化服务机构、机电管理机构等专业服务机构。这些专业服务机构一方面承包自己公司的服务外包业务，另一方面合法参与专业市场竞争，外拓专业服务市场，为企业获得更多利润。不少早期大型物业公司都采取了这种盈利模式。

同样的，物业公司可以利用自身的资源优势，向房地产产业链条的上游和下游延伸业务，从而达到整合经营、获取利润的目的。

比如，许多物业公司在地产策划代理、物业租赁销售，甚至土地测量、地价评估、地产开发、园林施工、建筑监理等产业链条环节都有所作为。

（2）利用所服务楼宇及业主资源，获取附加利润。

物业公司由于服务于物业项目而具有独特的社区经营资源，可以利用这些资源，开展多种社区经营活动，为企业获取附加利润。

比如，很多物业公司引入家电维修机构、家政服务机构、垃圾回收机构等社会服务机构，以管理处为中心，在这个社区平台上，从这些服务机构的整合和经营中获取利润。

又如，某物业公司利用自己平时在工作中所掌握的业主资料，开展婚介和旅游业务。它联合旅行社精心设计旅游行程，邀请部分业主参加，在这个过程中成全了一些有缘之人，也服务了业主、获取了利润。

2. 采取不同的经营方式

针对不同业态形式的物业，业主和商户的需求以及所拥有的资源也不尽相同，所以，对于不同种类的物业，物业公司可以选择不同的方式进行经营，具体如下图所示。

方式1：对酒店和写字楼，除了开展优质的物业服务外，亦可从事与物业管理本身没有直接关联的其他产业的经营，如餐饮经营、超市经营、股票投资、置业投资等

方式2：物业本身也需要一些诸如电话、卫星会议、商务活动策划等专业化商务服务，这无疑也是物业公司可以开拓的利润点。这也符合物业公司的产业化发展趋势，同时还可以促进物业公司与国际接轨的进程

方式3：在进行商业物业的管理和服务中，物业公司还可以为饮食区、娱乐区、超级市场、商店等配套设施提供一些委托、代办服务，以获取利润

可采取的经营方式

经验之谈

产业化的经营对企业提出了更高的要求，唯有提高自身的专业科技水平，改善服务态度，才能获利，才能得到业主和商户的肯定，实现名利双收。

3. 形成有特色的经营体系

开发多种经营一定要结合自身的实际情况，着眼于所管理小区内的业主构成、所处的商业环境等因素，制订符合自身条件的方案，并积极落实每一个细节，形成具有自身特色的多种经营体系。

（1）饮食方面。

随着时间的推移，“90后”已经成为社会的主体消费群体。针对“90后”的饮食特点，物业公司应该推出食堂性质的餐厅，以满足这一代人不做饭或很少做饭的习惯，并推

出一些特色饮食，以保证餐厅的新鲜感。餐厅可以推出送餐上门等服务，以满足不同业主的需求。物业还应开办小超市、小菜市场等以满足人们生活饮食所需。

（2）日常休闲方面。

物业公司可以开办健身房、活动室等，以满足小区内不同年龄段业主对锻炼身体的需求。在健身房、活动室中还可以请专门的教练进行有偿服务，以增加物业公司的收入。

（3）日常生活服务方面。

物业公司可以开展美容美发、洗车、房屋代管、快递代收、服装店、干洗店等有偿服务。其中快递代收服务等可以少收甚至不收取服务费以回馈业主，让业主感受到物业的温暖；美容美发等服务可以进行具有小区特色的经营，例如对老年人可以进行特约上门服务等；干洗店等服务可以设立在公共区域内，供业主自主使用。

（4）家政服务方面。

家政服务可以包括代请保姆，上门打扫卫生，看护小孩、病人等。在代请保姆和上门打扫卫生服务方面，物业公司可以与劳务公司合作，由劳务公司向物业公司推荐优秀的、合格的劳务人员，再由物业公司把劳务人员介绍给业主。由于有长久的合作关系，业主可以放心地雇佣劳务人员。同时，物业公司也可以适当地收取一定的费用。

经验之谈

在看护小孩、病人等服务中，相关物业人员一定要做到细心和耐心，要服务到位，不能放过任何一个可能发生意外的细节。

（5）教育方面和医疗方面。

在教育方面，物业公司可以开办幼儿园、课后辅导班等机构，并且尽力提升这些机构的教学质量和安全程度，使业主可以放心地将孩子放在这里。

在医疗方面，物业公司可以在小区内设置卫生所，定期为老年人提供免费体检等服务，以提高物业公司在业主心中的形象。

（6）房产方面。

物业公司可以充当中介机构，提供代理买卖房产、租赁房产等服务。在代理买卖房产、租赁房产的过程中，一定要注意操作流程的合法性，物业公司最好聘请专业人员进行此类服务活动。还可以利用物业施工队的空余时间接一些简单的房屋改造工作，但前提是不能影响正常的工作。

经验之谈

在项目的选择和组合上，物业公司需从自身管理物业的特点和需求考虑，并且要遵循业主满意、优质高效、企业盈利的原则。

四、多种经营的切入点

物业公司要想在日常管理和服务工作中将物业经营创收目标落到实处，以努力实现社会效益、经济效益最大化，可从下图所示的四个切入点入手。

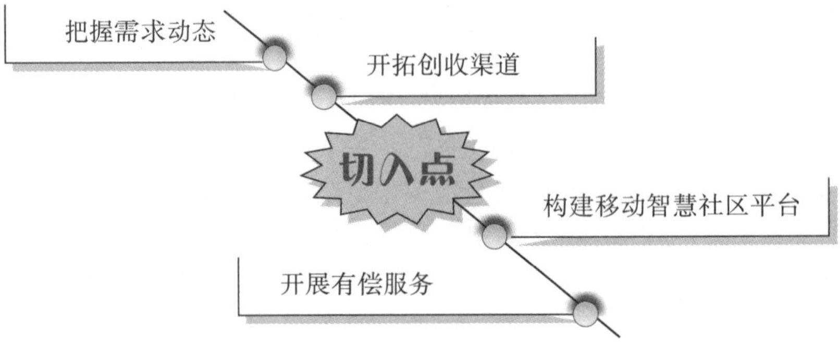

多种经营的切入点

1. 把握需求动态

随着人们生活水平的提高、收入的增加及房改政策的实施，多次置业的人数不断增加，人们不再满足于一生只买一套房，购买房产的目的也不仅限于解决居住问题。现在，人们已将房产当作一条理财渠道，因而十分关注房产（物业）保值、增值、租赁和流通等收益问题。这样就更加突出了物业管理的重要性，同时也彰显出业主对房屋租赁、转让及价格、信息的需求动态。

现在人们大都追求高品质的生活，需要多层次的相关服务，对特约服务的需求也呈迅速上升的趋势，这为物业公司的经营创收提供了更广阔的空间。

比如，传统的有家政服务、社区服务、贴心服务、护理服务等，而会所经营管理、智能化信息服务等新兴的内容如今也成为物业经营创收的新渠道。

2. 开拓创收渠道

要想经营创收，就必须从多方开拓渠道，物业公司可从下图所示的几个方面入手。

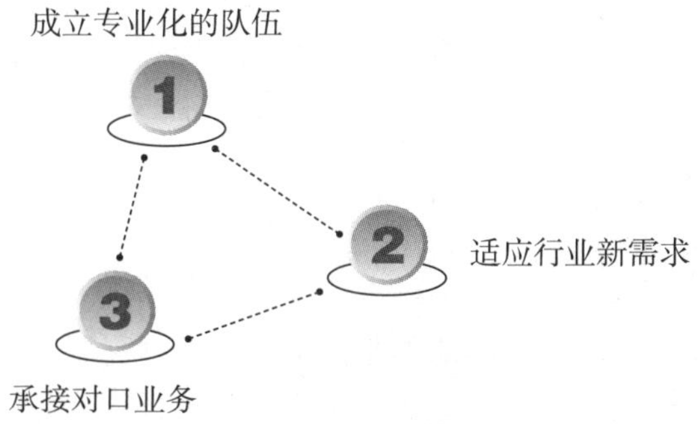

开拓创收渠道

（1）成立专业化的队伍。

物业管理发展的趋势之一就是专业化分工越来越细，一些物业公司为了降低成本、提高效率和竞争力，将一些专业工作打包对外委托服务。

比如，清洁卫生、盆栽植物的养护和更换、玻璃幕墙的清洗、电梯维保、各类设备的专业维护等。物业公司可以根据自身的管理特长和资源优势，成立专业化的队伍，承接其他物业管理或其他行业（如酒店、医院、学校、政府机关及餐饮业等）的相关业务。这条经营创收渠道的前景可观。

（2）适应行业新需求。

随着物业管理行业的发展，对与之相关联的产业也提出了新的需求。这种需求分别表现在硬件和软件两个方面，具体如下图所示。

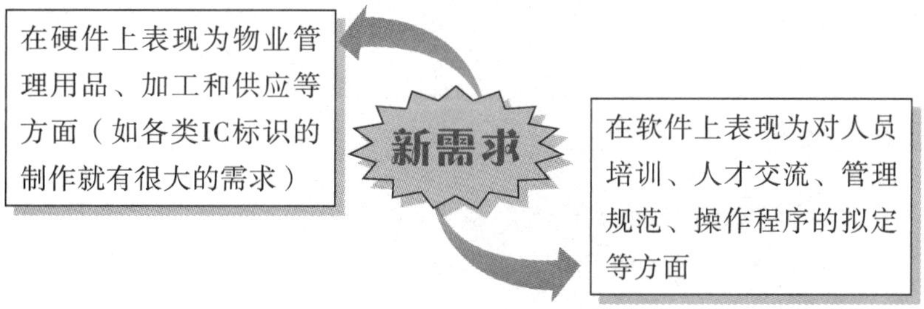

物业行业发展的新需求

经验之谈

物业公司若开拓这类经营渠道，既能满足行业内的需求，又能在物业经营创收的探索中拓展出新的经济收入增长点。

（3）承接对口业务。

随着城市绿化美化的程度越来越高，园林绿化的施工、养护的需求日益增多，物业公司可发挥自身的管理特长（具有相关专业的人力资源优势），组织专业队伍对外承接园林绿化施工业务。

3. 构建移动智慧社区平台

在互联网创业领域，目前O2O绝对是最热门的概念。各种相关的项目和概念开始集中爆发，餐饮、家政、汽车、租房等渗透到人们日常生活的每一个环节。

互联网化带来的巨大变革让中小物业不知所措，它们没有独立开发能力和财力，在面临着移动互联网和O2O化冲击时，更多的是观望和惶恐不安。而部分嗅觉敏锐的大型公司已经开始主动转型，如主打O2O的彩生活已经于2014年在香港正式上市，互联网公司360也参与了投资。这充分说明了物业与移动互联网的结合需要构建智慧社区平台，让更多的物业企业从稳固主业走向“不务正业”。

管理细节

智慧社区平台助物业增收

在传统物业里，物业管理费用的收入几乎占总收入的100%，但是，在接入了互联网服务平台的物业收入中，主要依靠的将是社区增值服务，包括社区生活服务、商品采购、广告投放、社区商业链构建等，将收入从一元变为多元，其利润也将大大增加。

4. 开展有偿服务

这种有偿服务是物业创收经营的一个重要组成部分，是对物业管理主要经营的重要辅助。因为物业公司具有得天独厚的环境优势，又存在巨大的市场需求，如果经营管理得当，社会效益与经济效益将十分可观。具体服务内容如下：

内容1 针对业主提供的有偿服务，如家政服务、托儿服务、护理服务、相关特殊服务等

内容2 针对物业管理行业和有相关需求的行业提供的专业化服务，如专业清洁服务和机电设备维保服务

内容3 提供房屋出租出让中介代理以及供求信息方面的服务，如代理业主所开展的房屋出租经营活动

- **内容4** 为需要进行物业管理的企事业或房地产业提供专业咨询、策划和顾问服务
- **内容5** 为同行业提供员工培训、操作规范的拟定等方面的有偿服务
- **内容6** 对公共场地或场所开展经营活动
- **内容7** 开办幼儿园、快餐店等
- **内容8** 为业主提供养护家用观赏植物或盆景等园林绿化服务

有偿服务的内容

物业公司开展经营创收的成效，将密切关系到大多数物业公司与开发企业“断奶”后的生存、发展之成败，同时也将推动一大批物业公司走向“断奶”之路，促使物业管理行业积极参与到经济市场的拼搏中。

五、多种经营的业务类型

基于物业管理行业本身的经营优势和特点，物业公司并不适宜开辟新的行业发展空间，务必依靠现在的资源优势，从所服务的业主群体的需求出发，从他们身上挖掘出适合物业公司的利润增长点。具体可经营的业务类型如下图所示。

- 开拓一条龙服务
- 开展专车接送和旅游业务
- 开展娱乐活动业务
- 开办广告业务
- 开办培训班业务
- 开办房屋中介业务
- 开办接送儿童业务

多种经营的业务类型

1. 开拓一条龙服务

说到物业服务中的增值服务，好多物业管理人所想到的往往是代订牛奶、代送报纸、

代洗衣物等服务内容，其实，这已经是多年前的服务项目了，这类服务与物业服务的主业服务一样已经变得十分透明，失去了利润增长的空间。物业公司要想获得更高的回报，就必须改变思维方式，突破原有的条条框框，从服务的可操作性、系列化、便民化方面着手，只有省了业主的心、省了业主的时间、省了业主的麻烦，业主才会将业务放心地送到物业公司的手上。

比如，有些业主办婚礼酒席难订、小区路难通、外地亲友难吃住，办丧事场地不够、噪声易扰民等。但是，处理这些问题对于物业公司来说却是优势所在，一方面，物业公司可以利用业主购房签约、办理入住、进行装修等环节，提前掌握业主婚庆的信息；另一方面，接下了业务后，物业公司可以从新婚房屋的装修业务、卫生打扫业务到酒席、拱门、婚车接送交通疏导指挥、亲友接送、住宿安排、邻里打招呼等方面做到面面俱到。

这类业务如果正常开展起来，肯定远远比订个牛奶、送个报纸的利润空间要大得多，而且更容易获得业主的信任和支持，对于业主的物业费收缴也会起到很大的促进作用。

2. 开展专车接送和旅游业务

除了上述业务外，物业公司还可以从业主的交通、旅游、休闲等需求着眼，根据业主的需要开展相应的业务。

比如，有些小区离市区较远，业主既要送小孩上学又要上班，肯定会出现时间差或无法顾及两头的情况，物业公司可以让小区的大巴定时接送，这样在解决业主困难的同时，又赚得了额外利润。

管理细节

旅游休闲服务前景可观

随着生活水平的提高，业主对于旅游、休闲的需求相对旺盛，因此，在小区内开展这类业务一定也有前景。有时候，业主在乎的不是钱的多少，而是有没有有组织、娱乐性强、有意义的活动来放松他们的心情，物业公司的组织无疑会拉近与业主之间的距离，而且同一小区的业主之间也会增进友谊。

3. 开展娱乐活动业务

如今，有些业主因提前退休或其他原因在家休息，会经常去茶馆、棋馆、牌馆、麻将馆与朋友聊天、弈棋、打牌、搓麻将，以此消磨时光。由于许多小区没有这些娱乐场所，业主只好到公园等地去消闲。

比如，物业公司可利用小区空地、空房开办茶馆、棋馆、牌馆和麻将馆等，尽可能地为业主提供娱乐方便，这样不但业主没意见，物业公司也能增加收益。

4. 开办广告业务

很多商家在做宣传时，绝不仅仅只关注报刊和电视电台等新闻媒体，物业小区的电梯、房顶等公共场所也是他们选择的目标。物业公司假如经过业主委员会的同意，能够将电梯、房顶和小区显眼处用作商家张贴、悬挂广告宣传画和招牌的场所，并与业主委员会合理分配收入，每月也将会有一笔不菲的收入。

5. 开办培训班业务

物业公司在暑假和寒假期间，可以聘请社会上有一定影响力的老师，在小区里开办书画、作文、英语、数理化、舞蹈培训班，为业主提供一个方便优质的学习环境，让儿童“足不出区”就能够参加培训、学习。

比如，利用小区的游泳池，聘请专业人士做教练，在暑假举办游泳培训班，既方便业主健身，又能增加物业公司收入。

6. 开办房屋中介业务

房屋出租可以说是各小区都有的事，往往是业主想出租房屋而找不到承租人，而租房者也因找不到房主而发愁。假如物业公司能够为业主房屋出租提供中介服务，就能够解决这一矛盾。这样既方便了业主，又方便了承租人，假如收费合理、服务方便，那各方都能得到满意的结果。

7. 开办接送儿童业务

很多业主的工作都很忙，他们往往为小孩上学和放学没人接送而苦恼。请专职保姆费用太高，一般家庭难以承受；不请保姆，孩子无人接送又不安全。假如物业公司能够利用优势开办代理接送孩子的业务，想必会有很好的效果。

六、多种经营收益分配

物业公司开展多种经营，其中有许多项目涉及利用业主的物业空间，这就出现了物业公司与业主或者业委会怎样分成的问题。

1. 涉及业主利益的情况

如果物业公司利用小区物业开展各项娱乐活动，利用电梯、房顶等投放广告，开办各类培训班等业务，自然就涉及业主的利益，因为开展业务的场地是业主的，物业公司只提供了服务和管理，所以开展这些业务的收入应该与之分成，至于比例是多少，应由物业公司与业委会商量而定。

假如物业公司想吃“独食”，或者业主（业委会）过分强调自己的利益而不考虑物业公司的利益，最终“受伤”的将是双方。

2. 不涉及业主利益的情况

如果物业公司开办房屋中介、委托代理接送小区儿童上学和放学等业务，不涉及业主的利益，不占用业主的场地，其收益就与业主挂不上钩。尽管如此，物业公司还是应该从该收入中适当拨款给业委会开展自身活动，这样才有利于物业公司与业委会的和谐相处，有利于小区大家庭的和谐。

经典案例

小区电梯广告收入归谁

【案例背景】

某小区的陈先生投诉，在他们小区的电梯里经常会有一些广告。他说，每个电梯都有三个广告位，每月都会有固定的广告收入，但是“别人在电梯里打广告，这些钱业主却收不到”。陈先生说，房子已经由发展商卖给业主了，公共部分也进行了分摊，因此，在电梯里做广告的收入就应该是业主的，为何不用这些收入来补贴管理费或者维修电梯呢?

而该小区管理处经理则说，小区电梯广告确实是管理处在经营，但收入是全体业主的。因为业主委员会没账户，所以收入目前在物业公司的账上，账目由业主委员会进行监管。他说，这笔钱怎么用，是否补贴管理费用，需由业主委员会讨论决定。但即使补贴管理费，也不能说明管理费就能降下来，目前小区物业管理处于亏损状态，账目也给业主委员会看过。他还说，管理处并没有从电梯广告收入中收取一定的管理费。

小区业主委员会主任也表示，小区在和物业公司签订管理合同时，就已明确电梯广告收入归全体业主和业主委员会所有。小区共有30部电梯，合同商定每部电梯的广告收入每年为2000元。但这笔收入目前还在管理处，并没有转到业主委员会来。小区业主委员会已申请账户，正与管理处交涉，拟将这笔收入转过来。

【案例分析】

《中华人民共和国物权法》第七十条规定，业主对建筑物内的住宅、经营性用房等专有部分享有所有权，对专有部分以外的共有部分享有共有和共同管理的权利。电梯间、小区楼房外墙等部位都属于建筑物共有部分，归小区业主共有。依据《中华人民共和国物权法》的规定，小区内公共设施所有权应属业主共有，由此产生的收益权也应属业主，物业公司只是代替管理而已，收入应归全体业主所有，小区业主委员会应该介入，以保护业主权益。电梯间属于公共设施，产权归全体业主所有。电梯间要经营广告，需经业主委员会同意，其收入也应归全体业主所有。

在本案例中，由于业主委员会没有自己的账户，所以电梯间的广告收入这笔钱还是在物业公司手里，一般是用来补充物业管理费的不足、业主的其他各项开支或划入房屋的本体维修基金和房屋公用设施专用基金里。不过，由于物业公司在经营电梯广告上投入了劳动，因此可以收取一定的管理费用。

知名物业管理企业

中航物业管理有限公司（简称“中航物业”）是中国航空工业集团下属中航国际的骨干企业，中航善达的全资子公司，致力于成为中国卓越的机构物业平台运营商。中航物业依靠强大的航空工业背景和技术，逐步成为中国物业管理行业的专业力量，是中国物业管理行业首批国家一级资质企业，连续多年在全国物业管理行业排名前列。

中航物业积极参与市场竞争，聚焦高端机构物业项目，实现布局全国。截至2019年1月，中航物业全国物业管理项目总数527个，管理项目总面积5974万平方米。其中：全委托项目524个，管理面积5884万平方米；顾问项目3个，管理面积90万平方米。

第十章

费用收缴管理

阅读提示：

收费难、收费纠纷多、收费率低是现在物业公司全行业面临的共同问题，也是物业管理的一个难点。

关键词：

⇨收费明码标价

⇨文明催缴

⇨收费公示

概念解析

物业服务收费，是指物业公司按照物业服务合同的约定，对房屋及配套的设施设备和相关场地进行维修、养护、管理，维护相关区域内的环境卫生和秩序，向业主所收取的费用。物业公司应当按照政府物价管理部门的规定实行明码标价，在物业管理区域内的显著位置，将服务内容、服务标准以及收费项目、收费标准等有关情况进行公示。

管理要点

一、物业管理费的构成

物业管理费一般由以下这些项目构成：

（1）公共物业及配套设施的维护保养费用，包括外墙、楼梯、步行廊、升降梯（扶梯）、中央空调系统、消防系统、保安系统、电视音响系统、电话系统、配电器系统、给排水系统及其他机器装置及设施等。

（2）聘用管理人员的支出，包括工资、津贴、福利、保险、服装费用等。

（3）公用水电的支出，如公共照明、喷泉、草地淋水等。

（4）购买或租赁必需的机械及器材的支出。

（5）物业财产保险（火险、灾害险等）及各种责任保险的支出。

（6）垃圾清理、水池清洗及消毒和灭虫的费用。

（7）清洁公共区域及幕墙、墙面的费用。

（8）公共区域植花、种草及其养护费用。

（9）更新储备金，即物业配套设施的更新费用。

（10）聘请律师、会计师等专业人士的费用。

（11）节日装饰的费用。

（12）行政办公支出，包括文具、办公用品等杂项以及公共关系费用。

（13）公共电视接收系统及维护费用。

（14）其他因管理而发生的合理支出。

经验之谈

物业共用部位、共用设施设备的大修、中修和更新、改造费用，应当通过专项维修资金予以列支，不得将其计入物业服务支出或者物业服务成本。

二、确定物业管理费的途径

根据物业管理中发生的费用，确定收费的项目，并明确其使用的范围，是搞好收费管理的基础。加强物业管理费的管理，就是要正确处理收费标准与管理水平的关系。收费标准的确定，可采取下图所示的几种途径。

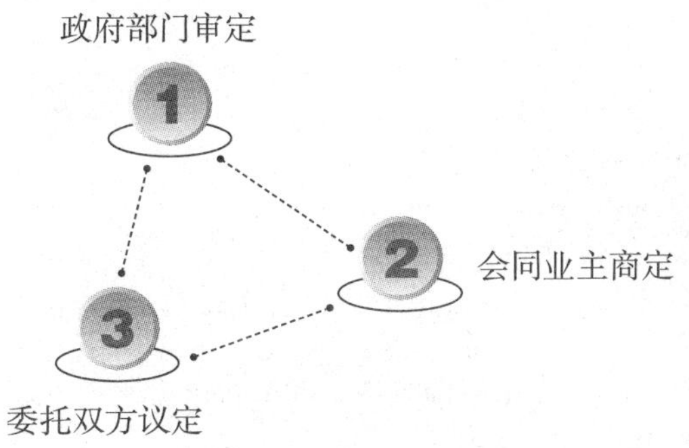

确定物业管理费的途径

1. 政府部门审定

物业管理中的重要收费项目和标准，由房地产主管部门会同物价管理部门审定，通过颁发法规或文件予以公布实施。

比如，售房单位和购房人交纳住宅维修基金、物业管理费，建设施工单位提交保修费等重要项目，由房地产主管部门制定标准，经物价管理部门核定后执行。

2. 会同业主商定

物业管理是由业主委托的契约行为，因而有的收费标准不必由政府部门包揽，而可由物业公司将预算提交业主委员会讨论、审核，经表决通过之后，就是合理的收费标准。此时，物业公司应及时拟定一份物业管理费标准审议会议的决议，并将其印发给每位业主，从通过之日起按这一标准执行。

物业公司在每次新的费用标准通过之后，可以将每一费用项目的标准一次性向业主公布，在以后每月发放收费通知单时，只需通知费用总额就行了。这样，不仅可以减少劳动耗费，也可节省纸张等材料费用。

3. 委托双方议定

对于专项和特约服务的收费，诸如维修家电、接送孩子、代送牛奶、清扫保洁等项目，可根据提供服务的要求，按不同的管理水平，确定不同的收费标准，由委托人与物业公司自行商定。

三、物业服务收费的原则

物业公司为业主提供不同的服务项目，其收费标准也是有所不同的。有些服务项目，其收费标准是物业公司与业主面议后确定的；有些服务项目，其收费标准要按政府有关部门的规定执行。因此，在收取物业服务费时也要遵循一定的原则，具体如下图所示。

原则1	不违反国家和地方政府的有关规定，应当遵循合理、公开以及费用与服务水平相适应的原则
原则2	应当按照政府物价管理部门的规定实行明码标价，在物业管理区域内的显著位置，将服务内容、服务标准以及收费项目、收费标准等有关情况进行公示
原则3	在物业服务中应当遵守国家的价格法律法规，严格履行物业服务合同，为业主提供质价相符的服务
原则4	应当区分不同物业的性质和特点，分别实行政府指导价和市场调节价。实行市场调节价的物业服务收费，由业主与物业公司在物业服务合同中约定

物业服务收费的原则

四、收取物业管理费的流程

在每月开展收费工作前，物业公司要督促公司员工将收费通知单及时送达业主的手中，并由业主签收。

一般来说，收取物业管理费的常规流程如下图所示。

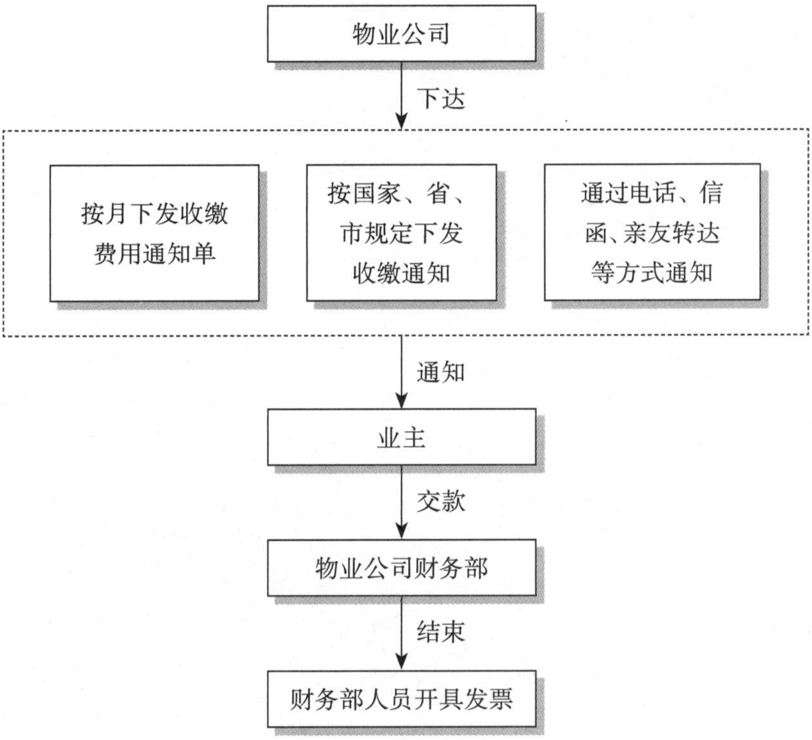

收取物业管理费的常规流程

五、追讨物业管理费的流程

当上月费用被拖欠时，物业公司应在第二个月向业主发放催款通知单。此单上应将上月费用连同滞纳金以及本月费用一起通知业主，并以电话催缴。在通话中要注意文明礼貌。

如果第二个月仍被拖欠，物业公司应在第三个月第二次发放催款通知单，即将此前两个月的费用、滞纳金和当月费用一并通知，并限期3天内缴清；3天过后物业公司将根据管理公约停止对其服务（停止水电供应等）。如果业主经收费员上门催缴仍然拒付，物业公司可根据管理制度以及相应的法律程序进行处理。物业公司可将这些条款写进管理公约中，依照法律程序去执行。

追讨物业管理费的流程如下图所示。

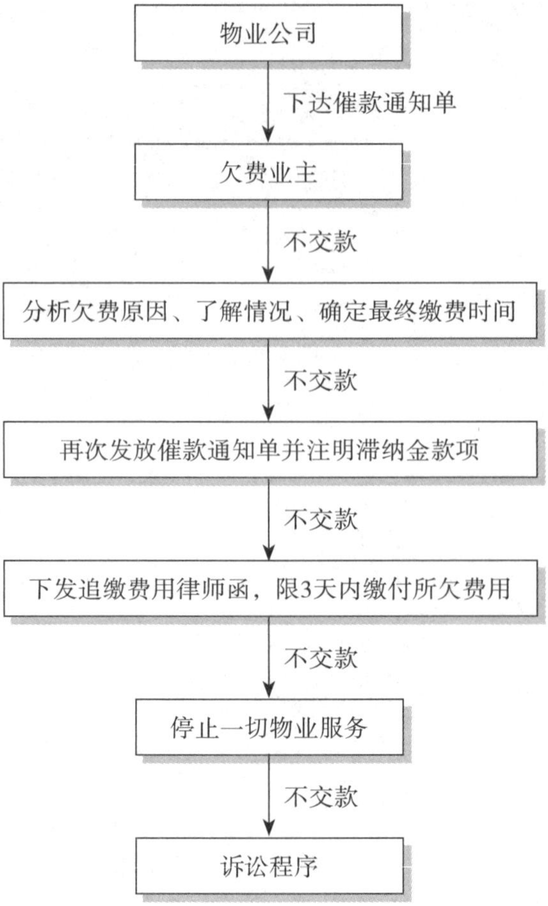

追讨物业管理费的流程

经典案例

房屋出租该由谁承担物业管理费

【案例背景】

2018年8月，某业主与王小姐签订了一份房屋租赁合同，把自己的一套房子出租给王小姐居住，租期为两年。合同除了对租金及支付期限做了约定外，还约定物业管理费由王小姐承担。前几天，该业主收到物业公司的催款函，说已欠付近1年的物业管理费。为此，业主投诉称租赁合同中已约定由租户王小姐交付物业管理费，物业公司不应再向业主催缴物业管理费。

物业公司接到业主投诉后，与业主沟通，说明：根据规定，物业公司按照其与业主签订的物业管理服务合同提供物业管理服务后，有权按照合同向业主收取约定的物业管理费。对业主来说，在接受了物业公司提供的物业管理服务后，有义务按约定支付相应的物业管理费。在房屋出租期间，业主应将出租情况及时书面告知物业公司。物业公司可根据业主和租户对物业管理费缴付的具体约定向有关义务人收取物业管理费。也就是说，若租赁合同约定由租户支付物业管理费，物业公司可直接向租户收取，但业主要承担连带责任。若租赁合同对物业管理费由谁支付没有约定或者约定由业主承担的，物业管理费应当由业主承担。同时，还要让业主了解在房屋对外租赁时，应到物业管理处履行必要的手续，以方便物业公司掌握业主的租赁情况，配合业主做好房屋租赁管理工作，还可避免其他问题的出现。

业主觉得物业公司说得在理，于是将1年的物业管理费交清，同时向王小姐追偿。

【案例分析】

在遇到这一类问题时，首先要熟悉法律法规，用法律法规来说话。另外，为避免此类风险的出现，物业公司应该把工作做得更为细致一点，也就是说，对辖区范围内的租赁情况应进行登记，使之了然于胸。

六、收取物业管理费的公示

物业管理费的收取事关所有业主的切身利益，因此，物业公司必须根据国家规定将各种收费标准及时公布出来，以便业主了解自己被收取了哪些费用，让业主充分享受到对物业服务的知情权和控制权。

1. 物业收费公示的内容

在各地住建局下发的关于规范物业服务企业服务行为的通知中，就规范物业服务企业服务行为工作提出要求。明确：所有物业公司均应将服务内容、服务标准、收费标准、收费依据、岗位设置、报修电话等信息，在住宅小区醒目位置进行公示，主动接受业主及相关部门的监督。

如果业主发现小区物业企业未公示，可向区行政主管部门投诉，予以纠正。

2. 物业收费公示的方式

物业服务收费实行明码标价制度，物业公司应当在物业管理区域内的显著位置，将物业公司名称、收费对象、服务内容和标准、计费方式、计费起始时间、收费项目和标准、价格管理形式、收费依据、价格举报电话等有关情况进行长期公示，接受业主和物价管理部门的监督。

3. 物业收费公示的时间

物业公司应当在每年3月底前在物业管理区域内的醒目位置公布管理区域内上一年度的相关物业经费收取、使用等情况，接受业主监督。公示时间不得少于10天，并要将公示材料送到业主委员会（未成立业主委员会的送到社区居委会）。

4. 物业收费标准公示

物业收费标准随着物价等因素的影响而发生改变，物业公司要及时将变动的物业收费标准公布出来，避免在业主毫不知情的情况下收费。

下面提供一份××物业公司对维修服务收费标准进行公示的范本，仅供参考。

范本

××物业管理有限公司维修服务收费标准

收费单位名称：××物业管理有限公司

价格投诉电话：××××× 住建局投诉电话：××××× 公司联系电话：××××××××

序号	服务项目	实际收费标准 计价方式	备注	价格管理形式
1	安装热水器	30元／台	材料费另计	市场调节价
2	安装抽油烟机	25元／台		
3	换窗胶连	40元／2支	包材料	
4	换5毫米玻璃	15～20元／米^2		
5	安装防盗门门铃	10元／个		
6	更换室内对讲机	75～85元／台		
7	室内对讲机检修	10元／台		
8	维修门窗插销、滑轮等小部件	10元／个		
9	安装普通球形锁	15元／把		
10	换信箱锁	5元／把		
11	焊防盗锁	20元／把		
12	安装窗帘拉杆	10元／个		
13	玻璃开孔	15～20元／个		
14	疏通室内管道	15～30元／次		
15	疏通马桶	15～40元／次		

（续表）

序号	服务项目	实际收费标准 计价方式	备注	价格管理形式
16	安装龙头角阀	5～10元／个		市场调节价
17	更换软管	5元／条		
18	安装马桶水箱配件	10～15元／套		
19	换自来水总阀门	15元／个		
20	换水表	15元／个		
21	换高档水龙头	15元／个	材料费另计	
22	室内下水道修补	10～20元／次		
23	更换给水管	30～40元／米		
24	更换排水管	50～60元／米		
25	安装平蹲马桶	60～70元／个		
26	安装洗脸盆	30～60元／个		
27	贴150毫米×150毫米×5毫米瓷砖	50元／$米^2$		
28	贴普通地砖	30元／$米^2$		
29	安装洗碗机、消毒柜	30元／台		
30	换灯泡、光管	5元／个		
31	换电闸开关、整流器	10～15元／个		
32	换插座、灯开关、圆形灯罩	10元／个		
33	换高档调节灯饰整流器	50元／个		
34	安装日光灯、吊灯	15～25元／套		
35	安装高档玻璃吊灯	80元／套		
36	查线换线	20元／小时		
37	安装空调排水管	5元／米		
38	安装PVC排水管	15元／米		

说明：本收费标准所列服务项目由业主自愿选择，收费标准在服务前告知；本收费标准未列明项目，由供需双方协商服务内容和价格。

5. 物业收支情况公示

物业公司应将公司的管理费收费及支出情况公布出来，以便业主及时了解。一般来说，收支情况应每个季度公布一次。

经典案例

物业管理费的去向是否要保密

【案例背景】

张老先生在某高层住宅买了一套房屋，花去半生积蓄。谁知入住后，张老先生发现买房费用只是一个开始，还要交维修基金、管理费押金、装修保证金等。这些都交齐后，本以为可以安心居住了，谁知物业公司又发通知说要缴纳这个费、那个费。张老先生非常疑惑，到物业公司去询问费用的去向，要求物业公司提供财务支出账目。物业公司财务人员回答："财务支出是商业秘密，只可以向业主委员会公开，不是每位业主都可以了解的。"张老先生非常气愤，先是向物业公司投诉该财务人员，又到政府主管部门投诉物业公司乱收费，还发动邻居拒交管理费。

政府主管部门、业主委员会在接到投诉后，先后对物业公司进行审查。经核实，该物业公司并未乱收费，于是要求物业公司尽快给业主交代明白。

物业公司重新修订了财务公开制度，每季度一次，向全体业主公布费用开支情况。

同时，物业公司对处理此事的财务人员进行教育，要求其要耐心对待业主的询问。物业公司主管还登门向张老先生道歉，说明公司的财务制度，并提醒张老先生注意每次的财务公告。

【案例分析】

物业公司是全体业主的"管家"，一切工作都须置于业主的监督下。特别是物业管理费的收取与支出，应定期张榜公布，以便让业主明白物业管理费的来龙去脉。业主虽然有财务监督权，但行使此项权利的方式并不是私人查账。

物业公司应明确：业主作为费用支付人，有权利明白自己所缴费用的去向。因此，该公司如果没有实行财务公开制度，定期公布财务报表，就应尽快实行。若已有财务公开制度，则可以向张老先生说明财务报表将于何时公布，请张老先生留意。如果张老先生执意要查账，财务人员可请张老先生要求业主委员会委托专业的审计事务所审查。

七、物业收费难的应对措施

物业公司在物业收费过程中，经常遇到收费难的问题，因此而产生的纠纷和矛盾非常多。物业公司应采取适当措施应对物业收费难的问题。

1. 弄清业主拖欠的原因

几乎所有的业主在不及时缴纳物业管理相关费用时，都会找出各种各样的理由和借口。

比如，对物业管理中的保安服务不满意，对物业公司工作人员的服务态度不满意，对保洁服务不到位有意见，公共设备、设施权属问题不明，家里的东西被盗等。

当被欠费时，物业公司应立即对业主所提出的各种理由进行判断，分析其拖欠的真实原因和意图。一般来说，有如下两种原因：

（1）善意拖欠。其中有一些确属物业公司方面的原因造成的，称之为“善意拖欠”。对于善意拖欠，可通过双方及时沟通、协调，找到令人满意的解决办法，在及时收回欠款的同时维护与业主的良好关系。

（2）恶意拖欠。因为对物业公司某方面的工作感到不满意，从而拒交所有的费用，包括水、电、气等费用，造成物业公司不但未能收到物业管理费，还要垫付业主所有的费用及理应由其承担的水、电公摊费，称为“恶意拖欠”。

经验之谈

对于恶意拖欠，物业公司必须给予高度重视并采取强有力的追讨措施，加强对应收账款（费用）收回情况的监督。

2. 密切关注应收账款（费用）的回收情况

一般来讲，拖欠的时间越长，催收的难度越大，款项收回的可能性越小。为此，物业公司应密切关注应收账款（费用）的回收情况，以免影响其他业主交纳相关费用的积极性和损害广大业主的合法权益。

（1）对已掌握的客户信息进行分析处理，对已经欠款的业主进行分类，并要对重要客户进行重点关注。按照业主性质，可分为政府机构、大型企业、普通企业、个人客户等；或者按照建立业务关系的时间来分，可分为老业主、新业主；也可以按欠款金额大小来分，分为重要业主、一般业主和零星业主。

（2）编制应收账款（费用）账龄分析表。利用应收账款（费用）账龄分析表可以了解物业公司有多少欠款尚在信用期内，这些款项虽然未超出信用期，但也不能放松管理、监督，预防新的逾期账款（费用）发生；另外，有多少欠款会因拖欠时间太久而成为坏账。这些信息和分析数据都是物业公司制定收账政策和采取收账方式的重要依据。

经验之谈

物业公司应将业主信用期确定为1个月或半年等，有的业主采取年中或年末一次交款，虽然拖欠了几个月，但只要在年内结清，都应视为正常。

3. 选择恰当的收费策略

对不同的拖欠时间、不同信用品质的业主的欠款，物业公司应采取不同的催款方法和策略，这样往往会收到事半功倍的效果。

（1）催款方式。

催款的方式一般是循序渐进的，即信函、电话联系、上门面谈、协商或者仲裁、诉诸法律。具体方式如下图所示。

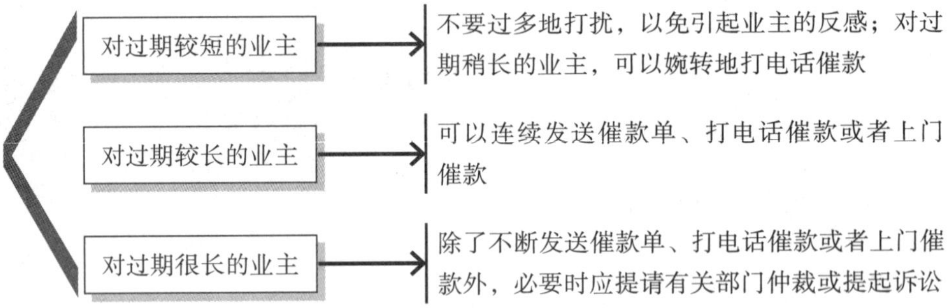

催款方式

（2）防止超过诉讼时效。

物业公司在应收账款（费用）的催收过程中，一定要想办法预防超过诉讼时效，要有意识地不造成诉讼时效的中断，保全公司的收入。工作人员在催收欠款时，要争取收集到欠款的证据，依法使诉讼期间延后。

比如，工作人员亲自上门送催款单并请债务人（业主）签字；对部分还款的债务人（业主），应请求其在发票或者收据上签字；对欠款金额比较大的债务人（业主），可以请求其制订还款计划，双方在还款计划上签字确认。

（3）对欠费业主施加足够的压力。

业主拖欠时间的长短往往取决于物业公司收款人员的态度。大多数严重拖欠都是因为在拖欠的早期，物业公司的收款人员没有对欠费业主施加足够的压力。为了有效地对欠费业主施加足够的压力，应注意下图所示的几点。

- 要点1　应保持与欠费业主的联系和沟通，适时地表达收款的要求
- 要点2　尽量收集齐全对物业公司有利的证据，并让欠费业主了解
- 要点3　谨慎地给欠费业主施加压力，不给其继续拖欠的借口和想法

对欠费业主施加压力时应注意的要点

4. 建立应收账款（费用）坏账制度

无论物业公司采取什么样的信用政策，只要存在商业信用行为，坏账损失的发生就是不可避免的。

既然应收账款（费用）的坏账损失无法避免，企业就应遵循谨慎性原则，对坏账损失的可能性预先进行估计，建立应收账款（费用）坏账准备制度。物业公司应根据客户的财务状况，正确估计应收账款（费用）的坏账风险，选择适当的坏账会计政策。

根据现行会计制度规定，只要应收账款（费用）逾期未收回，符合坏账损失的确认标准之一，物业公司就可采用备抵法进行坏账损失处理。

管理细节

应如实反映物业管理费的收入

在实际操作中，大多数物业公司对业主未交物业管理费这部分逾期收入，在当期没有进行账面反映，也没有计提坏账损失。如此，一是当期反映的管理费收支结余不真实；二是少数人不交物业管理费，损害的是大多数业主的利益，很不公平。所以，物业公司应如实反映物业管理费的收入，对逾期未交的管理费，不仅不要反映收入，而且符合坏账损失确认标准的，还要在当期计提坏账损失，真实地反映该项目物业管理费的收支结余情况。

5. 做好业主的沟通工作

业主欠费各有原因，物业公司应派专人多走访欠费业主，深入了解情况，有针对性地多做说服沟通工作。对于那些不了解情况、不理解收费道理、不明白收费用处、误解物业公司的欠费业主，经过解释说服，大多数都能改变态度。

物业公司应时刻保持与业主的良好沟通，了解业主的需要，及时发现各种潜在的问题，并把它消灭在萌芽状态。热情、周到、真诚是有效开展物业管理各项服务工作的前提条件。

6. 借助业主公约和业主委员会的力量

在走访业主的同时，还要借助业主公约和业主委员会的力量。业主公约是由业主共同制定的有关物业的共有部分和共同事务管理的协议，对全体业主具有约束力。

按时依约交费是业主公约规定的每个业主应尽的义务。物业公司应充分重视业主公约的作用，宣讲业主公约的精神，积极协助业主委员会督促业主履行业主公约，发挥业主公约的基础制约作用。

同时，物业公司可以要求业主委员会履行物业管理条例，赋予其帮助物业公司追讨欠费的义务。

7. 完善物业管理服务合同

应制定双方权利和义务明晰的服务合同，详细明确地约定服务范围、项目、标准与收费方式及违约处罚办法等，为后期减少纠纷、解决纠纷打下良好的基础。这也是在许多外在条件不具备的情况下，物业公司与业主在解决相关问题方面可以着重依赖的途径。

经典案例

陈年老账，一次收清

【案例背景】

某小区F座一业主自2012年3月办理入伙手续后，一直没有入住，该单元空置至今。除了在入伙时预缴了3个月的物业管理费外，该业主一直没再向管理处缴纳过任何费用。因找不着人，电话又联系不上，或联系上了该业主又借故搪塞推托，管理处只好每月把催费通知单塞入门内，哪知该业主根本就没回来过，这催费单也就压根没看见过。就这样，管理处经理换了一任又一任，管理费催了一年又一年，至今已经连续拖欠近6年。

2018年4月，杨经理到该小区走马上任后，就把积极清理管理处的各种历年拖欠款项列入自己的年内主要工作目标中。因为历史原因，该小区存在多项拖欠管理费的问题。杨经理通过统计、调查了解和分析，发现这些拖欠费每笔都连续拖欠两三年以上，甚至还有如上面业主一样连续拖欠六七年的陈年老账，且数额不小。导致这些拖欠管理费的责任并不在管理处，而是在业主方。为此，他心中对清理欠款有了必胜的信心，决定开始全面清收所有的拖欠款项。

对于裙楼商铺故意欠费的问题，杨经理一方面积极主动上门与商户沟通，针对商户提出的意见，积极改进管理和服务工作；一方面督促其尽快把所拖欠的管理费补缴上来并按时缴纳管理费。在经过一年多的沟通协调，两户商铺仍无理拒交管理费的情况下，管理处经请示公司已经付诸司法程序解决。

而对于F座一业主的欠费问题，在通过所有方法都无法与该业主取得联系的情况下，杨经理先查阅该业主办理入伙登记时存放的档案资料，了解其居住地址，与其取得联系。当了解到该业主仍工作居住在外地时，杨经理又积极与其所在地分公司的领导取得联系，希望他们给予配合支持，协助查找该业主。通过其分公司的努力，终于找到了业主本人，并将相关催缴费通知转告了该业主。在得到该分公司转来的业主联系方式后，杨经理便隔三岔五地拨打该业主的手机和固定电话。然而，该业主仿佛有意要考验杨经理的毅力似的，其手机号码时常变换，有时打通后又故意不接听，转接秘书台或故意关机等，有时在电话中答应会过来缴清费用，但没有一次兑现。尽管如此，杨经理仍不放弃，继续穷追猛“打”（电话），不厌其烦地与其软磨硬泡，一次次耐心地向其解释物业管理法规中对空置房收费的相关规定，打消业主讨价还价的幻想，陈述继续拖欠管理费所需承担的法律责任和后果。

最后，耐不住杨经理的一番穷追猛“打”和软磨硬泡，该业主终于答应一定抽空回来核算缴清所欠费用。不久，该业主便委托其朋友前来爽快地把所欠费用一次性缴清了。

【案例分析】

杨经理的不放弃终于使陈年老账得以回收。从这一案例中我们可以得到以下一些经验：

（1）对于拖欠费问题，应该及时催缴才更有利于问题的解决。回避或坐等问题自行解决的想法，只会使问题越拖越复杂，从而变成久拖不决的难题。只有正视问题，采取积极主动的方法，才能使问题得到及时解决。

（2）对于久拖不决的商铺欠费问题，应大胆地积极采取法律手段，通过正当的司法程序进行解决。因为这不仅关系到公司的收益，更是为了维护其他正常缴费业主的利益不受损害。

（3）面对业主不予配合甚至有意刁难的消极态度，物业公司不应轻易放弃，而应坚定信念，不达目的绝不罢休。锲而不舍、不厌其烦，最终定将有所收获。

知名物业管理企业

华润置地物业
CR Land Management

华润置地（北京）物业管理有限责任公司（简称“华润置地物业”）已进入全国50余个城市，已接管150个项目，管理面积约3000万平米，物业员工超过18000人，为全国近15万户业主提供服务。华润置地各物业公司所服务的项目涵盖住宅、购物中心及写字楼，业务范围包括物业前期规划、秩序维护、清洁服务、绿化养护、设施设备管理、会所经营及社区资源经营等。

华润置地物业秉承华润置地“品质给城市更多改变”的品牌理念，致力于推动行业进步，并以开放的姿态参与物业管理和服务创新，目前已经成为金钥匙国际联盟在物业体系中的重要成员。公司全体员工坚守“务实、激情、专业、创新”的企业精神，不断超越客户预期，以至诚和创新行动成就人们的居住梦想，构筑温馨、舒适、安全的城市家园。

第十一章

社区文化管理

阅读提示：

社区文化并非单纯指一些娱乐性的群众活动，而是一种整体性的社区人文环境。

关键词：

⇨人员配备

⇨资源整合

⇨软、硬件建设

概念解析

一个社区文化氛围和格调的形成，除了和开发商对整个小区的设计与规划、开发与建筑、销售与定位等各个环节紧密相关外，还和物业公司的作用分不开。其以优质服务营造与提升社区文化，满足业主对文化的追求，并照顾到业主对于所居住物业的精神需要。

管理要点

一、社区文化建设的内容

社区文化的表现形式是典雅、舒适的环境，自由、和谐的气氛，安全、有序的交通管理，方便、快捷的通信信息和人人身体力行的文明言行。据此，社区文化大致有下图所示的几方面的内容。

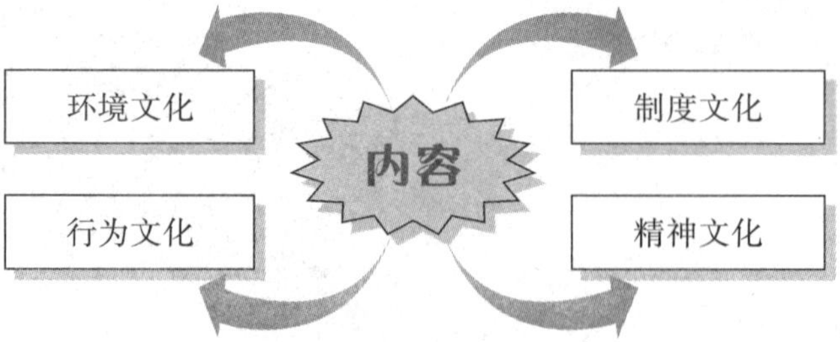

社区文化的内容

1. 环境文化

社区环境是社区文化的第一个层面。它是由社区成员共同创造和维护的自然环境与人文环境的结合，是社区精神物质化、对象化的具体体现。主要包括社区容貌、休闲娱乐环境、文化设施、生活环境等。

通过社区环境，可以感知社区成员的理想、价值观、精神面貌等外在形象。如残疾人无障碍通道设施可以充分体现社区关怀、尊重生命、以人为本的社区理念。当然，怡人的绿化园林、舒心的休闲布局、写意的小品园艺等都可以营造出理想的环境文化氛围。

2. 行为文化

行为文化也可以称为“活动文化”，是社区成员在交往、娱乐、生活、学习、经营等过程中产生的活动文化。通常所说的社区文化都是指这一类的社区文化活动。这些活动实际上反映出社区的社区风尚、精神面貌、人际关系范式等文化特征。

比如，儿童节晚会、国庆节联欢会、广场交响音乐会、元旦千人舞会、重阳节文艺会演、趣味家庭运动会、游泳比赛、新春长跑等。

3. 制度文化

制度文化是与社区精神、社区价值观、社区理想等相适应的制度、规章、组织机构等。这些制度对保障社区文化活动持久、健康地开展具有一定的约束力和控制力。

制度文化可以粗略地分为两大类，如下图所示。

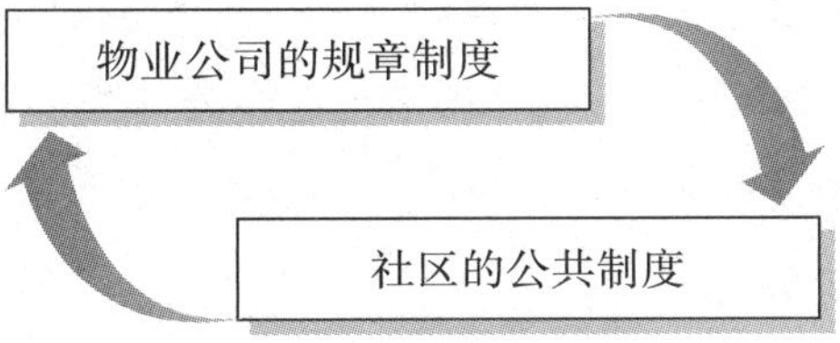

制度文化的分类

物业公司的规章制度和社区的公共制度都可以反映出社区价值观、社区道德准则、社区生活准则等。如奖罚分明可以体现出社区的严谨风格，规劝有加可以体现出社区的人性感悟等。

管理细节

成立社区文化部

为保障社区文化活动深入持久地开展下去，现在很多小区物业管理部门都成立了专门的社区文化部，负责社区文化活动建设工作。社区文化部在引导、扶植的基础上成立各种类型的社区文化活动组织，如老年活动中心、艺术团、协会、表演队等，同时，还对社区文化活动开展的时间、地点、内容、方式、程序等予以规范。

4. 精神文化

精神文化是社区文化的核心，是社区独具特征的意识形态和文化观念，包括社区精神、社区道德、价值观念、社区理想、行为准则等。这是社区成员的精神观、价值观、道德观生成的主要途径。环境文化、行为文化、制度文化都属于精神文化的外在体现。具体表现形式有社区升旗仪式、评选文明户、学雷锋演讲等。

经验之谈

由于精神文化具有明显的社区特点，所以往往要经过多年积累，逐步形成。

二、社区文化活动人员的配备

要使各个小区的社区文化活动开展得有声有色，就必须在物业公司及各物业管理处配备专职的社区文化人员。通常可以在物业公司设立社区文化部，由1人负责，各管理处再设1名社区文化专员，同时要求各管理处的工作人员无条件地配合社区文化活动的开展。社区文化活动人员的配备要求如下图所示。

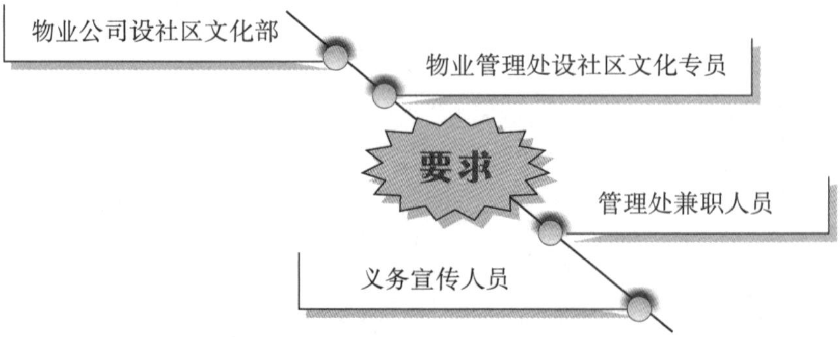

社区文化活动人员的配备要求

1. 物业公司设社区文化部

物业公司设社区文化部，由1人负责，主要负责制订公司各物业管理处年度社区文化工作计划，组织大型的社区文化活动，协助各管理处组织本小区的社区文化活动，监督各管理处执行公司社区文化工作计划的情况，并适时提出改进建议。

2. 物业管理处设社区文化专员

物业管理处设社区文化专员1人，主要负责管理处各项社区文化活动的组织、实施工作，向公司社区文化部报告社区文化工作情况，并就本管理处的实际情况提出社区文化工作的建议。

3. 管理处兼职人员

管理处经理对社区文化专员的工作进行指导和监督，管理处经理以下的其他人员必须无条件协助社区文化专员开展各项社区文化工作。另外，管理处还应聘请体育、艺术、文学、宣传部门的专业人士担任本管理处的社区文化顾问，以帮助管理处更好地开展社区文化工作。

4. 义务宣传人员

管理处的全体工作人员都是本管理处社区文化的义务宣传人员，另外，管理处最好能在本小区内聘请若干名（5名以上）热心公益活动、身体健康并有一定组织能力的业主担任本小区的社区文化义务宣传员，集中反映业主的意见，帮助管理处提高活动质量，疏通业主与管理处的沟通渠道。

三、社区文化资源的整合

社区文化的建设仅靠表面和有形的资源是远远不够的，迫切需要整合、利用社区内外各种文化资源来共同为社区居民服务。

1. 重视社区自身资源的整合利用

在开展社区文化建设时，物业公司应注意充分利用自身现有资源，如会所、图书馆等现有文化设施，这样既可减少支出，又可通过聚集人气，使社区设施得到充分有效的使用，还可带动会所的经营，形成互动双赢的局面。

同时，还应充分利用社区业主的资源。具体措施如下图所示。

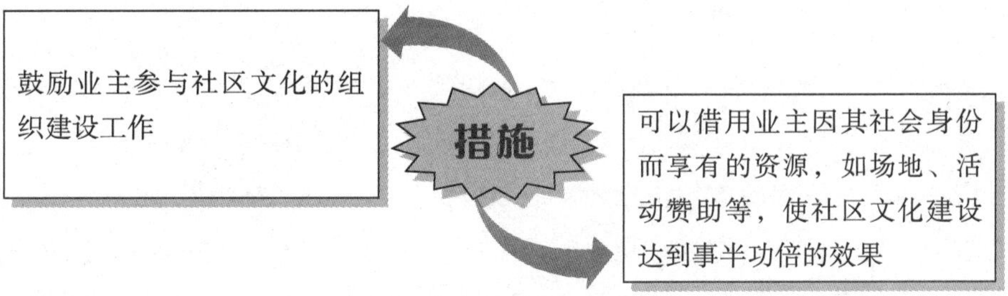

利用社区业主资源的措施

2. 重视企业内部资源的整合利用

社区文化建设定位为物业的核心竞争力之一，因而在组织运作方面必须有明确统一的战略和系统性的运作。具体要求如下图所示。

要求1	应建立专职运作机构，由该机构负责全公司整体社区文化的建立规划和系统性开展。还可建立智囊团（社区文化工作组）作为辅助
要求2	需每年制订社区文化年度工作计划，各部门开展社区活动须由专职运作机构统一批准，实行全局计划性的宏观调控式管理，确保各部门按照公司的统一方向行进
要求3	应统一进行宣传，减少单次活动宣传工作量，可在一定程度上节省宣传工作的人力、财力、物力，对于小区社区文化氛围营造具有统一、持续的作用

物业公司内部组织运作社区文化建设的要求

3. 重视对社会资源的整合利用

业主的兴趣爱好丰富多彩，社区文化的建设也同样应该多彩多姿。但物业公司在此方面的专业度及资源调配能力存在明显的不足，因此物业公司应善于做“集成商”——依托丰富的客户资源对各方面的社会资源进行整合利用。

比如，与专业旅行社合作组织夏令营、特色旅游；与美容机构合作举办女性知识讲座；与健身机构合办健身训练班；等等。

经验之谈

对于某些在专业上无法直接合作的单位，可由其以赞助、协办的形式介入社区活动，以补充社区文化建设经费。

四、社区文化的硬件建设

社区文化可分为硬件部分和软件部分。社区文化的硬件部分，是潜移默化地影响人们的心理素质的重要因素。众所周知，现代文明的建设是由具备良好素质的人来完成的，而良好的居住环境，可以促使人们自觉地养成良好的生活习惯。环境对于一个人的心理影响是相当重要的，当一个人长期处在良好的环境中，便会不知不觉地提高自身的素质，而如果每个人的素质都得到了提高，那么整个社区的文化氛围也就自然而然地体现出来了。总的来说，社区文化硬件建设的内容应该包括：

01 会所，包括篮球场、网球场、羽毛球场、健身房、清吧、茶艺馆、棋牌室、游泳池、乒乓球室、阅览室等

02 公共场地，包括公共绿地、道路、大堂、走廊等

03 室外健身场所，包括室外健身器材、健身路、室外操场等

04 公司配置一整套专业的音响和舞台，这样可以提高管理处开展社区文化活动的专业性

社区文化硬件建设包含的内容

管理细节

合理利用社区资源

对于会所应该尽可能地利用其功能，并加强现代化管理；对于公共场地则宜挂一些名人名画，营造一种浓郁的文化氛围；对于室外健身场所，应该加以适当引导，形成正确的、自发性的健身氛围。总之，对于社区文化的硬件，应该重在利用，应该将工作重点放在社区文化的软件建设上。

五、社区文化的软件建设

软件建设是社区文化建设的中心组成部分，包括一系列的活动计划、实施效果及相关管理制度、管理处工作人员的服务精神、各项活动筹备人员的组织协调能力、居民的参与配合及对公益活动的热心程度。

根据社区文化的活动形式、活动风格，社区文化软件建设的内容可概括为下图所示的五个部分。

体育类　文学类　艺术类　康体类　经济类

社区文化软件建设包含的内容

1. 体育类

体育类社区文化活动的目的在于通过倡导体育健身的精神，利用小区的各种资源，引导小区全体住户参与体育锻炼，进而形成各种自发性组织，从而形成积极、健康、活泼、向上的小区精神。体育类的社区文化活动适合任何住宅小区，而且效果明显、影响面广。具体的体育类社区文化活动如下图所示。

- 01 成立各种体育俱乐部，定期组织训练、比赛
- 02 每年一次，以小区为单位，由公司组织大型体育活动比赛
- 03 在社区公共场所设置室外健身器材
- 04 利用国内及国际各种体育比赛做体育锻炼的宣传，如组织集体观看重要比赛、挂宣传标语等，增强民众体育健身的意识

体育类社区文化活动

2. 文学类

文学类社区文化活动的定位比较高，主要是利用小区中素质较高的人来组织一些兴趣小组，之后在这些兴趣小组的带动下，不定期举办一些文学活动，从而吸引更多的住户前来参加活动，通过举办各种文学活动，提高参加者的文学素养和兴趣，最后形成富有特色的小区文化氛围。具体的文学类社区文化活动如下图所示。

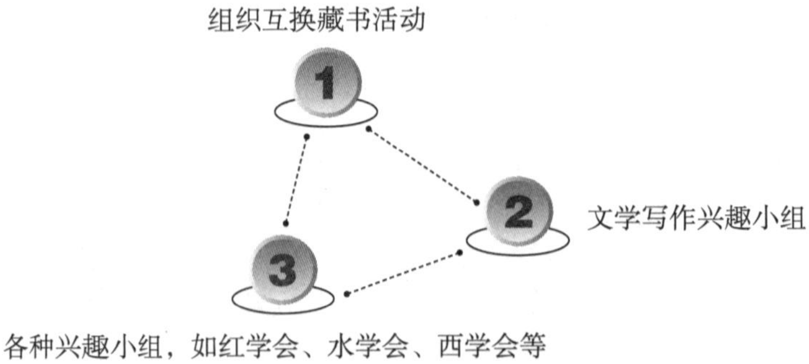

文学类社区文化活动

3. 艺术类

艺术类社区文化活动是内容最广泛，实际工作中运用最多的形式，主要通过各种俱乐部的活动来带动全体住户参与到社区文化活动中，并形成若干自发性组织。这类社区文化

活动适合任何住宅小区。其主要活动包括：

（1）成立各种兴趣小组，定期组织训练、会演、竞赛，可先以各小区为单位，成熟后再加以联合，组成精英团体。

（2）营造社区艺术氛围，如将小区各艺术团体成员的优秀作品（书法、山水画等）加以装饰后，在社区公共场所（大堂、会所等）展示；定期组织社区家庭读书活动；举行周末露天舞会、音乐会、歌会等。

（3）在节假日举办大型联欢会、文艺会演、卡拉OK比赛等。

4. 康体类

康体类社区文化活动是最具有社会效应的活动，不仅可以带动小区业主参与各种社区活动，进而形成一种生活模式，还可以为小区的周边带来一些服务。正因为有良好的社会效应，因此康体类社会文化活动异军突起，在社区文化中占据了一席之地。这类活动具体如下图所示。

- 活动 1　提供健身、娱乐场所（室内和室外），对小区住户长期开放，并加以必要的辅导
- 活动 2　定期组织爬山、游园、自驾游活动
- 活动 3　定期举办美容、健身讲座
- 活动 4　定期组织集体体检（最好是免费体检）
- 活动 5　在暑假举办少年夏令营活动
- 活动 6　筹建社区健康站，请专家定期或长期提供健康咨询、急救措施等

康体类社区文化活动

5. 经济类

经济类社区文化活动的目的在于让小区内的住户相互帮助，形成一些商会，定期组织活动，在小区内形成一种浓郁的商业气息，并使小区中的住户都能从中受益。这类活动的目的性较强，比较适合以商业为主的商住小区。这类活动具体如下页图所示。

活动	1	定期邀请成功人士到小区做创业心得报告
活动	2	成立各种商会
活动	3	定期邀请房地产专家做房地产租售交易介绍，并提供现场咨询
活动	4	定期邀请证券专家做投资、理财报告，并提供现场咨询
活动	5	根据住户的具体需要举办汽车、名牌家私、艺术品展览活动

经济类社区文化活动

六、社区文化活动的开展

社区文化活动的开展和营造对于物业管理有着十分重要的意义，开展得好与坏，不仅直接反映物业公司的管理水平，还综合反映小区的形象及精神风貌。因此，物业公司要切实抓好这项工作。

1. 开展活动需求调研

社区文化活动应该百花齐放，满足不同层次业主的兴趣爱好，兼顾不同类型的文化品位。这就要求物业公司充分做好社区文化调查工作，真正摸清业主在想什么，需要得到什么样的文化服务，愿意参加怎样的社区文化活动。

管理细节

利用调查问卷进行需求调研

需求调研是策划的第一步。即先了解所辖物业区域内业主对社区文化活动的需求。社区文化活动的需求调研方法与其他延伸服务的调研方法相同，可以利用业主调查问卷或相关分析等方法来进行。

2. 制订活动方案

物业公司要制订好社区文化活动的方案，有了方案，在工作中才不会手忙脚乱，才不会影响活动的质量。方案的拟订要以调查分析为依据，科学合理、切实可行、行之有理。

（1）影响方案的相关因素。

制订社区文化活动方案所涉及的应予以考虑的相关因素很多，具体如下表所示。

影响社区文化活动方案制订的因素

因素	具体措施
人员配备	可在物业公司下设社区文化人员，主要负责社区文化活动开展和环境文化建设 （1）社区文化人员采用专职和兼职相结合的方式以适应社区规模，主管负责整个社区的社区文化行为，从策划、实施到监督，如主持大型文体活动、编辑月报、接待来访等 （2）客户助理参与协助工作 （3）可聘请部分热心业主（5～7人）共同组成社区文化活动的基本组织人员
活动场地	（1）物业公司可划出一间办公室作为日常办公地点和联络场所 （2）社区内规划出的户外活动场地可作为活动开展的主要地点 （3）社区中心广场可作为活动开展的主会场 （4）大型或特大型活动可借助社区内或附近中小学的操场或教室举行 （5）社区内开辟的科技馆、图书馆也是学习交流的极佳场所 （6）体现报栏、宣传栏功用，发布信息，进行沟通交流
经费来源	（1）物业公司拨出专项经费 （2）部分场所酌情收费，如图书馆、科技馆等 （3）寻求个人或相关企业赞助 （4）向活动受益人集资
相关规范	社区文化活动能否正常有序地开展，还要有一套行之有效的运作规范予以保障，在活动策划时应充分考虑到，最好边进行活动策划，边建立和完善相关运作规范

（2）方案的主要内容。

在进行有效调查之后，物业公司应针对具体项目制订活动的实施方案。方案编制通常应考虑以下内容：时间、地点、主题、形式、活动参与对象、活动邀请对象、活动组织安排、活动后勤保障、活动费用测算、活动费用来源及其他相关事宜。

下面提供一份××物业公司春节社区活动方案的范本，仅供参考。

范本

春节社区文化活动方案

春节是中国人重要的传统节日，在老百姓心中占有重要的位置。为了活跃小区文化，密切与业主的关系，管理处将组织业主开展多种文化娱乐活动。活动本着营造气氛、活跃情绪、勤俭节约的原则，开展歌舞晚会、钓鱼、套圈、卡拉OK、猜谜语等活动。具体实施方案如下：

一、人员组织

活动策划：（略）

活动总指挥：（略）

活动成员：（略）

后勤保障：（略）

二、时间安排

2017年1月23日15:30至17:30。

三、主要分工

（1）杨××负责活动当晚晚会节目的策划、组织、实施。

（2）主持人：李××。

（3）工作人员由管理处不当班员工担任。

（4）活动的后勤保障、报名登记、奖品及比赛用品购买由陈××负责。

四、场地安排

会所。

五、活动内容

（1）组织有文艺特长的老年人进行歌舞表演，主要包括太极、剑术、秧歌、二胡演奏等（时间安排为1小时，负责人王××）。

（2）套圈同公园内的操作相同，物品为可乐、玩具小汽车、公仔、打火机、车用纸巾等（××公司赞助）。

（3）猜谜活动的操作方法为在半球活动中心现场悬挂100～200条谜语（事先由管理处将谜语写在彩纸上），由业主自行猜，猜中后拿着纸条到服务处领取奖品。

六、奖品设置

当天参加活动的人员有小礼品赠送，尽量做到人手一份。

七、费用预算

序号	物品	单位	数量	单价（元）	合计（元）
1	闪光彩灯	条			
2	红灯笼	个			
3	礼品（老年人纪念品）	盒			

（续表）

序号	物品	单位	数量	单价（元）	合计（元）
4	铅笔、圆珠笔、文具	批			
合计					

______物业管理有限公司

______管理处

____年____月____日

3. 发布活动通知

开展社区活动必须让所有人知晓，所以，可以在公告栏上将其以通知或者邀请函的形式发布出来。

下面提供一份社区活动通知的范本，仅供参考。

范本

社区活动通知

尊敬的各位业主：

迎中秋，庆国庆！在这万家团圆、举国欢庆的日子来临之际，物业公司将组织一场丰富多彩的"迎双节"社区大型文化文艺会演，同时将举办猜谜、钓鱼、套圈、蒙眼敲锣等内容丰富、益智娱乐的活动项目，并有大量精彩的奖品赠送，望各位业主踊跃参加。

活动时间：____年____月____日晚上6:30开始。

活动地点：__________广场。

××物业管理有限公司

××××年××月××日

4. 控制好活动现场

社区活动现场控制内容为：

（1）保安要在现场维护秩序，确保活动现场的安全。

（2）要营造良好的活动气氛，尤其是一些重大节日活动，要事先进行现场布置，用装饰物营造出活跃热闹的气氛。

（3）活动时要组织相关人员进行现场报道，对活动过程进行摄影或录像，及时进行一些必要的居民观众采访，收集报道素材。

5. 做好活动记录

社区文化活动结束后，物业公司要组织人员对活动现场进行及时清理并填写社区活动记录表。

6. 进行活动总结

物业公司可以就一次活动进行总结，也可以就阶段性活动，如一个月的活动进行总结。总结时可以参考社区活动记录表及相关影像资料。

经典案例

碧桂园物业活跃的业主团体

【案例背景】

碧桂园物业在20世纪90年代创立初期，提出了“睦邻友好，相互关爱”这一社区文化主旨。围绕该主旨，自2010年底开始，碧桂园物业已经累计推出近2000场社区文化活动，其中，仅2013年就举办了近1000场次由物业公司主导、业主参与的社区活动。

据不完全统计，20多年来，碧桂园物业共诞生了近百个活跃的社区业主团体。这些业主团体往往由兴趣爱好相近的业主自发组成，形式多样，如以业主业余结伴出游为特色的顺德碧桂园业主联谊会、以英语交流为特色的广州碧桂园英语俱乐部、以健身运动为特色的凤凰城健身舞蹈队等。

其中，广州碧桂园英语俱乐部是广州番禺各社区里最受欢迎的业主团体。自2000年成立以来，几乎每周都有不同的主题活动，成员均是义务参加，许多广碧的业主、附近小区的业主等均从中获益不少。英语俱乐部不仅有较强的专业性，而且也给社区业主之间、社区与周边社区之间带来了良好的互动效应。

【案例分析】

建立一个成功的幸福社区，不仅需要开发商的努力，也需要业主自身的认可以及维系。业主团体成了判断社区是否幸福的重要指标，其活跃度也充分体现了社区群众自我管理的能力，可以大大丰富、活跃社区文化活动。碧桂园各种活跃的业主团体为业主之间的交流提供了重要的平台，这也是目前城市社区常见的促进社区交流的形式。

知名物业管理企业

碧桂园服务控股有限公司创立于1992年。经过27年的稳健发展，公司业务涵盖住宅、商业物业、写字楼、多功能综合楼、政府及其他公共设施、产业园、高速公路服务站、公园及学校等多种业态。

秉持“急业主所急，想业主所想”“一切以业主为中心”的服务理念，碧桂园服务以扎实的业务，精益化管理，完成英国标准协会（BSI）质量管理体系ISO、环境管理体系ISO及职业健康安全体系三大认证，建立完善和精益化的物业管理和服务体系。依托强大的线下服务体系，整合社区商业资源，致力让业主体验物业服务的美好，围绕业主不动产保值增值，提供全生命周期服务。

第十二章

创优达标管理

阅读提示：

优秀示范小区是政府各级主管部门评定的最具权威的荣誉，而这一评选工作也是政府推进物业公司规范管理最有效的措施。

关键词：

⇨ 创优申报
⇨ 内部评定
⇨ 成果巩固

概念解析

物业管理创优工作其实就是一个与品牌物业相互交流和学习的重要支点，也是检测自身的重要方式。所以，在物业管理行业竞争日益激烈的今天，在时刻树立忧患意识的同时，更重要的是想方设法推进自身管理上的专业化程度和专业化水平，逐步建立在物业管理中的优势或强势地位。

管理要点

一、创优项目的基本申报条件

建设部颁布的标准规定了相应的基本申报条件；各地根据国家标准，制定了适合地区特点和实际情况的各级申报条件。由于各省（自治区、直辖市）、市级的申报条件、考评标准有所区别，所以企业在选定创优项目时，除了要参考建设部的标准外，还必须考虑当地的创建申报基本条件，符合条件的方可申报。

下表列出了申报不同级别创优达标项目应具备的基本条件。

申报不同级别创优达标项目应具备的基本条件

序号	项目级别	应具备的基本条件
1	区级优秀项目	一般由区级行业主管部门按照上级制定的考评标准组织区级优秀项目的考评验收，只是达标分数低于市级优秀项目分数。因此，其申报的基本条件与市级优秀项目基本相同
2	市级优秀项目	（1）申报的参评项目必须已经竣工并交付使用 （2）入住率达到标准规定的比例 （3）配备专业的管理服务人员 （4）参评项目的面积等硬件条件符合标准要求 （5）建立了完善的管理规章制度

（续表）

序号	项目级别	应具备的基本条件
2	市级优秀项目	（6）参评项目当年无重大责任事故 （7）未发生行业主管部门认定的重大有效投诉 （8）参评项目实行了综合一体化、专业化管理服务等
3	省级及国家级优秀、示范项目	除了要具备申报市级优秀项目的基本条件外，还必须具备如下条件 （1）已取得市级优秀项目满一年以上 （2）已按法定程序成立了业主委员会 （申报国家级示范项目必须是省级考评达98分以上）

二、创优工作的前期准备

物业公司在制订年度工作计划和工作目标时，应通过权衡企业所能提供的资源和在管项目的自然条件，确定是否参加当年的创优考评并选择几个项目进行创优达标，做到未雨绸缪。

1. 选择参评项目

一般来说，选择参评项目主要应考虑下图所示的三个因素。

因素1　委托方的要求。如果委托物业管理合同中约定要创优达标且项目自然条件符合申报要求，就必须进行创优达标

因素2　企业规范管理、提升品牌的自身要求。如果企业希望通过参加创优达标提升管理水平、提高企业知名度，就应选择项目参与创优考评

因素3　企业在管项目中如有基础条件好、符合申报条件的，应积极参加创优考评

选择参评项目应考虑的因素

2. 确定创优目标

物业公司要把创优活动当作企业上台阶、提高管理手段及管理水平的重要战略步骤之一；树立管理服务的长远目标：市优、省优、国优。通过推行标准化的管理服务手段，不断增强企业核心竞争力。

3. 合理调配资源

物业公司要想达到预定的创优目标，必须配备相应的资源，包括组织资源、人力资

源、财力资源、物资资源等。要做好调配资源工作必须注意几个要点，具体如下表所示。

做好调配资源工作应注意的要点

序号	注意要点	具体要求
1	领导重视	主要领导应在创建的各个阶段予以高度重视，并要求相关部门经常到参评项目现场进行检查、指导，确保创建工作按计划进行
2	组织保证	公司应成立由公司领导挂帅、有关部门负责人和创优项目负责人共同参加的创优领导小组，并指定一个部门作为创优主要责任部门。各参评项目也应相应建立以负责人为首的创优工作小组，明确分工，责任到人
3	人员培训	创优达标几乎涉及参评项目管理服务工作的全部内容，因此必须对员工进行贯彻标准培训。要让每位员工都清楚创优的目的和意义、明确创优达标的任务和要求、了解考评标准的内容及本人在创优工作中担任的角色
4	激励机制	可采用相应的激励机制，如把创优工作成果与员工职位升降和奖金进行双挂钩等。尤其是进入项目初评阶段后，对需要整改的项目，要落实责任部门、负责人；对整改时间、整改效果做出明确规定并进行控制

4. 进行创优申报

在创优申报中一定要注意下图所示的事项。

注意搜集申报信息	一般情况下，行业主管部门会在年初就当年的创优考评工作发出通知。物业公司可根据通知要求进行申报，并主动与行业主管部门取得联系，了解当年考评工作的具体安排，以免因信息不灵而漏报
填写、呈送申报表	物业公司确定参评项目后，应到行业主管部门领取申报表，并按照规定的时限填写，报送到指定的接收部门
跟踪申报结果	行业主管部门在收到创优申请之后和组织检查考评之前，会对物业公司及申报项目的资格进行审查，确认参评资格。物业公司应注意跟踪资格确认结果
逐级申报	物业公司的申报程序是由低级向高级进行的。一般来说，应从区优起步，每通过一级考评验收后，再申请参加级别更高的创优考评

创优申报中应注意的事项

三、创优工作的内部评定

在确定创优项目之后，物业公司应当立即组织相关部门和人员对其进行全方位的综合检查，并进行初次评定。

1. 项目内部初评

初评应该是有计划地进行的。内部初评的具体步骤如下图所示。

选用初评标准	内部检查考评应参照新颁布的国家示范小区标准，同时结合本公司的检查标准进行
明确牵头部门	由牵头部门负责组织初评的实施，包括检查评估的时间、参加考评的人员、检查的内容和顺序、考评结果的汇总等
选定检查人员	为了保证内部初评的质量，应从各专业选抽具有足够专业知识和丰富实践经验的人员参加检查
专项分组检查	一般分为软件组（文件、资料、档案、培训等）、环境组、设备组（强电、弱电、电梯、锅炉等）、财务组
参评项目配合	受检单位应组织人员引导和陪同检查组进行检查，并认真做好记录
提出整改方案	现场检查结束后，应以会议的形式，由各检查小组进行汇报，针对问题分析原因，提出整改意见；由初评牵头部门汇总意见并形成书面报告，提交给公司领导和受检单位

内部初评的具体步骤

2. 缺陷整改

在项目初评过程中，检查人员会发现一些缺陷，并对这些缺陷提出整改要求。一般来说，从项目初评到缺陷整改，其过程的长短和效果的优劣是由公司的实力决定的。检查人员的水平、能力和态度决定着发现问题的数量，而公司资源则决定着缺陷的整改程度及结果。因此，在整改过程中应考虑下图所示的事项。

整改效果	整改效果并非单指实际效果，还应与检查标准联系起来综合考虑，可分为完全整改、部分整改、无效整改三种。这是缺陷整改前和提出整改方案时必须考虑的首要问题
整改时间	应考虑整改所需的时间，并尽量精确估计检查考评时间，整改时应选择适当的时间开始和结束，这样能够达到事半功倍的效果
整改技术	对公司有能力解决的问题和无法解决的问题应及早分析、确认；在计划安排上，应先将本身无法解决的问题委外解决；在整改中应注意控制成本、质量和工期
二次自查	整改工作要分清轻重缓急，全面展开；由于工期不同，因此各责任部门和责任人应按时完成并保证质量；单项整改完成后，验收小组应进行验收；全部整改项目基本完成时，公司应再次组织内部检查考评

整改过程中应考虑的事项

四、创优工作的软件准备

创优过程中的软件准备主要是迎检资料的准备，即将考评标准的全部内容转化成相关主题的资料。创优资料的整理主要为以下几大块：

（1）项目产权资料。

（2）竣工验收资料。

（3）图纸移交资料。

（4）物业公司成立登记资料。

（5）业主委员会成立与活动资料。

（6）公众管理制度。

（7）所有内部管理标准作业规程。

（8）所有内部管理的日常质量记录。

（9）员工绩效考评结果记录。

（10）所有的住户投诉记录。

（11）所有的住户回访记录。

（12）所有的住户报修记录。

（13）所有的住户意见征集记录。

（14）所有的通知记录。

（15）财务损益表。

（16）所有的对外委托合同书。

（17）所有的员工培训记录。

（18）所有的员工岗位、职称证书、员工档案。

（19）小区业主档案。

（20）所有的业主装修管理档案。

（21）政府相关部门出具的无治安案件、火灾事故证明书。

（22）所有的社区文化记录。

（23）所有的电梯年检、二次供水检疫、卫生消杀检疫证书。

（24）所有的标志复印件。

（25）所有的多种经营资料。

（26）政府、住户、上级公司、外界对管理处工作的评价资料以及其他应提供的资料、记录等。

经验之谈

所有资料应充分体现完善、规范的管理与服务；而创优活动已得到业主委员会的支持和配合，对此大多数业主都知晓和理解。

五、创优工作的硬件准备

硬件是指软件运行的环境，包括楼宇建筑及配套设备设施等。要创优达标，硬件方面必须达到以下要求：

（1）项目外观要完好、整洁。

（2）楼宇内部整洁、有序、安全，无违反装修管理和消防管理法规的乱搭、乱建、乱改等行为。

（3）设施设备是大项，维护、使用、管理要完善。各类公共设施设备使用功能保持良好的工作状态。

（4）机房环境和设备表面维护管理应做到整洁、干爽、无灰尘、无锈迹、无脱漆、无虫、无鼠害。

（5）消防系统配置齐全，标志清楚完整，消防疏散通道畅通。

（6）搞好二次供水系统如水池、水箱的清洁、消毒工作，煤气管道、电梯等设施设备的安全防护措施一定要到位。

（7）无卫生死角。

（8）环境绿化美化效果好。

（9）公共秩序的防护设施完好齐整，治安、交通标志齐备，设备先进完善。

经验之谈

硬件准备是庞大而复杂的工作，要求参评项目负责人在整个整改、完善过程中，充分发挥其领导及沟通协调才能，并动员所有员工自觉地参与硬件准备工作。

经典案例

××住宅小区创优工作经验分享

【案例背景】

××市××住宅小区于2018年荣获"××省物业服务优秀住宅小区"荣誉称号。能够获得如此殊荣，是××物业服务有限公司全体员工努力工作的结果；是全体爱心业主关心支持的结果；是开发建设单位扶持帮助的结果；是与省、市两级行政主管领导及协会领导的关心爱护分不开的。

一、确定目标，提高对创建工作的正确认识

自2017年××小区创建市优后，公司就将创建省优纳入实施计划，从组织领导、人员分工到档案与设备管理等参照评优细则逐一检查整改，做到全公司上下一心、认识一致、领导重视、全员参与、分工协作、细节入手、突出重点、有条不紊、真抓实干，不达目的誓不罢休。

二、创优平台，打造磨炼一流服务团队

物管工作需要优秀人才，优秀人才需要融入好的服务团队。创建省优计划确定后，公司借助创优平台在人员招聘上确定了一系列具体标准，如客服人员均为大专以上文化程度，工程维护人员均为专业人员并持有相关资质证件，保洁、秩序维护人员均为大专以上文化程度，等等。由此大大提高了人员的整体素质，为以后的管理服务夯实了基础。

三、加强培训，完善措施，建立相关制度

有了奋斗目标和优秀团队后，应该有相关的制度措施。因此，公司制定了一整套严谨、合适、通用的工作流程、岗位作业指导书等管理制度；通过培训，将责任落实到每个岗位、每名员工，深入每个工作细节。根据创优评定细则，细化分工、定期抽查、定期整改，让每个部门按照制定的制度自觉履行，在履行过程中总结提高，不断完善、不断进步。

四、创优工作，其目的是创建和谐社区

在创优工作中，如果不提高物业管理水平和服务质量，不组织和协调好与业主的关系，那么，创优工作就失去了真正的意义。为此，公司结合创优工作，组织业主定期进行面对面一对一的交流，让每位楼管员深入了解每位业主的需求，定期整改。

比如，将业主的婚丧嫁娶列入公司的重大工作，像对待自己的事情一样给予关心问候和帮助，做到手牵手承诺、心贴心服务，业主满意率达到98%以上。

五、友好合作，与业主开发共建共赢

虽然创优是物业公司的具体工作，但物业管理优秀品牌项目的创建离不开广大业主的支持和开发建设单位的扶持和帮助。作为业主的服务单位及房地产与物业管理的长期战略合作伙伴，公司应该取得广大业主和开发建设单位的大力帮助和提携。让广大业主体会到创优的荣誉感和自豪感，体会到创优是物业保值增质的基本保证；让开发建设单位在认识得以提高的同时，积极完善前期配套设施设备等配套项目，从物资配备上给予支持。在广大业主理解和支持的前提下，公司积极与开发建设单位进行友好交流，进一步完善配套设施设备建设，弥补工程存在的不足，为全面提升××项目物业管理与服务水平夯实了基础。

六、细化服务，努力提高物业服务收费率

公司树立好的口碑靠的是优质服务，有了好的服务就有了好的口碑，有了好的口碑就提高了服务收费率。

个别业主因种种原因拒交物业服务费的现象是难免的，每当遇到此种情况，公司在查清原因后，会帮助业主解决难题，而后由业主主动交纳物业服务费。

比如，相邻业主家中发出噪声了，个别业主在共用区域晾晒衣物了，今天舞蹈队扰民了，明天邻里吵架了等问题，都会成为业主拒交物业服务费的理由。公司每天会面临诸多问题，物管人员就像“马大姐”一样，东奔西走，通过努力，使每位业主愤怒而来高兴而归。

【案例分析】

通过创优工作，公司深深体会到：创优工作只是一个平台，在这个平台上，企业规范了、团队加强了、管理有序了、服务升华了、收益增加了、纠纷化解了、业主亲近了、社区和谐了。

六、创优考评

物业公司在迎接考评时需要做好下图所示的工作。

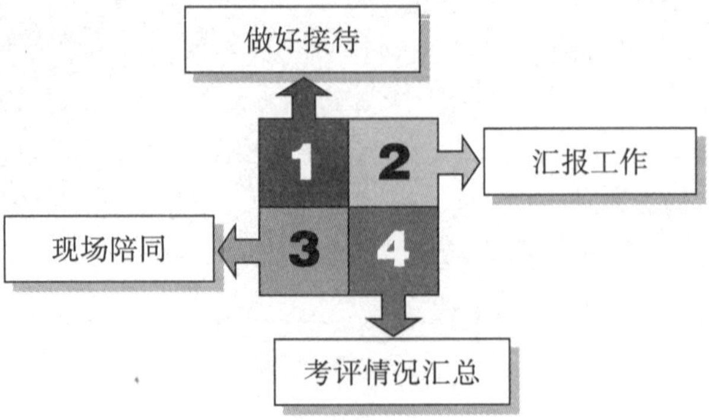

迎接创优考评要做的工作

1. 做好接待

接到考评的准确时间通知后，物业公司应安排相关工作人员提前到达考评现场迎候考评组。其具体要求为：

（1）全体受检人员着装统一、仪容端庄、精神饱满。

（2）接待、汇报现场的布置要求做到整洁、明亮、宽敞、舒适，能够烘托出创优的氛围。

（3）考评组到达后，接待要热情、有礼有节、礼貌周到。

2. 汇报工作

汇报工作包括口头汇报、提供汇报材料等。

（1）口头汇报。

口头汇报通常由项目主要负责人负责。负责做口头汇报的人员，要求十分熟悉项目的管理运作情况和创优的全过程。汇报时要语言流畅、条理清晰、突出重点、控制好时间，切忌照本宣科、吞吞吐吐。

（2）提供汇报材料。

提供的汇报资料一般包括项目创优工作情况汇报材料、创优方案、创优达标资料总目录等，以一式十至十五份为宜。另外，制作装订要求外观精致、美观，内容实在、精练、准确，排版规范，字迹清晰。

3. 现场陪同

现场陪同是指受检企业为保证检查工作顺利进行，安排管理和技术人员陪同、引领、配合考评组进行现场考评。现场陪同人员应注意下图所示的要点。

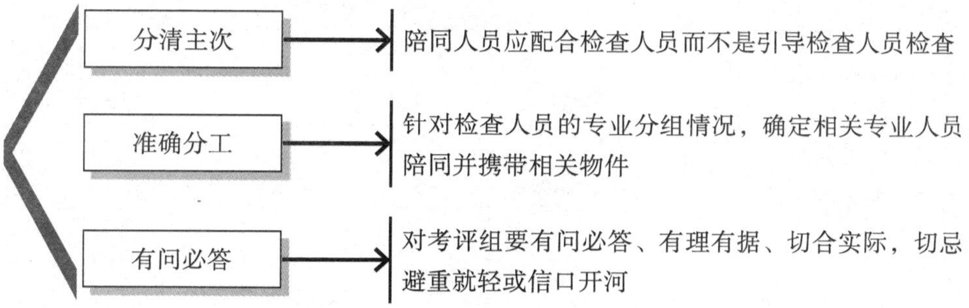

现场陪同应注意的要点

4. 考评情况汇总

一般情况下，现场检查结束后，考评组要向受检单位通报考评情况并提出希望和要求。此时，物业公司应安排人员进行记录。对考评人员指出的问题，必要时可适当进行解释；同时，要明确表态，对考评组指出的问题提出具体的整改措施和完成整改的时限。

七、巩固创优达标成果

物业公司应在真正理解创优达标工作的阶段性和延续性特征后，通过自检、复检方式，不断巩固创优成果和寻求持续发展。

1. 管理活动规范化

物业公司要建立和完善自检功能，首先必须对管理服务活动进行细分，并有针对性地制定出每一项服务活动的管理规范，具体如下表所示。

管理规范要求

序号	规范分类	制定要求
1	服务规范标准	规定服务以及服务应达到的标准和要求，即企业应提供哪些服务，这些服务又由哪些分项服务进行支撑
2	服务规范程序	应明确的是每一项服务活动怎样做，才能保证服务规范的实现。也就是对服务过程的每个环节进行程序化，从而对它的每一步骤进行控制
3	质量控制规范	对服务的全过程进行控制。即控制服务环节各个阶段的质量，特别是服务提供过程的质量。制定质量控制规范，包括以下内容： （1）识别关键活动 （2）分析关键活动，给出标准并加以控制

（续表）

序号	规范分类	制定要求
3	质量控制规范	（3）规定特性评价方法 （4）建立控制手段

通过以上方式，物业公司确定了相关的检查规定，将创优标准融进相应的检查标准和操作规程中。

2. 定期开展质量工作评定

为了评价物业公司的所有服务质量是否达到企业本身及相关方的要求，还应开展两个评定工作，即内部评定和外部评定。开展评定工作是为了对关键活动的质量、效果进行测量及验证。

（1）内部评定。

内部评定主要包括下图所示的内容。

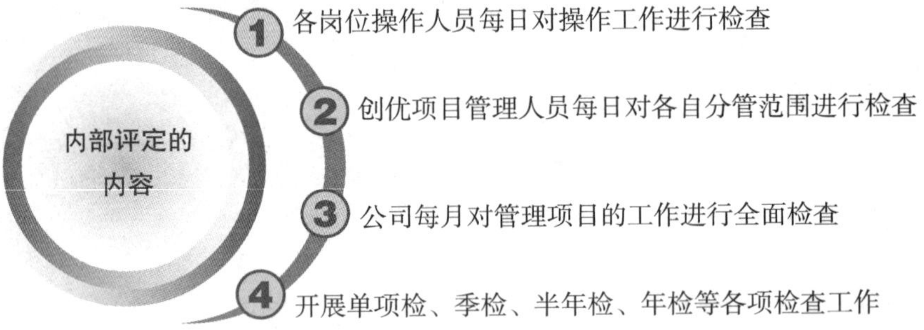

内部评定的内容

（2）外部评定。

外部评定是指通过接受企业外部的监督，促使物业公司不断改进和提高自身水平，包括向服务对象征询意见、参加政府和行业组织的各项达标评比活动等。

3. 参与和配合政府复检工作

在参评项目获得相应级别的称号后，政府会定期或不定期地进行抽查或复检。此时，物业公司创优达标的项目将面临以下问题：

（1）人员的变动。

由于人员的流动变化，当抽查或复检来临时，受检项目的管理人员可能都未参加过创优达标实践，因此缺乏迎检经验。

（2）创优资料的相对落后。

在较早前整理的迎检资料中，缺少考评以来的运作资料，因此必须对其加以补充、整理。

（3）建筑、设备的老化等。

自然的不可抗力决定着建筑外墙，特别是涂料外墙的陈旧、老化、污染；设备的寿命决定着某些设备在运行了一定的时间后会老化。这些又给迎检增加了整改工作量。

（4）相关方的制约因素。

物业公司的复检项目负责人应和相关方保持良好关系，特别是业主委员会。

管理细节

复检工作重点

政府复检工作的开展方式和检查重点与创优达标的检查工作采取的方式有所不同。复检工作对业主委员会的看法和建筑外观及住户评议方面的考评比较侧重，因此，物业公司的工作重点是保持建筑外观和环境的美观，维持设备运行正常；另外，要注重协调好与业主委员会的关系。同时，要加强对人员的培训工作，通过熟悉创优过程中的相关资料使其了解相关的程序和注意事项。

知名物业管理企业

卓达物业服务股份有限公司（简称“卓达物业”）成立于1996年2月，管理的物业类型包括各类中高档住宅、城市综合体、写字楼、商业、机关楼院、工业园区、学校、市政公共设施等，管理面积近5000万平方米，管理项目100余个，遍布华北、华东、华南、西南、东北等多个地区。

20年来，卓达物业秉承“追求卓越德达天下”的理念，已发展成为集物业管理、养老服务、餐饮服务、社区商务、顾问咨询五大业务板块于一体的新型生活服务商，成为国内有较大品牌影响力的大型现代化物业服务企业。

第十三章

客户服务管理

阅读提示：

物业的基础管理和服务工作的好坏，决定了客户满意度的高低，更是品牌建设的基础和企业持续发展的保障。

关键词：

⇨ 树立服务意识

⇨ 提高服务能力

⇨ 积极处理投诉

概念解析

物业公司属于服务性行业，其客户包括开发商和业主。在其经营、管理和服务的过程中，与开发商、业主或非业主使用人产生紧密相连的关系是不可避免的。在物业管理服务过程中，包括所有与客户直接接触的环节，都应以客户需求为导向，时刻站在客户的角度，为客户提供专业的服务，最终使客户满意，从而建立长久良好的客户关系。其中以客户需求为导向、给客户提供所需要的服务、使客户满意是三个关键环节。

管理要点

一、树立服务的意识

物业公司不能提供有形产品给客户，所提供的是和谐的社区氛围，良好的居住环境，让人感到安全的安管服务，保障客户用水、用电的工程维修服务。这些服务产品更多的是靠客户的主观感受来评价其提供服务的好坏的，所以，物业公司除了拥有良好的服务技能之外，还应树立下图所示的服务的意识。

树立服务的五大意识

1. 主动意识

以业主为中心，为业主提供体贴入微、尽善尽美的服务是物业公司的经营宗旨。管理工作中的服务态度、质量和效率是业主实实在在能感受到的东西。所以，物业公司在与业主接触的过程中应该主动热情、文明礼貌。

比如，见到业主要主动微笑打招呼，与业主交谈要落落大方、彬彬有礼。

此外，物业公司还要变被动服务为主动服务，与其等到业主请物业公司去解决问题，不如未雨绸缪，主动替业主着想。

比如，逢节假日来临，物业公司应该主动提醒业主注意锁好门窗、提高警惕，以加强安全防范。

至于服务效率方面，物业公司应根据物业的实际情况，对公司提供的各项工程和日常服务工作进行指标量化。

比如，业主室内电闸跳闸后，物业公司保证15分钟内到场处理。通过实行对客户服务的承诺制度，接受业主的监督，促进物业公司服务水平的不断提高。

2. 安全意识

充分保证业主的生命和财产安全是物业公司的基本职责。对于早已声称提供24小时保安服务的小区而言，如果发生了业主财物被盗、遭遇人身攻击等治安问题的话，势必会引来业主强烈的投诉，而物业公司苦心营造的良好形象也将大打折扣。

因此，在日常工作中，物业公司要提高警惕，遇到问题时要及时通知相关部门，通力合作，迅速将其解决。

另外，要形成定期检查的制度，及时排查工作中存在的治安隐患和消防隐患，并采取措施予以整改，不断提高安全防范意识和能力。

管理细节

人人都要有安全意识

如果因物业公司管理不善而导致火灾发生，其严重后果将不堪设想。小区的消防治安工作可以说是管理工作的重中之重。因此，管理者应该具备高度的安全意识，人人都要把自己当成小区的消防员和治安员，掌握必备的治安消防知识，并熟练使用灭火器材。

3. 勤俭意识

物业管理收费采取“以支定收”的原则，即“取之于业主，用之于业主”。作为业主聘请的“管家”，物业公司要懂得精打细算、勤俭持家。要争取以最合理的费用提供最优质的服务。物业公司应该全面分析管理费支出的各个项目，努力寻求经济效益和服务质量的最佳平衡点。

比如，各项需要外派的设备设施的保养工作、原材料的采购工作，要货比三家，挑选优质低价的分供方。

另外，各项设备的运行费用约占整个管理费支出的40%，所以管理者要厉行节约、开源节流。

比如，制定严格的设备开关控制制度，进行工程技改，提高设备性能比以降低设备运行费用。

4. 法律意识

物业管理工作的一大特点是它涉及处理多部门的各种关系。

首先，物业公司要掌握相关的法律知识，以正确处理政府部门、业主和物业公司的责、权、利关系。

其次，物业公司还要懂得用法律知识来保护自己，即合理地规避管理工作中的一些法律风险。

比如，通过购买第三者责任险来规避小区内发生刑事案件所产生的风险。

经验之谈

物业公司具备较强的法律意识，当出现客户投诉、用户纠纷的时候，就不会束手无策，更不会因为处理不当而酿成大祸。

5. 洁美意识

在没有物业管理的房管时代，由于缺乏统一管理，各个业主都是“各家自扫门前雪”，公共区域脏、乱、差的现象非常严重。现如今，为了拥有更高层次的物质文明和精神文明生活，广大业主希望物业公司能营造出清新幽雅、舒适和谐的家居生活和工作环境。

因此，物业公司要通过制定各项公共地段和业主室内的保洁制度，保持小区环境的整洁。另外，还要开展美化环境的各项绿化工作。

二、提高物业人员的综合能力

要为业主提供高品质的服务，物业公司应致力于提高物业人员的综合能力，因为服务都是靠人来完成的。物业人员的综合能力主要体现为下图所示的几个方面。

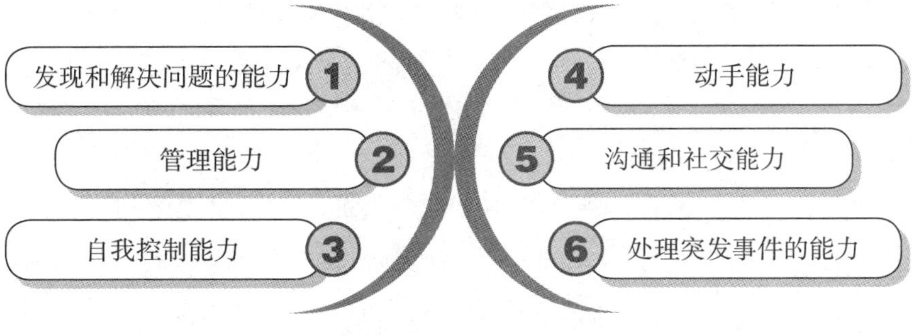

物业人员的六大能力

1. 发现和解决问题的能力

“没有最好，只有更好”，印证了物业公司前进的目标。虽说物业公司已建立了有关管理服务的规章制度，但如果员工只是机械式地执行工作，而不善于开动脑筋，就很容易造成工作走过场的现象。工作在第一线的员工只要细心观察，主动服务，就能发现许多问题。

比如，工程人员在上门维修时，除应客户要求为其排忧解难外，如还能根据自己的经验和技术，发现业主室内其他设备的问题，并主动为客户检修的话，就一定能赢得业主的好评。

此外，管理人员还要结合工作实际，大胆创新、勇于改革，提出一些有关降支节能、完善服务的合理化建议。

2. 管理能力

物业公司将业主视为“上帝”，那么，是不是意味着开展管理工作时就毫无原则、唯唯诺诺呢？物业管理包含服务与管理两方面的含义，除了要为业主提供面面俱到的服务外，还必须对小区的综合收费、治安、清洁、绿化等工作进行统一管理。在管理方法上，物业公司要彻底改变过去那种指手画脚的、长官式的管理风格，变成富有人情味的、温馨式的管理。

比如，在节假日或非办公时间，为保证业主的人身和财产安全，物业公司要对进入小区的人员进行登记。由于进出人员较多且身份复杂，因此管理人员要灵活应对，争取做到既能让业主出入顺利，又能保证小区的治安安全。

3. 自我控制能力

物业管理工作中有许多岗位都是责任重大，容不得半点马虎的。

比如机房值班岗、消防中心监控岗。由于这些岗位需要全天候运行，而公司不可能实行24小时监控，所以员工必须加强自我管理，严格遵守各项规章制度，坚守岗位、履行职责，保证设施设备的正常运转和消防、治安无事故。

另外，在对客服务过程中会遇到一些蛮不讲理、拒不配合管理工作的客户。应对这种情况，员工要善于控制自己的情绪，切勿与客户发生争执，应根据有关规定，耐心跟客户解释，做到以理服人。

4. 动手能力

物业公司拥有工程、保安、管理等各类专业人员，但最实用的却是“一专多能”的复合型人才。物业公司之所以设立各部门相互协调的服务程序，最终目的就是提高服务效率。假如管理人员在巡视过程中发现了环境卫生肮脏、设备破损等小问题，不妨自己动手将问题迅速解决，这样既省去了各项程序，又提高了服务效率。

因此，物业人员除了要做好自身岗位的工作外，还要注意与其他岗位的人员多开展交流学习，努力掌握处理多发事故、突发事件的技能，使自己成为知识丰富且动手能力强的“管理杂家”。

5. 沟通和社交能力

由于物业管理工作涉及的方方面面的关系非常多，所以，能否正确处理与业主、主管单位及相关部门的关系就显得尤为重要。物业公司的中高层领导肩负着协调各方关系的重要责任，这就需要他们具有良好的沟通和社交能力。

在日常工作中，要制定定期汇报的制度，向业主上报工作情况，对于工作中的一些重要事情和紧急情况，更要注意加强与业主的沟通。

另外，在工作之余，物业公司可举办各类文娱活动并邀请相关部门参加。如此一来，就加强了与业主及相关部门的沟通。有了他们对管理工作的支持和配合，公司工作的开展就会顺利很多。

6. 处理突发事件的能力

用“养兵千日，用兵一时”来形容物业公司的工作可谓恰如其分。一旦小区内发生电梯困人、消防火警和浸水漏电等突发事件时，管理人员必须在第一时间做出正确反应，将事件的危害性降到最低。然而，“冰冻三尺，非一日之寒”，管理人员在面对突发事件时要想做到镇定自若、从容应对，一方面要加强理论知识的学习，另一方面要从以往发生的事件中吸取教训、总结经验，提高应急技能。

三、积极处理业主投诉

在物业服务中，业主投诉是不可避免的，通过投诉可以反映出在物业管理与服务过程中存在的问题，并为提高公司服务水平提供很好的机会。因此，物业公司在日常工作中要安排客服人员做好对业主投诉的处理工作。

1. 正确认识投诉

投诉是指业主因对物业公司的服务感到不满等，通过各种方式向物业公司反映的行为。其方式包括来电、来访、来函等。

客服人员要想做好业主投诉工作，就必须对业主投诉内容有所了解。

（1）对设施设备方面的投诉。

业主对设施设备方面的投诉，主要有下表所示内容。

业主对设施设备方面的投诉

序号	投诉方面	举例
1	业主对设施设备设计不合理或遗漏及质量不好感到不满	（1）电梯厅狭窄、候梯拥挤、没有货梯、客货梯混用 （2）房屋漏水、墙体破裂、地板起鼓等
2	对设备运行效果不满意	（1）空调供冷不够 （2）电梯经常停梯维修 （3）供电供水设备经常出现故障等

产生这方面投诉的原因主要是业主所使用的物业设施设备与业主期望有差距。业主支付了物业设施设备管理费，总是希望物业设施设备能处于最佳的使用状态，并感觉方便舒心，但物业公司在设计开发时，可能未考虑到或未完全按照业主的需求设计，设施设备的选型和施工质量也可能存在这样或那样的问题，因而有了上述所列的种种不便和问题。

（2）对物业管理服务方面的投诉。

业主对物业管理服务方面的投诉，主要有下表所示内容。

业主对物业管理服务方面的投诉

序号	投诉方面	说明
1	安全	业主的财产和人身安全是否能得到切实保障
2	一致	物业服务是否达到了规范化、标准化，具有可靠性
3	态度	物业管理人员的礼仪礼貌是否端庄得体，讲话是否热情和蔼等
4	完整	物业服务项目是否完善齐全，能满足不同层次业主的需要
5	环境	办公和居住环境是否安静、人文气息是否文明和谐等
6	方便	服务时间和服务地点是否方便，有无便利的配套服务项目，如停车场、会所、自行车棚、邮局、托儿所等
7	时间	服务时间和服务时效是否及时快捷等

当业主对以上所列这些服务质量基本要素的评估低于其期望值时，就会因不满而投诉。

业主对服务质量的期望来源于业主日常得到正常服务的感觉和物业公司的服务承诺。

当物业公司的某项服务“失常”时，如管理人员态度恶劣、电梯运行出现小故障、维修人员未能尽快完成作业等，业主容易用投诉来倾诉自己的不满；当物业公司的服务承诺过高时，业主也易因与期望有落差而提出投诉。

（3）对收费方面的投诉。

对收费方面的投诉主要是觉得各种分摊费和特约维修费不合理。如水、电、清洁、绿化、公共设备抢修等分摊费用及换灯、换锁、换门等特约维修费用。

（4）对突发事件方面的投诉。

停电、停水、电梯困人、溢水及室内被盗、车辆丢失等这类问题虽有其偶然性和突发性，但由于事件本身很重大，会给业主的日常工作和生活带来较大的麻烦，因此容易引起较强烈的投诉。

2. 投诉处理程序

常见的投诉处理程序如下图所示。

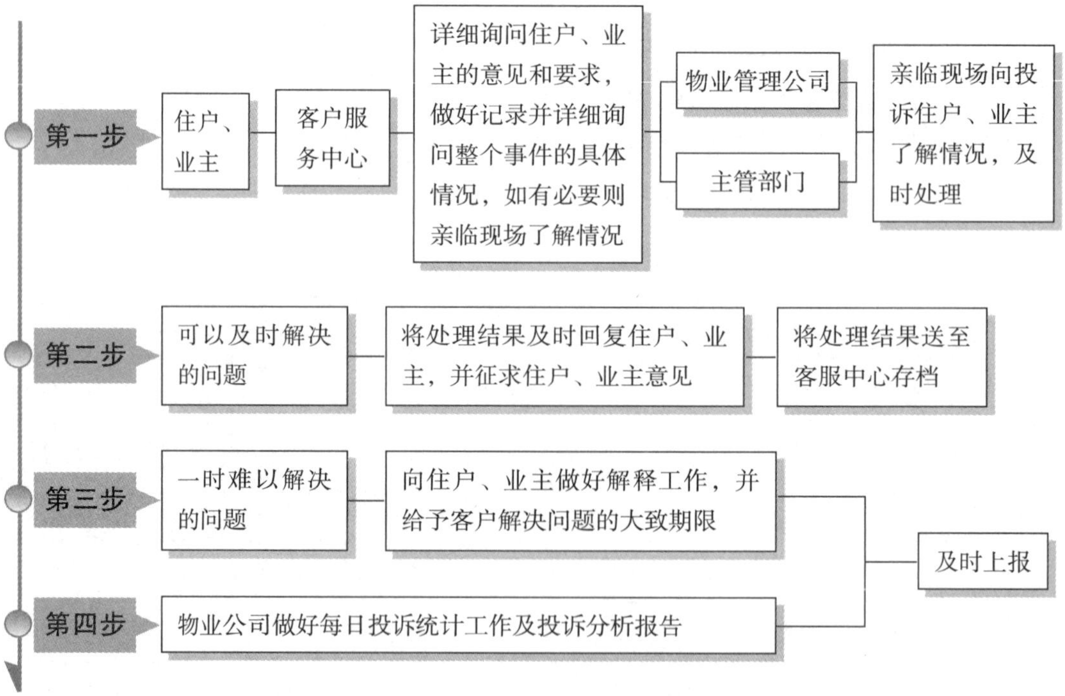

常见的投诉处理程序

（1）物业公司应设立专线投诉电话，电话铃响3声之内接听，接听时必须礼貌、用语规范，认真、耐心接听并做好必要的记录。

（2）对业主的投诉，接听人员应表示感谢和歉意，加以适当安慰，并询问业主所属公司或房号、姓名及其联系方式以便回复。

（3）客服人员应该在3分钟内到达现场，对于一时难以处理的问题，应向住户、业主做好解释工作并及时上报。

3. 投诉处理方法

接待与处理投诉是物业管理服务过程中重要的组成部分，也是物业公司提高服务水平的重要途径。客服人员在处理业主投诉时，一般采取下图所示的几种方法。

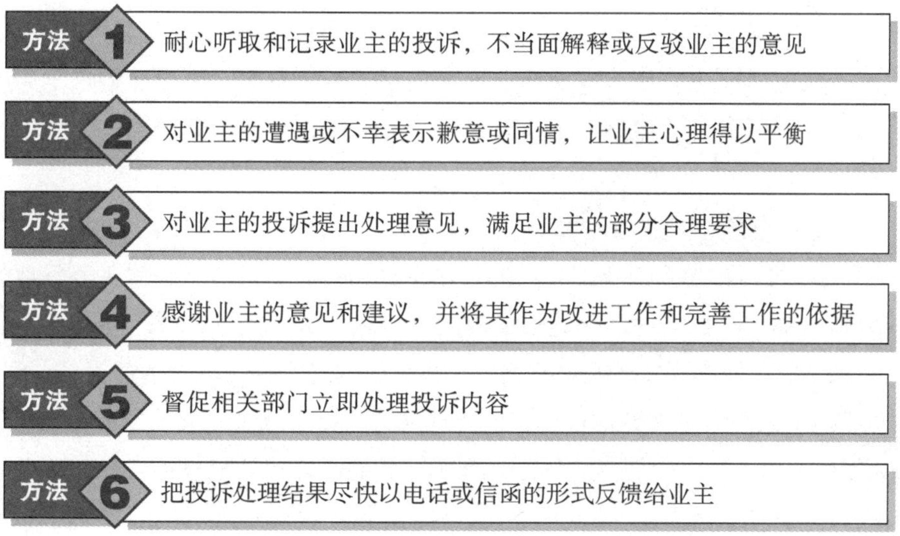

投诉处理方法

（1）耐心听取和记录业主的投诉，不当面解释或反驳业主的意见。

业主前来投诉，是对物业公司某些方面的服务或管理不满，心里有怨气，此时客服人员若只是解释或反驳业主的投诉，业主会认为对方不尊重其意见而加剧对立情绪，甚至产生冲突。所以，客服人员要耐心听取业主的投诉并进行记录，业主感受到客服人员虚心诚恳的态度后，其怨气一般会逐渐消除。

（2）对业主的遭遇或不幸表示歉意或同情，让业主心理得以平衡。

业主投诉的问题无论大小轻重，都要认真对待和重视，并采取“移情换位”的思维方式，转换一下角色，站在业主的角度安慰业主，拉近与业主之间的心理距离，并表示会立即改正自己的过错，这样一般会让业主感到满意的。

（3）对业主的投诉提出处理意见，满足业主的部分合理要求。

很少有业主向物业公司投诉是为“彻底决裂”的，大多数业主是用投诉来和物业公司谈判，使物业公司重视其投诉，并能解决其投诉的问题。

经验之谈

客服人员要站在公平、公正、合理、互谅的立场上向业主提出处理意见，同时，协调解决好业主遇到的困难和问题，满足业主的部分合理要求。

（4）感谢业主的意见和建议，并将其作为改进工作和完善工作的依据。

要妥善处理业主与物业公司之间的矛盾。业主能向物业公司投诉，表明业主对物业公司还持有信任态度，客服人员要有“闻过则喜”的度量，对业主的信任表示感谢，并对业主的投诉加以整理分类，从另外一个角度检讨、反思物业公司的各项工作，完善和改进管理及服务工作。

（5）督促相关部门立即处理投诉内容。

对投诉处理的实际效果，直接关系到物业公司的声誉及整体管理水平。投诉处理的关键是尽快分析投诉内容，查清原因，督促有关部门限时进行处理，尽可能达到预计结果，并使业主满意。要确保不再发生同样问题，坚决杜绝“二次投诉”发生。

（6）把投诉处理结果尽快以电话或信函的形式反馈给业主。

尽快处理投诉，并给业主以实质性的答复，是物业公司处理投诉工作的重要一环。业主的口头投诉可以打电话回复，一般应不超过1个工作日；业主的来函投诉则应回函答复，一般不应超过3个工作日。回复业主可以向业主表明其投诉已得到重视，并已妥善处理，同时，及时回复可显示物业公司的工作效率高。

4. 投诉记录与统计

在处理业主投诉时，为了明确权责，也为了让业主觉得物业公司对其投诉很重视，客服人员必须做好相关记录与统计工作。

物业公司要定期对业主的投诉进行分析总结，对于反复出现的问题，应组织公司员工进行深入探讨并找出切实可行的解决办法，防止事件重复发生。

经典案例

代管宠物服务失误引发投诉

【案例背景】

某小区一女住户计划10月16～22日全家出远门，因家中的宠物猫无人照顾，而她又不想麻烦朋友，所以她非常希望管理处能够帮忙，并表示工作很简单，只需负责猫的三餐及换猫砂，她愿意按家政服务缴费。管理处考虑到住户的实际困难，便答应了住户的请求，并指定一名保洁班长专门负责此事。

在住户外出期间，保洁班长认真负责，还额外完成了住户没有交代的事项，在最后一天将猫喂得饱饱的，将房间打扫得干干净净的，锁好门将钥匙交给了管理处。第二天，保洁班长不放心，还交代管理处核实业主是否到家。

谁知没过两天，管理处总经理收到该户男住户一封措辞激烈的投诉信，指责服务人员虐待动物，不仁道，深深伤了住户的心，并说管理处的服务不过如此，从此对管理处失去信心等。因男住户是某大报的主编，所以文章写得十分犀利，而且此投诉信还在物业管理公司的周刊上发表了。

管理处在十分被动的情况下，全面仔细了解了情况，发现事发原因是双方无明确的记录，保洁班长误以为住户的外出时间为16～20日，结果，等住户回家时，猫已饿了两天，且家里一片狼藉。

管理处在核实业主是否回家时，又将802房错按成702房，阴差阳错，当通知802房（其实是702房）住户取回钥匙时，702房业主居然回答：待会就来取钥匙。管理处人员得到此回复，未做进一步跟踪，就确认802房住户已返家。了解了整个经过后，管理处分别与男、女住户进行了沟通并致歉，最终得到了他们的谅解。事后，男住户又给管理处写了一封赞扬信。后来，他们迁移至加拿大，临走时与管理处人员告别，坦言：我们住过许多地方，觉得你们的服务是最好的。

【案例分析】

在本案例中，物业管理处对住户交代的事项未认真做好记录，是造成本事件的主要原因。客服中心人员在通知住户取钥匙后如继续跟踪，就可以发现通知对象有误，就能避免事件发生。物业管理工作的特点是要求从业人员工作必须细致，要把服务对象的小事当作工作中的大事，同时，物业公司在管理上应尽可能规范化、制度化、表格化，防止因具体操作人员的失误，影响了服务质量。

四、定期走访业主

虽然信息时代流行电子邮件，也可以打电话、传真或写信，但这些方式始终难以代替最古老、最朴素的长谈，双方的情绪、眼神、肢体语言、面部表情可以相互感染和影响，一杯热茶、一个微笑可以前嫌尽释，化干戈为玉帛，完全融解了文字的冰冷和电话的客套。

因此，物业公司应当对业主进行走访，与业主做好充分沟通，共同努力维护物业小区的良好环境。

1. 走访人员安排

物业公司走访业主时应做好人员安排。走访可由两个人组成一个小组，人多了反而会给业主造成心理上的压力，业主端茶倒水都会很困难；小组成员通常可安排一男一女，不管业主是男是女，都不会引起尴尬和不便，成员之间也有了照应，并且有第三者做见证。

2. 走访的时间安排

（1）走访安排在业主空闲的时间较为合适，占用业主的休息时间也是不尊重对方的表现。

（2）走访的时间应长短适宜，太短达不到效果，太长会影响业主正常的生活、工作，通常是20分钟至1小时，当然也不宜一概而论。

（3）走访应提前预约，不能突然拜访业主。

五、与业主委员会进行有效沟通

业主委员会的角色是独特的，因为委员们都是业主，也都了解其他业主的心态，知道该用什么方法处理好一些棘手的事；而且委员们来自社会各行各业，有丰富的社会经验和高超的处理技巧。物业管理人员在日常工作中要与他们进行有效的沟通，以获得他们的支持与帮助。

1. 必须进行沟通的事项

（1）确定物业服务费标准。

当合同规定的费用标准不能满足物业管理实际工作需要时，物业公司应与业主委员会进行沟通，并经业主大会表决通过，适当地上调服务费标准。当合同约定的费用标准超出了需要时，物业公司也要和业主委员会进行沟通，以便下调服务费标准。

（2）召开业主大会。

按照《业主大会和业主委员会指导规则》要求，业主委员会要组织业主定期召开业主大会和临时业主大会，以讨论并决定相关事项，包括制定和修改业主公约，物业区域内物业共用部位和设备设施的使用，区域内的秩序、卫生等规章制度的制定，物业维修基金的使用、续筹，以及选聘物业公司等事项。

（3）共同催缴物业服务费欠费。

业主委员会向不缴纳物业服务费的业主进行催缴是其义务。而在实际工作中，欠费催缴工作大都由物业公司承担，业主委员会履行催缴义务者寥寥无几。为避免因欠费而导致的企业亏损风险，物业公司应积极地与业主委员会进行沟通，以获得业主委员会的支持。

（4）物业共用部位、共用设施设备的经营。

物业共用部位、共用设施设备的经营，如在小区内公共场地、大堂等搞展销活动，在外墙、天台上挂经营性广告等，物业公司应积极与业主委员会沟通，以获得业主委员会批准。

（5）物业管理维修基金的使用。

物业共用部位、共用设施设备的维修更新费用从物业管理维修基金增值部分中开支，具体使用计划由物业管理公司提出，经业主委员会批准后实施。

（6）预算外的管理支出。

在实际管理运作中，经常会有一些支出是编制预算时未考虑到的，如政府的收费、维修工具（仪表）的更换等，只要是预算外的支出，一概要报业主委员会审批。

2. 沟通的技巧

物业公司与业主委员会之间的有效沟通，是物业管理控制成本最低化的必需条件。物业公司在实际工作中与业主委员会进行沟通，应掌握下图所示的技巧。

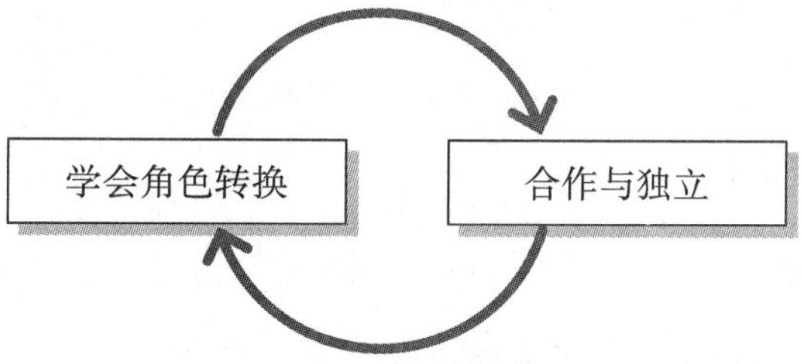

与业主委员会进行有效沟通的技巧

（1）学会角色转换。

在与业主委员会的沟通中，物业管理人员要给予业主委员会足够的尊重，使委员们有发言的机会，让他们畅享自己的劳动果实。

由业主委员会出面解决某件事情，业主们的心情可能就不一样，因为他们也是业主，他们对其他业主的了解和其他业主对他们的信任是同等的，有了这种天然联系，业主委员会做出的决定就容易被广大业主所接纳。

（2）合作与独立。

合作是一门学问，合作中讲究妥协和理解。物业公司和业主委员会应该保持各自独立的存在和独立的特性，两者应既特立独行又形影不离。

经典案例

物业公司与业主委员会合作维权成功

【案例背景】

小区隔壁一个单位要在围墙边建造一个厕所，这直接影响到小区居民的利益，业主反响很大。物业公司曾多次到隔壁单位协调处理，跑断腿、磨破嘴，但都无济于事。有些业主对物业公司有意见，认为物业公司没尽到协调义务。于是，物业公司找到小区业主委员会，要求得到业主委员会的帮助，大家共同努力解决这个问题。小区业主委员会带领小区业主，在物业公司的配合下，开展了一场声势浩大的、正当的维权活动。经过多次交涉，隔壁单位终于拆除了厕所，还了小区业主一个空气清新、卫生整洁的环境。

【案例分析】

只要物业公司和业主委员会始终保持良好的沟通渠道，许多问题就能顺利解决。其实，对于一个小区的业主委员会和物业公司来说，两者的关系应该是双赢的，目标都是落实物业管理委托合同，为业主提供更好的物业服务，是共生、共利、共同协作的关系。两者虽然所处的位置不同，但共同建设一个和谐的社区、保证全体业主安居生活的最终目的是相同的。

六、邻里纠纷调解

俗话说，“远亲不如近邻”，但在现实生活中，侵犯相邻权、邻里纠纷甚至闹到法庭上的比比皆是。邻里纠纷主要涉及房屋漏水、通信、采光、噪声、排污等问题，作为小区的管理者——物业公司，不得不参与其中进行调解。在调解中，需注意下图所示的事项。

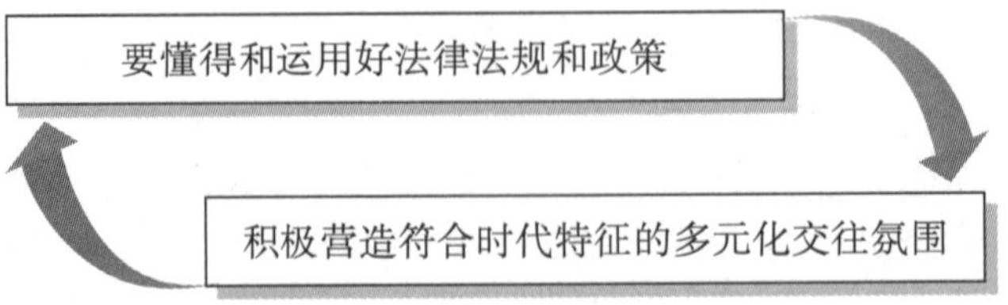

调解邻里纠纷应注意的事项

1. 要懂得和运用好法律法规和政策

作为一名社区调解员，在日常调处工作中，首先要懂得和运用好法律法规和政策。对每一起邻里纠纷的起因要全面了解，不可听一方当事人的片面之词。对纠纷的事情要有正确的辨析能力，把握好纠纷事件的轻重缓急，适时进行调解。要寻找一种双方都能体面接受的方式进行调解，对双方动之以情、晓之以理，在不伤和气的氛围下妥善解决纠纷。同时，在物业公司的能力范围内提供一些实际的帮助，解决引起纠纷的问题。

2. 积极营造符合时代特征的多元化交往氛围

现如今，“邻里如一家”的和睦邻里关系已荡然无存，缺少邻里间的互帮互助、相互谦让，楼上楼下甚至互不认识，缺少必要的沟通。因此，物业公司可针对人与人之间平时缺少沟通、邻里间不相互往来、缺少互助精神的特点，和居委会、街道办等相关部门积极营造符合时代特征的多元化交往氛围，比如：

（1）多举办各种社区活动，利用共同的兴趣把业主请出家门，通过活动和聚会交往，慢慢培养邻里间的感情。

（2）让业主有渠道反映日常生活中的问题并互相交流，在减少矛盾和摩擦的同时，建立起互助互爱的邻里关系。

经典案例

保安巧妙处理业主纠纷

【案例背景】

某日晚约9时，某写字楼管理处接到一业主的电话，说有人捣乱闹事，请求帮助。原来该业主是一家设计公司的负责人，承接了一单设计图的业务，对方来取货时因质量问题，与业主发生了争执，该公司的负责人要求保安员将对方强行拉出房间。

保安心里想：保护业主的利益和安全是我们的职责，但是真的按业主要求，采用简单粗暴的方式，将来肯定难以收场。于是保安并没有按照业主的要求去执行，而是劝他们都冷静下来，希望双方能心平气和地交涉，只要双方各让一步，就没有解决不了的问题。

听保安这么一劝，紧张的气氛缓和了下来。对方抱怨说自己投资了100多万元，如果因图片印错而误事，弄不好要血本无归。而该公司的负责人也承认确实是他们的设计有点问题，可设计人员已通宵加班做了必要的修改，希望对方再看一下是否满意。

对方听说已做了修改，虽然嘴里仍在发牢骚，但同意再看看，不料一看之下竟非常满意。设计公司的负责人又再三表示歉意，说为了今后能长期合作，此次设计费愿意只按半价收取……

一场风波就此烟消云散，双方都一再对保安表示感谢。

【案例分析】

大多数情况下，人们碰到懊恼的事情时都是一时气愤而已，生意人通常都遵循“和气生财”的千年商训，不愿轻易跟客户发生矛盾而败坏自己的声誉，在有纠纷发生时，只要有中间人出面调解，事主双方各让一步，事情一般都会得到解决。在本案例中，这位保安做得非常好，他不是简单地按业主的要求将人强行拉出去，而是能够从长远管理的角度去考虑，劝双方冷静下来解决问题，因为唯有问题解决了，纠纷才能真正地得到化解。所以，物业管理人员在处理问题时，一定要多观察、多动脑筋，不要太冲动、太盲目，以避免不愉快的事情发生。

七、开展业主满意度调查工作

物业公司应定期开展业主满意度调查工作，主动征求业主对公司的意见和建议，以便在工作中进行改进，将可能发生的矛盾提前消除。

1. 确定调查内容

业主满意度调查应涉及物业服务的各个方面，具体包括下图所示的内容。

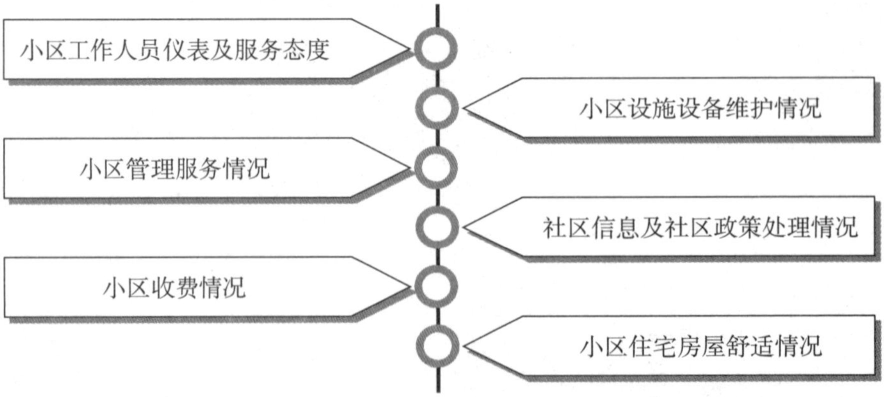

业主满意度调查应涉及的内容

2. 发布调查通知

为了使业主对调查工作提前做好准备，物业公司应在调查工作开始之前发布调查通知，可将其张贴在小区公告栏中。

3. 设计调查问卷

调查业主满意度的方式很多，如上门调查，即让业主亲自到物业公司或者安排专门员工上门调查等。不过，一般用得最多的还是问卷调查，即由物业公司制作一份问卷调查，由业主填写，以此来收集业主对物业管理的意见和建议。

下面提供一份××物业公司业主满意度调查问卷的范本，仅供参考。

范本

业主满意度调查问卷

为了进一步完善物业管理工作，也为给各位尊敬的业主提供更优质的服务，请您在百忙之中填写这份调查问卷并提出宝贵的意见和建议。您的回答将有助于我们发现问题，这将是对我们工作最大的支持。

业主姓名：____________

业主房号：____________

联系电话：____________

一、保安

1. 您对小区保安工作是否满意？

□非常满意　□比较满意　□不满意　□非常不满意

理由：____________

2. 您对保安人员的服务态度是否满意？

□非常满意　□比较满意　□不满意　□非常不满意

理由：____________

3. 本物业公司针对保安工作的投诉处理是否及时？

□非常及时　□比较及时　□不及时　□非常不及时

理由：____________

二、保洁

1. 您对小区保洁工作是否满意？

□非常满意　□比较满意　□不满意　□非常不满意

理由：____________

2. 您对保洁人员的服务态度是否满意？

□非常满意　□比较满意　□不满意　□非常不满意

理由：____________

3. 本物业公司针对保洁工作的投诉处理是否及时？

□非常及时　　□比较及时　　□不及时　　□非常不及时

理由：________________

三、房屋质量维修工作

1. 本物业公司对业主报修房屋质量问题的处理是否及时？

□非常及时　　□比较及时　　□不及时　　□非常不及时

理由：________________

2. 本物业公司对业主报修房屋质量问题的处理过程是否令您满意？

□非常满意　　□比较满意　　□不满意　　□非常不满意

理由：________________

3. 本物业公司对业主报修房屋质量问题的处理结果是否令您满意？

□非常满意　　□比较满意　　□不满意　　□非常不满意

理由：________________

4. 您对本物业公司处理报修房屋质量问题的工作人员的服务态度是否满意？

□非常满意　　□比较满意　　□不满意　　□非常不满意

理由：________________

四、公共设施维护

1. 本物业公司对小区内绿地的养护工作是否令您满意？

□非常满意　　□比较满意　　□不满意　　□非常不满意

理由：________________

2. 本物业公司对小区内电梯、消防设备、健身器材、大门、单元门、路面、排水设施等公共设施的维护工作是否令您满意？

□非常满意　　□比较满意　　□不满意　　□非常不满意

理由：________________

五、小区管理

1. 本物业公司对小区内机动车的管理是否令您满意？

□非常满意　　□比较满意　　□不满意　　□非常不满意

理由：________________

2. 本物业公司对小区内自行车的管理是否令您满意？

□非常满意　　□比较满意　　□不满意　　□非常不满意

理由：________________

3. 本物业公司对业主告知工作的处理是否及时有效？

□非常及时　　□比较及时　　□不及时　　□非常不及时

理由：________________

六、您对目前的物业工作有何其他方面的建议和意见

××物业公司

××××年××月××日

4. 撰写调查报告

每次调查结束后，物业公司都应对所有调查问卷进行统计分析，将业主在问卷中提到的各项意见和建议明确列出，撰写相关报告，并着手在下阶段工作中予以改进。物业公司切忌只调查不行动，这样会使业主认为这份调查问卷不过是物业公司的官样文章，物业公司不是真正关心业主的需求，从而对物业公司失去信任。

知名物业管理企业

福星智慧家生活服务有限公司（简称“福星智慧家”），是智慧社区生活服务专家、O2O运营专家和财富管理专家，成立于2015年10月16日，是国内A股上市公司福星股份（股票代码：000926）控股子公司，注册资本高达5亿元人民币。

福星智慧家致力于打造全球领先的智慧社区生活服务平台，缔造互联网新常态下的智慧生活生态模式，为众筹人、众筹企业、事业合伙人、房地产开发企业和客户等各方利益共存人提供全生命周期的增值服务，实现资源共享、价值共生、未来共赢。

第十四章

物业App管理

阅读提示：

利用线上线下相结合的物业App沟通平台，可实现对物业小区、居民、业主和员工的标准化管理和服务。

关键词：

⇨最后一公里

⇨社区服务

⇨社交活动

概念解析

物业服务App管理平台，是基于智能手机平台开发的创新物业服务模式。其将物业服务、信息通知、物业缴费、周边商铺、社区活动、社区养老、社区圈子等诸多生活信息及服务整合在一部小小的手机里，为社区住户带来便捷与实惠。

在未来的发展趋势中，社区物业App将成为地产、物业公司的增值点之一。这种基于应用的运营管理模式，不仅给业主带来更加便利的生活，也给物业公司带来新的盈利增长点。

管理要点

一、物业App平台的认知

App是Application的缩写，俗称“客户端”。一开始其只是作为一种第三方应用的合作形式参与到互联网商业活动中，之后随着互联网越来越开放化，以及智能手机的流行，App成了很流行的第三方应用程序。

物业App是一个手机平台，以物业公司为中心，将业主、物业服务、社区商户整合在一起，通过物业公司的组织协调，最终完成生活消费最后一公里服务。

二、用物业App进行管理的好处

物业App的使用迎合了智能终端时代的消费需求，为传统的物业管理换上了智能的外装，带给业主一种全新的体验，改变长久以来物业就是打扫卫生、修理水龙头的思维观念，让物业也可以变得“高大上”。

（1）使用App对业主的好处。

对业主来说，App的应用具有下图所示的好处。

好处1　服务全过程触手可及，服务速度看得见

好处2　问题描述简单，附上照片让问题变得直观化

好处3　收费明细全掌握，随时随地轻松查询

好处4　评价机制让物业更加注重服务质量

好处5　满足“低头族”“宅男宅女”的需求，在手机上就可以订餐、预约、轻松购物

使用App对业主的好处

（2）使用App对员工的好处。

对员工来说，App的应用具有下图所示的好处。

好处1　业主直接描述问题并拍照，问题清楚明了，不用通过客服转述

好处2　业主信息直接反映在工单上，方便员工直接联系业主

好处3　不用为来往于客服前台和业主家中而头疼，工作效率提高

好处4　自己做的每一件事、付出的每一滴汗水都被记录下来，工作得到认可

使用App对员工的好处

（3）使用App对企业的好处。

对企业来说，App的应用具有下图所示的好处。

好处1　App给物业行业带来新的机遇与变革

好处2　明显减少了物业服务环节，节约了劳动力，降低了成本

好处3　服务评价机制与绩效挂钩让员工更加注重服务质量，服务水平稳步提高

好处4　建立了公平、公正、公开的绩效考评体系，员工的抱怨和牢骚少了，积极性提高了

好处5	服务过程更加贴合业主的生活，在业主中的口碑提升了
好处6	团购、广告、增值服务等为企业带来了新的利润增长点

使用App对企业的好处

（4）使用App对商户的好处。

对商户来说，App的应用具有下图所示的好处。

好处1	给商户带来新的经营理念，服务过程更加贴合当下生活
好处2	商铺位置要求不用太高，可以减少商户的房租负担
好处3	帮助商户挖掘社区消费潜力，培养忠实的消费者
好处4	服务评价机制让业主免费帮商户进行口碑宣传
好处5	利用App进行广告宣传，增强商铺的影响力

使用App对商户的好处

经验之谈

物业公司要想依靠App做好社区服务并实现盈利，首先必须做好最基本的物业服务，并增强服务黏性，只有这样才能发展增值服务，赢得业主的好感。

三、物业App的功能

由于物业App具有多种功能，因此它的应用对于物业公司和业主来说，都是非常方便的。总的来说，物业App具有下图所示的三大功能。

物业App的功能

1. 社区服务功能

在传统的物业服务模式下，社区内部业主与物业公司沟通的渠道单一、效率低、信息量小，造成物业服务人员处理业主的反馈不够及时，不符合现代社会人们对信息交流的要求。如今这些问题在物业App的帮助下能够得到很好的解决。

比如，物业公司客服中心可以集中发布停水、停电、小区设施维修等物业服务信息，业主预约服务或提出投诉及建议可以附上文字说明及现场图片等信息，这些信息能快速到达客服中心并形成相应的工单或通知转到相关人员处，增加了信息量，传达速度得到大大提升。如对工单处理的每个节点设置时间记录并进行监控，同时给用户预留服务评价选择，就可以实现服务指标的量化评价和监测，对工作人员进行有效的绩效考评和监督。

不仅如此，物业公司还可以通过物业App其他社区服务功能的应用，达到降低运营成本、提升服务品质、提高客户满意度的目的。

2. 社交活动功能

客户可以在这里进行交流沟通、召集和参加活动等操作；物业公司客服中心可以发布文体活动及团购、健康和安全常识等信息，甚至可以组织完成精确身份验证的对象参与到业主大会的投票或者其他调查中，无论其身在何处。

经验之谈

这项功能既给业主提供了一个沟通交流的平台，有助于拉近业主邻里之间的距离，打造和谐社区，也使物业公司能给业主提供更多更及时的服务资讯，让双方的关系变得更加融洽。

3. 社区商务功能

这是一项承载着物业公司开拓经营渠道、实现创收重要责任的功能。物业公司做好社区服务和社区活动等物业App的基础功能，获得业主的信赖，让业主愿意使用你的App，愿意在上面消费，这项功能才有了开展的基础。

管理细节

商务功能要合理谋划

物业公司立足社区、贴近居民，拥有广大居民的基本信息，各类商家也希望借助物业公司的优势，分享为终端客户提供服务的利益。物业公司只要善于谋划，社区商务功能就基本上可以将客户所在小区周边包括衣食住行及娱乐在内的各类社会资源整合进来。这一功能模块一旦经营得好，达到一定的进驻量和交易规模，就可以给物业公司带来可观的收入。

四、物业App的服务过程

物业App为社区居民提供舒适安全、轻松方便、节约能源、随心所欲的生活环境，将行业资讯、房屋租赁、团购优惠、小区活动、特价房源推荐等便民信息一网打尽，为居民提供安家生活的一站式服务。

App物业管理服务实现过程如下图所示。

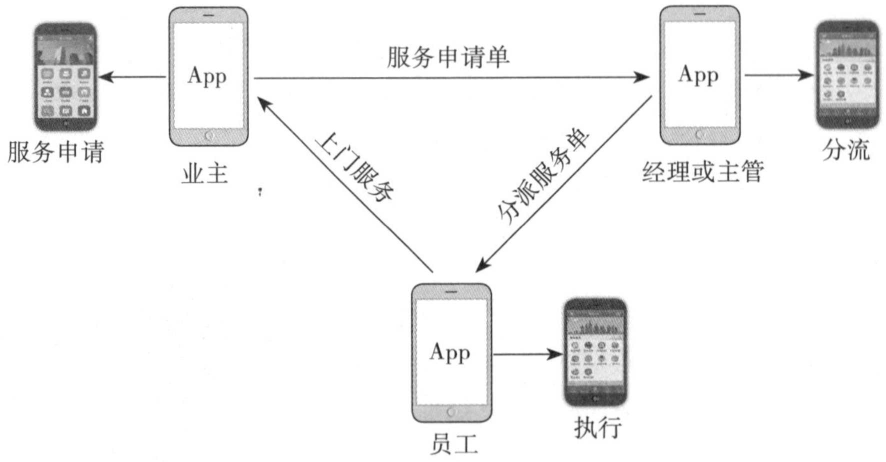

App物业管理服务实现过程

五、物业App系统管理

1. 业主信息管理

在软件平台设置注册菜单，业主通过注册，设置账号密码，在注册过程中填写业主相关身份信息和住宅信息。客服中心通过业主填写的信息与历史数据进行核对，及时更新、完善业主信息，通过数据库建立业主信息电子档案。

2. 客服中心管理

客服中心设置专职人员负责软件平台的运营维护工作。配置如下：

（1）信息管理员1名，负责软件系统的管理、维护；信息的汇整、发送；业主档案资料的管理工作。

（2）客服专员1名，负责服务热线接听，在线受理咨询、投诉；维修派工、服务回访工作。

3. 维修工管理

将各项目部的维修工个人信息和联系方式录入数据库中，客服中心根据业主发送的报修信息，在系统中选择对应的维修工进行派工，将维修信息发送至维修工的客户端。

4. 物业管理员负责信息维护

由客服中心物业管理员负责信息的维护工作。

5. 信息查询权限管理

业主通过软件平台所发送的所有信息都将被储存进客服中心的数据库，根据物业公司的行政职级和职责，设定不同的信息浏览权限。浏览权限设置如下：

（1）公司领导层可以浏览所有信息，可以根据信息内容直接做出批示并部署相关工作。

（2）相关部门（项目部）负责人可以浏览与自身职责相关的信息。

（3）客服中心工作人员可以浏览所有信息，但无法对信息进行人工的筛选过滤。业主所发送的所有信息都将通过数据库自动发送给相关权限人。

（4）业主可以通过软件平台浏览已发送信息的办理进度和客服中心的反馈信息。

经典案例

住这儿App打造O2O商业闭环

【案例背景】

2013年11月，万科推出了一款社区生活App——住这儿，主要用户为万科业主群体，通过住这儿打造物业服务、社区交流与商圈服务平台的O2O商业闭环。

住这儿的整体框架十分封闭，面向的用户也仅为万科业主，成为会员必须通过业主认证。

如，用户在选择北京→北京万科城→N单元→N房间后，只有用户注册的手机号和在住这儿上登记的万科物业方面留下的手机号对应才可以成为App会员。

在住这儿中，用户可以清晰掌握所在小区的最新公告、热点事件，并且可以由业主自己在住这儿上发起相关活动。值得注意的是，通过住这儿，业主可以直接登录万科房屋交易厅，进行相关交易服务，不过该功能目前仅面向注册业主。

此外，住这儿整合了社区用户的生活服务产品，入驻用户可以发起帖子和评论，如可以在上面分享养狗经验、美容美发等信息。

对于万科物业的商户，住这儿单独打造了“良商乐”，集合了附近美食、美容美发、超市、中介等商家，面对这些商家，万科依靠数据分别推出了“活力排行”和“黑榜”。

生活中的房屋报修、邮包、投诉等基础功能也已经整合进了万科住这儿App。

【案例分析】

住这儿App正是万科互联网思维在社区建设方面的实践，这个小小的App，也是万科连接网络和现实，从而实现转型的一把关键钥匙。这把钥匙，能让服务者与被服务者和谐相处，让住户与住户建立邻里亲情，并借助移动互联网技术，建立守望相助的新型邻里关系。

经典案例

绿城·未来PARK智慧物业管理

【案例背景】

作为绿城智慧园区服务体系的创新型落地项目，绿城·未来PARK承载着绿城服务多年来对未来办公物业矢志探索的成果。

一、“智慧管家”——商务办公界的“贴身管家”

比如访客通行，当有客人造访时，企业行政人员只需轻点手机为他登记，访客就可通过园区车辆识别系统直接驱车进出。根据通行二维码，访客还可扫码进入办公楼。

二、“业主自治”——园区归属感萌生的“互动舞台”

未来办公不只物业服务，还需园区里的企业负责人及办公人员共同参与建设。人人都有发言权，这个畅所欲言的平台在未来PARK上就是“议事堂”。而在互联网时代，每位园区办公人员都可以是出谋划策的园区“军师”“议员”，或通过幸福绿城App“红黑榜”自发表扬、监督园区行为。

三、“友邻社交”——人与人之间的“沟通利器”

智慧办公园区不仅是物以类聚的平台，更是一个藏龙卧虎的江湖。通过“友邻社交”中的闲置交易、园区活动、话题分享等，提升园区内人与人、企业与企业之间的亲密感，打破城市人之间渐行渐远的尴尬关系。

如在“睦邻社”中，未来PARK园区服务中心将设计覆盖全年的园区活动以及针对企业负责人及员工不同兴趣的同好会，园区企业也可依托该平台自行组织活动。

四、“园区商圈”——理想办公生活的“趣味佐餐”

早在2012年，绿城集团就着手于嵊州试水现代农业。依托原生态环境，给予市场高品质、安心、健康的蔬果产品。

而今，这一成果已借由“园区商圈”呈现给未来PARK用户。除此之外，绿城还联系社会优质资源，丰富选购内容。园区企业办公人员利用上班间隙，就可下单购买生鲜蔬果、饮料等种类丰富的优质商品。

五、“园区健康”——装在口袋里的“私人医师”

该模块由蓝熙健康运营，通过云计算、互联网、大数据等融合与应用，企业负责人及员工不仅可以通过App选购对应的体检套餐，还能获取专家对于体检报告的解读。“园区健康”将依据历年的报告，提供定制式健康方案。当然，您也可以向平台在线医生发起实时咨询。

六、“园区金融”——让钱不断生长的“金色沃土”

“园区金融”依托绿城财富平台，不定期在园区举办财富论坛、讲座活动，为未来PARK企业负责人及员工规划专业、独立的财富计划，并提供信托、基金、保险、贷款等多元化金融产品，优化资产配置。同时，您还可以通过App寻找您的私人财富顾问，深谙资产配置的私人顾问可为您提供长期专业的咨询服务。

七、“园区学院”——多姿多彩的“生活充电站”

“园区学院”依托绿城足球及绿城小镇资源，通过“奇妙社”为业主及其子女定制特色活动。暑假来临，如何合理安排孩子的生活一直困扰着大多数职场父母，轻点“奇妙社”，就可以为宝贝报名参加足球夏令营，或者和他（她）一起来一场说走就走的童乐之旅。

【案例分析】

“智慧管家”“业主自治”“友邻社交”“园区商圈”“园区健康”“园区金融”“园区学院”七大模块，不仅为园区企业负责人及员工开创了“手机随身带，服务随我行”的智能生活，而且也将再一次引领智慧办公的新模式。

知名物业管理企业

佳兆业物业 KAISA PROPERTY

佳兆业物业集团有限公司（简称“佳兆业物业”）成立于1999年，总部位于深圳。截至2018年6月30日，佳兆业物业进驻全国37个城市，总管理项目124个，总物业管理面积达2540万平方米；服务业态涵盖中高端社区及非住宅物业，包括商业物业、写字楼、表演场地和体育馆、政府建筑物、公共设施及工业园。为全国近16万个物业单位提供服务；现有业务涉及物业管理服务、交付前及顾问服务、社区增值服务、智能解决方案服务等领域。

作为具备国家物业服务一级资质企业，佳兆业物业已通过ISO9001质量管理体系认证，连续多年荣获中国物业服务百强企业称号，品牌估值28亿元，获评中国物业企业综合实力第12名，金钥匙物业最具品位服务奖、中国优秀物业服务质量TOP10、中国物业管理标杆企业等荣誉，凝聚着社会各界对佳兆业物业品牌的充分信赖。

第十五章

品牌建设管理

阅读提示：

在竞争日趋激烈的市场环境下，打造品牌企业已成为当前物业管理行业的目标和方向。

关键词：

⇨ 品牌形象
⇨ 品牌定位
⇨ 品牌发展

概念解析

品牌是一个企业或产品区别于其他企业或产品的符号。在物业管理行业中，物业公司的品牌以服务作为载体，目标是让业主和商户联想起该品牌企业所提供服务的内容、品质、特色、诚信、规范和价格等，令业主和商户相信，虽说有许多竞争者提供同类服务，但该品牌企业所提供的服务是独一无二的，购买该企业的物业管理服务，可保证他们的利益实现最大化，而购买其他公司的物业管理服务就可能会有损害他们利益的风险。

管理要点

一、品牌形象的构成要素

品牌形象是存在于人们心里的关于品牌各要素图像及概念的集合体，主要是品牌知识及人们对品牌的态度。物业公司的品牌形象按其表现形式可分为内在形象和外在形象两种。

1. 内在形象

内在形象主要包括下图所示的要素。

内在形象的构成要素

（1）服务形象。

物业管理工作的主要内容是为业主服务。物业公司的产品就是服务，物业公司凭借对业主的服务获取业主的满意度和忠诚度，以此获得报酬，实现赢利的目的。如果物业公司的服务意识不强，达不到大多数业主的要求，没有树立起良好的服务形象，就不可能塑造出品牌。因此可以说，服务是品牌之本。

（2）文化形象。

品牌文化形象是业主和社会公众对品牌所体现的品牌文化或企业整体文化的认知和评价。品牌文化与企业的环境形象、员工形象、企业家形象等一起构成完整的企业文化。物业公司的品牌，实际上就是企业文化对外发散力的一种集中体现。

（3）管理形象。

品牌管理形象是业主和社会公众对物业公司规范化管理和抗风险能力的认知和评价。管理形象佳的企业对物业保值、升值有重要作用。

2. 外在形象

物业公司品牌的外在形象包括品牌标志系统形象与品牌在市场、消费者中的信誉。

品牌标志系统形象是业主和社会公众对品牌标志系统的认知与评价。品牌标志系统包括品牌名、商标图案、标志字、标准色等品牌的外观，如万科物业的和平鸽标志、长城物业的长城和大树标志等。

管理细节

品牌形象的重要性

高品质的品牌形象，是企业进入高端市场的必要条件，也是一个品牌得到消费者广泛认可、成为著名品牌的必要条件。作为物业公司，要提升品牌形象，必须实施品牌创新策略。而物业公司品牌创新策略包括内部和外部传播两个方面。

二、品牌创建的基础

对于物业公司来说，品牌创建的基础要点如下图所示。

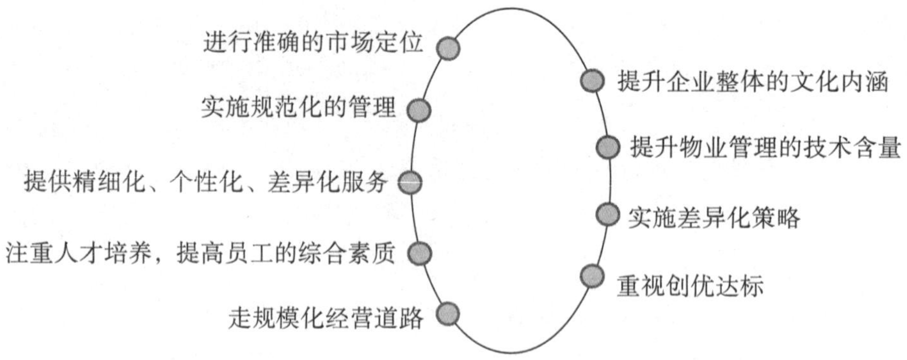

品牌创建的基础

1. 进行准确的市场定位

品牌是有独特形象的，是有个性的，是具有特定利益保障的。只有那些致力于适应某类市场需求细分定位的企业才具有生命力。因此，物业公司要创立品牌，首先要确立目标市场，并对市场进行准确的定位。

比如，德润万豪物业现有北京万豪国际公寓和汤泉逸墅两个管理项目。根据每个项目的服务功能、主体建筑、附属设备、配套设施以及道路、交通等状况，德润万豪物业将万豪国际公寓定位为高级公寓，引进酒店管理模式；将汤泉逸墅定位为高档住宅小区，制定了高标准、高品位的服务标准。准确的市场定位，为企业打造品牌提供了必备的前提。

2. 实施规范化的管理

（1）科学设置组织结构，组建高素质员工队伍。

组织机构的科学设置及人员的合理配置，有利于提高企业的管理能力和工作效率，确保企业能持续不断地为顾客提供高效优质的服务。公司在组织架构上要追求企业管理机构小型化。要求管理者要具有专业知识和从业经验；工程技术人员要一专多能，适应性强；服务管理人员必须素质高、形象好。做到因岗设职及合理兼职，避免无谓的成本损耗，把更多的资源用于满足消费者的多种需求上。

经验之谈

员工管理是服务行业的核心工作，提高管理服务水平的根本途径是进行员工管理。

（2）建立科学的管理制度。

完善公司制度，建立科学的管理制度是品牌创新的基石。公司必须制定一套涵盖各部门职能、各层级员工行为规范的管理制度，使各部门、各级员工在工作中有章可循、责权分明，使公司逐步进入规范运行的轨迹。

（3）加强现场管理。

加强现场管理是提升物业管理服务价值的有效途径。

比如，百联物业专门组建了业余督导队伍。督导员来自各物业管理处，他们利用工作之余（包括夜间），对公司下属的物业管理处实施定点和不定点的督导，发掘各物业管理点在管理上好的做法和经验，加以交流和推广；发现不足和问题，加以纠正和整改。

（4）建立国际标准管理体系。

国际标准管理体系是国际标准化组织在总结世界各地质量管理和保证成功经验的基础上制定出来的一套科学、系统的管理标准，包括ISO 9000质量管理体系、ISO 14000环境管理体系、ISO 1800职业健康安全管理体系等。当前在物业管理中推行国际标准认证，有利于管理的规范化，也有利于与国际接轨。

3. 提供精细化、个性化、差异化服务

（1）精细化服务。

精细化服务就是落实管理责任，将物业管理服务责任具体化、明确化。它要求服务的每一个步骤都要精心，每一个环节都要精细。其目的是用细节提升质量，进而创新企业品牌。

（2）个性化服务。

个性化服务是指物业公司提供给业主的，针对每个业主的不同需求及潜在需求的，有别于其他标准服务的，超出业主想象之外的，具有附加价值的服务。个性化服务竞争者无法模仿，顾客无法比对，所以能全面提升物业服务的品牌档次。

（3）差异化服务。

差异化服务是物业公司参与物业管理市场竞争，立足于服务之本的质量竞争策略。为业主提供维修、保安、保洁、绿化等有形服务，是物业管理的基本职责，但这只是满足了业主的一般需求。物业公司可以利用公司的整体优势在服务时间、服务方式、服务方法、服务形象等方面进行改良，创造一些具有个性色彩的服务。

比如，积极开展收洗、缝制衣服，代购车船机票，接送小孩上学、放学等特色服务，代办各种保险、中介、商业、服务项目，完善福利设施，以丰富多彩的特色服务让业主满意、放心，满足业主对物业管理服务的各种需求，扩大市场占有份额。

经验之谈

在服务品位、服务质量上优于行业标准、优于地方标准、优于其他企业，如果能做到这种程度的话，企业品牌的质量竞争就一定能获得成功。

4. 注重人才培养，提高员工的综合素质

物业公司一方面要进行企业内部专业知识培训，提高员工的业务素质和个人技能，另一方面要邀请业界的专家、学者、行业领导来公司讲课，提升员工的理论水平，开阔员工的视野，提高员工的综合素养。

5. 走规模化经营道路

高市场占有率是品牌企业的一个基本特征，况且，规模化经营有利于采用新技术、新设备，降低经营成本，增加服务收入和利润。现在管理规模达1200万平方米的企业已经有好多家了，这类企业的发展不仅为企业品牌营运的成功奠定了基础，也对各地物业公司的品牌营运和市场发展起到了良好的示范作用。

6. 提升企业整体的文化内涵

提升企业整体的文化内涵首先要有以人为本的理念，关注员工的生活、工作、职业发展等，使员工感受到在本企业能够获得平等的尊重、能够从事有挑战性的工作并从中获得成就感、能得到无微不至的关怀、能得到许多意想不到的福利，以及努力工作能得到丰厚的报酬。企业只有对员工具有高度的责任心，才能收获员工对企业的热爱和忠诚。物业公司通常坐落在某个社区中，其管理经营理念与社区文明程度是相互影响的，物业公司应该把企业文化的思想内核有机地融入社区文化的建设中，实现两者的完美统一，使企业文化与社区文化相得益彰，进一步突出企业的品牌形象。

7. 提升物业管理的技术含量

科技创新在物业管理中的作用越来越大。企业进行品牌创新必须把科技创新转化为产品开发，并注入到物业管理服务中，实现由简单维护型、劳动密集型向技术维护型、知识密集型转变，不断提升现有管理项目的科技含量。一个技术含量高的楼盘，在为业主创造精品硬件的同时也提高了物业公司在管理过程中创造的品牌效益。

管理细节

引入科学技术提高服务水平

在服务技术手段上，应加快科学技术的引入，提高服务的现代化水平。如日常收费管理使用专业物业管理软件，小区实施全方位电子安防监控系统、门禁系统、可视对讲系统，使物业工作更加方便快捷、业主生活更加舒适安全。宽带网络及更新的科学技术在小区物业管理中的运用，势必将提高物业管理服务水平，提高业主的生活品质。

8. 实施差异化策略

差异化策略是指在物业管理品牌的建设过程中，物业公司应根据企业自身的实际情况，不简单模仿和盲从，切实走出一条自我创新发展的品牌建设之路。国内在物业管理品牌建设中走差异化道路的实例很多。

比如：万科模式——从早期的“业主自治”到现阶段的“无人化管理”；中海模式——“网络化运营，信息化管理”。

这些物业管理品牌建设差异化策略都鲜明地凸显了各自品牌的个性特色。

9. 重视创优达标

在崇尚诚信的国度里，重视获得权威机构的认证是促使消费者信任品牌的重要手段之一。有关认证是品牌质量证据、信誉的符号。中国土木工程学会评定的全国优秀示范小区，国家相关部门、各省市和地方评定的物业管理示范（优秀）住宅小区（大厦）等，都是具有一定影响力和可信度的。

经验之谈

资质认证是我国政府对物业公司综合实力的权威认定，也是市场信任物业公司最重要的凭证。

三、品牌创建的思路

对于物业公司来说，品牌创建的思路如下图所示。

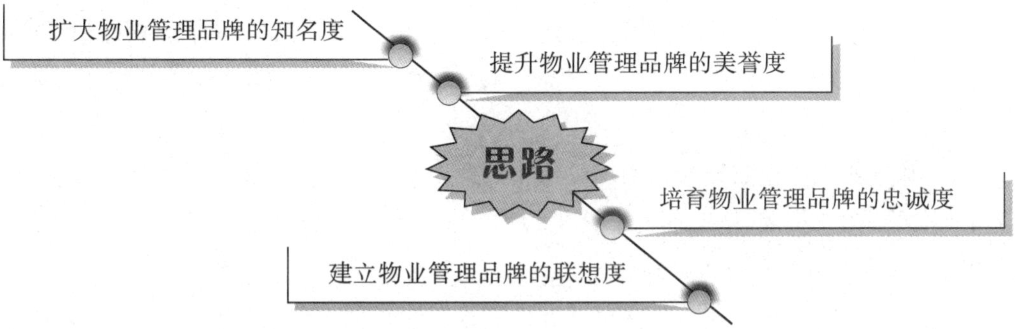

品牌创建的思路

1. 扩大物业管理品牌的知名度

扩大品牌知名度，就是扩大品牌的受众面，也是品牌传播的初级目标。企业在扩大品牌知名度的过程中，常见的手法有制造“第一”、制造“专家”、事件营销、名人效应和制造悬念等。

2. 提升物业管理品牌的美誉度

品牌美誉度是指客户对品牌的品质认知和喜好程度。品质认知是客户对品牌是属于优质或是劣质的印象，喜好程度包含了品牌的领导性、创造性。目前中国物业管理仅处于初级阶段，大部分企业只是停留在知名度的竞争上，只有一小部分企业将竞争重点放在美誉度上。要提升品牌美誉度，主要应采取下图所示的几方面的措施。

措施1　建立顾客信息搜集反馈系统和满意度分析评估系统，及时倾听业主的意见和建议

措施2　制定、细化服务流程、服务标准，提供“零缺陷”服务

措施3　建立创新体系，力争实现管理、技术、服务创新，保持领先，走在行业的前沿

措施4　保证产品（服务）品质和客户期望一致，甚至大大超越，给客户以惊喜

提升品牌美誉度的措施

3. 培育物业管理品牌的忠诚度

（1）建立业主对品牌的忠诚度，物业公司、服务人员要对业主忠诚，即把业主当作真诚的朋友。在管理服务过程中，处处体现管理公开化、决策科学化、服务亲情化、社区氛围化等。

（2）建立业主信息数据库，实现数据库营销。所谓数据库营销，就是运用储存的有关企业与业主关系的所有信息来辅助个性化的沟通，以创造个性化的服务，满足甚至超越业主的预期，从而培育客户对品牌的忠诚度。

（3）利用企业及小区的配套资源、客户资源，组织成立不同类型的类似会员俱乐部的组织，如健康俱乐部、创业理财俱乐部、文化沙龙等，在满足业主需求的同时彰显企业的文化、价值、个性，从而逐步培养业主对企业品牌的忠诚度。

（4）以业主为关注焦点，建立业主满意的管理服务模式。

（5）深化文化管理的形式和内容，在各个物业管理项目里营造文化氛围，培育文化精神，引导业主的行为和价值观念。

4. 建立物业管理品牌的联想度

建立物业管理品牌的联想度，可从下图所示的措施入手。

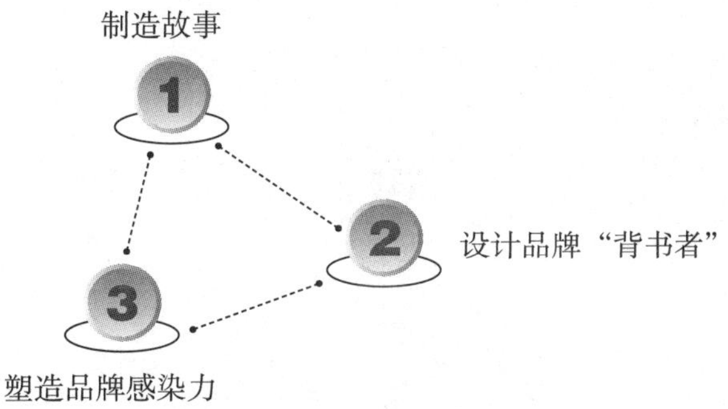

建立物业管理品牌联想度的措施

（1）制造故事。

有些企业为了更好地制造故事，还成立了专门的部门，比如新闻中心之类的。通过真实感人的故事，最大限度地传播企业品牌的理念，让品牌以润物细无声的方式走进客户的心中，使其在不知不觉中接受品牌。

（2）设计品牌“背书者”。

设计品牌“背书者”是建立品牌联想度的有力武器之一。例如，当年大众一听到王石的消息就会联想到万科，看到比尔·盖茨就会想到微软。

品牌“背书者”的设计策略通常如下图所示。

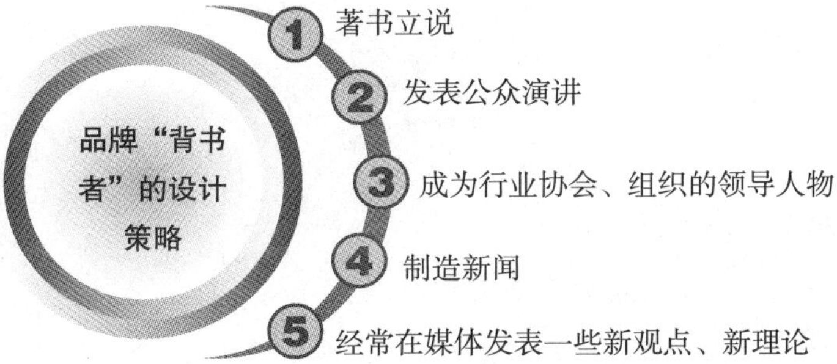

品牌“背书者”的设计策略

（3）塑造品牌感染力。

塑造品牌感染力，即在传播企业品牌的过程中，其理念、风格具有公益性、大众化、亲和力等特点，能拉近企业与广大业主的关系。

四、品牌管理策略

物业公司的品牌管理策略主要包括以下内容：

1. 品牌定位策略

物业公司主要是根据物业服务行业发展的趋势，针对业主的消费需求以及企业品牌创建的需要，客观地分析市场、客观地分析自己，从市场调研、市场细分中寻找适合自己的目标市场，由此进行市场定位。

（1）产品定位。

在产品定位方面，主要体现在物业管理服务的个性化和特色上。考虑的因素主要如下图所示。

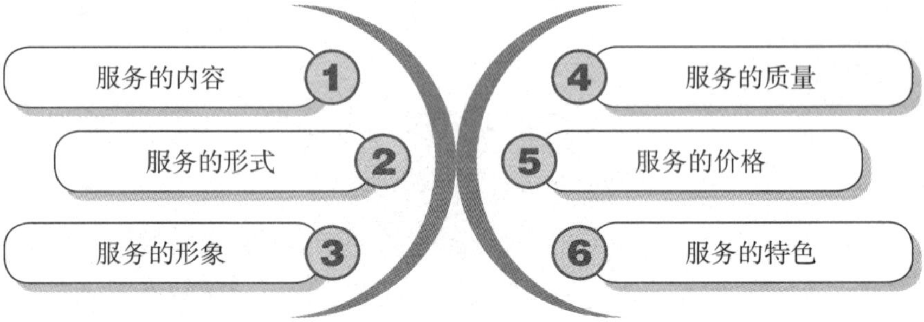

产品定位需考虑的因素

比如，万科物业将自己的产品明确定位为“服务方面做行业的领跑者”，显示了品牌优势。

（2）市场定位。

在市场定位方面，物业公司要细分市场并做出合理选择。考虑的要素主要如下图所示。

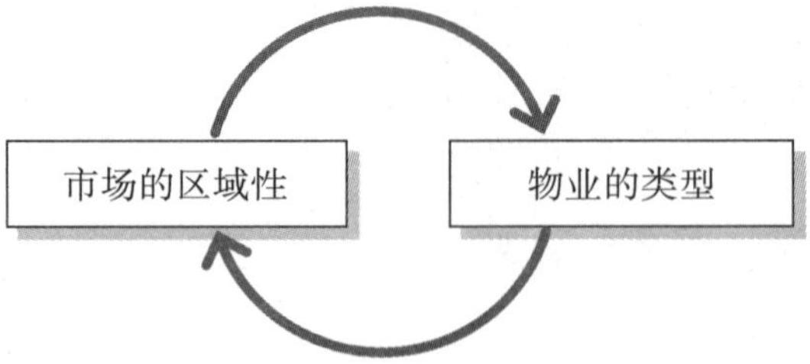

市场定位需考虑的因素

比如，中海物业的市场定位为“高层细分路线”，只接高档赚钱的物业；而新东升物业公司专攻医院物业，这些都是市场定位成功很好的案例。

2. 个性化品牌设计策略

物业公司可采取的个性化品牌设计策略如下图所示。

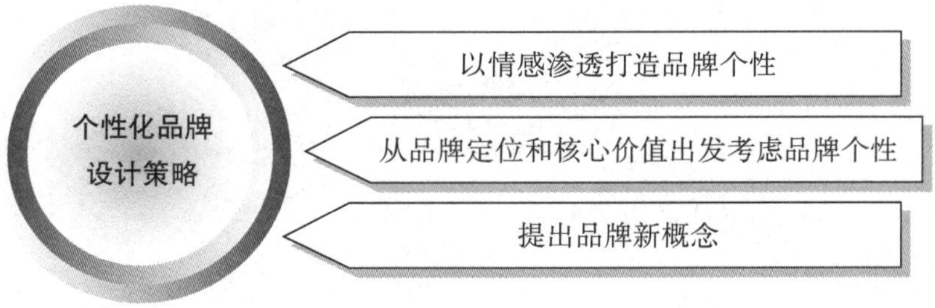

个性化品牌设计策略

（1）以情感渗透打造品牌个性。

品牌个性的打造过程应该是灌输情感的过程。由于物业服务行业的服务特点，以情感渗透打造品牌个性的方式是众多物业公司惯用的策略，也发挥了其应有的效果。

比如，一些物业公司在其所管物业项目中提出了“人和社区”“和谐社区”“运动社区”“氛围管理”“亲子家园”“精彩生活”等个性化的服务品牌。

（2）从品牌定位和核心价值出发考虑品牌个性。

品牌定位及品牌的核心价值是品牌个性的基础，品牌个性是品牌人性化的表现。

比如，定位为品质生活型的物业项目，其品牌个性为尊贵、高尚、健康、时尚、安全、私密；定位为大众型的物业项目，其品牌个性为阳光、亲和、规范、价格适中。

（3）提出品牌新概念。

一个成功的品牌企业，一定是凝聚企业理论和实践智慧的新概念。具体而言，就是要能提出本企业所要追求的最高水平的物业管理经营、服务、企业文化等一系列具有高度概括性的“新观念”。

比如，万科的“全心全意为您”“持续超越顾客不断增长的期望”“零干扰服务”；中海物业推出的“1拖N”和“氛围”管理模式；万厦物业的“实时工作制”“零缺陷服务”等，无一不体现物业公司的品牌新概念策略。

3. 品牌传播策略

物业公司通过品牌的有效传播，能使品牌为广大业主和社会大众认知；同时，品牌的有效传播还可以实现品牌与物业管理目标市场的有效对接，为品牌及服务进占市场奠定基础。

（1）品牌传播的内容。

品牌传播是一项系统化的工作，品牌传播的主要内容如下图所示。

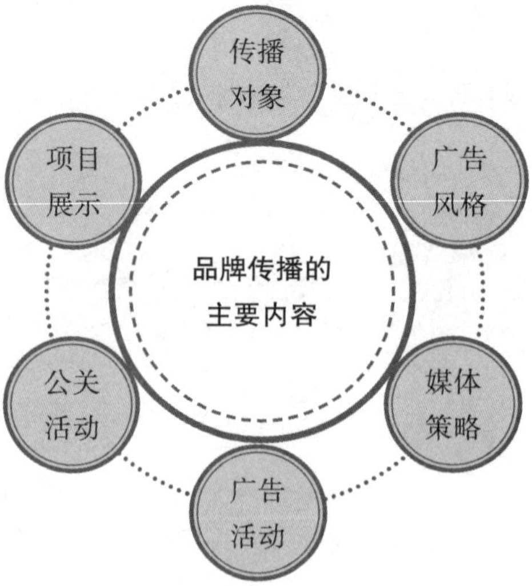

品牌传播的主要内容

（2）品牌传播的主要手法。

品牌传播的主要手法如下图所示。

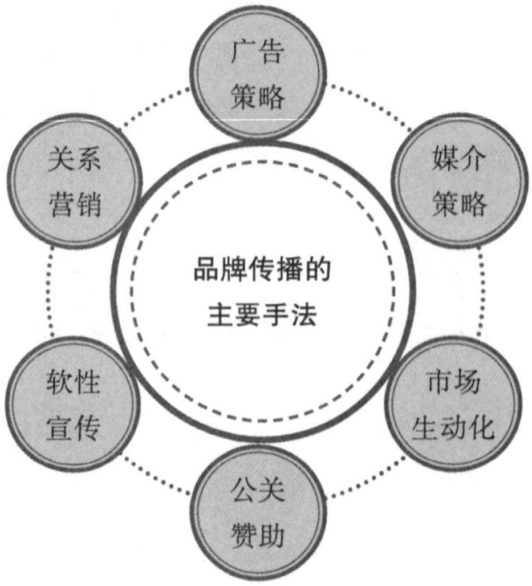

品牌传播的主要手法

经验之谈

物业公司应根据自身的特点和资源优势选择适合自己的策略。

4. 品牌差异化策略

物业公司可采取的品牌差异化策略如下图所示。

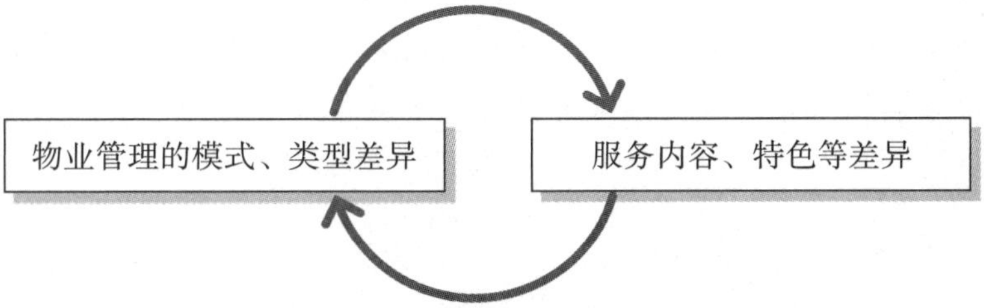

品牌差异化策略

（1）物业管理的模式、类型差异。

比如，万科物业管理模式从初创时期的“业主自治”到现阶段的“无人化管理”“个性化服务”模式；中海的“规范化发展、网络化运营、信息化管理、专业化增效”模式，特别是“专业化增效”，其管理思路极具物业服务行业前瞻性的差异化特征；中航物业的“经营型”模式等都鲜明地凸显了本企业品牌的个性特色。

物业管理的类型方面也应有本企业接管的“主业”，是商品房、政府开发的物业，还是工业区、学校、医院等特殊物业。每个企业都应该有所为有所不为。

比如，中海物业的定位是高档物业，万科物业的重点是本企业开发的物业等。

（2）服务内容、特色等差异。

比如，大众物业的家政服务中心、万科的房屋租售中心、中海的专业化服务等，都能体现有差异的服务内容，而服务特色应体现在快捷、可靠、人性化、有家庭味等方面。

5. 物业品牌的规范化管理策略

品牌管理是把品牌当成产品经营和管理，也是维持品牌与业主关系的过程，这个过程要以规范的管理流程和价值链运营来保障。物业服务这种无形的商品，没有类似其他有形商品的质量评价标准，检验服务质量的唯一标准是业主的满意程度。

管理细节

制定物业品牌管理手册

制定规范化、标准化的物业品牌管理手册，将服务过程中的每一个动作、每一个微笑、每一句话都规范化，让业主觉得物业品牌很规范，员工很有素质，从而逐渐培养业主对物业品牌的信任度和忠诚度。

五、不同发展阶段的品牌策略

伴随着企业的成长，物业管理服务品牌存在着阶段性的特点，在不同的发展阶段，企业应采取不同的服务品牌策略。根据物业公司发展的特点，可以将其发展过程划分为早期、初期、中期和成熟期四个阶段，在各个阶段均有与其相适宜的服务品牌内容和措施。服务品牌的构建、宣传和推广要依据物业公司各个发展阶段的特点和企业自身因素进行策划和实施。

1. 早期物业服务品牌发展策略

这一阶段是物业公司刚刚成立时期，管理服务项目少，人力资源不充足，资金投入大于产出，管理服务操作模式正在建设中，还没有形成本公司物业管理服务的个性。

在早期服务品牌建立的过程中，应确定适合本企业发展的市场方向，制定适合企业发展并能够有效实施推广的经营目标、管理方针等，并以此为基础建立企业组织机构、规章制度和工作流程。

管理细节

早期物业服务品牌发展策略需考虑企业的自身因素

在此过程中，应充分考虑企业本身的个性化、人性化因素，并在所辖物业项目部进行初步探索和实施，比如薪金福利体系是否合理、培训管理是否有效、工作流程是否具有可操作性、工具设备是否适合员工使用、工作环境是否健康安全等，为日后的企业团队建设、规范发展和诚信体系建设打下坚实的基础。

2. 初期物业服务品牌发展策略

在这一阶段，企业所管理的物业项目和面积已具雏形，拥有一定数量的专业人才，已经有利润产生，市场开发与企业发展定位的适应性处于调整期，管理服务操作模式相对成型，基本形成了本企业物业管理服务的个性，但是企业文化在管理服务中的作用尚不大。

这一阶段的品牌发展策略如下图所示。

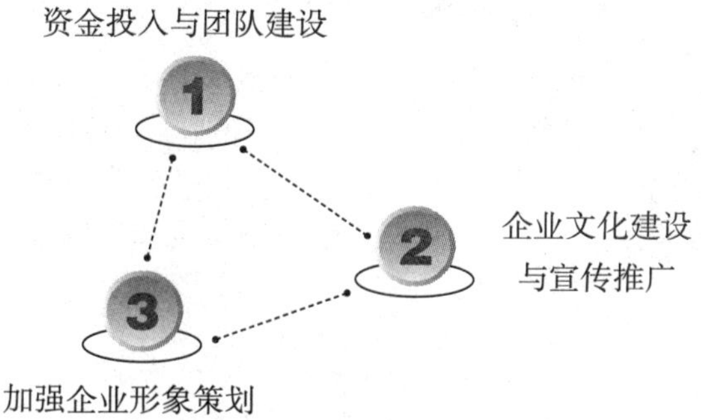

初期物业服务品牌发展策略

（1）资金投入与团队建设。

在初期物业服务品牌建设过程中，对企业品牌应有项目性资金投入，进一步完善团队的组织和建设，企业组织机构应涵盖各专业部门，特别应包括质量管理控制部门。

（2）企业文化建设与宣传推广。

在企业日常经营管理中，企业文化开始得到初步落实，制定、培训和实施标准化、规范化、程序化的管理操作程序，在此基础上，进行企业内部的人性化管理和对业主的个性化服务。

比如，物业管理人员应在企业管理手册的指导下，按照业主的实际需求和项目的实际情况设计项目的具体管理措施和服务内容，既执行企业的规范流程，又满足业主的实际需求。同时，物业管理人员要在工作中时刻维护和宣传企业的形象，让业主感受到服务的温馨、便利和专业性。

（3）加强企业形象策划。

在这一阶段，应当开始研究企业发展规律，制订拓展计划和企业形象策划方案。在企业形象策划方案试运行期间，选择1～2项能够展现本企业服务特点的内容，在熟悉并能够掌控的层面（如客户群体、企业内部、同行业和相关行业），采用简单的形式和高效的方法加以宣传和推广。

3. 中期物业服务品牌发展策略

这一阶段，企业所管理的物业项目和面积已成规模，有满足企业发展需求的专业人才，企业利润稳定增长，市场开发与企业发展定位相适应，管理服务操作模式能够满足客户的需求，具有本企业物业管理服务的个性，企业文化促使管理服务质量逐步提高。

这一阶段的品牌发展策略如下图所示。

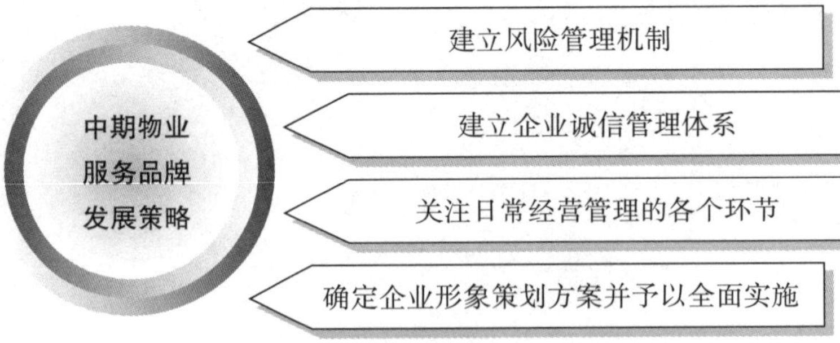

中期物业服务品牌发展策略

（1）建立风险管理机制。

在中期物业服务品牌建设过程中，对企业品牌建设应有计划性资金投入，建立风险管理机制以培养企业的市场风险承受能力。

（2）建立企业诚信管理体系。

建立企业诚信管理体系，不仅应有宏观理论的指导，还应有具体的管理服务措施予以支持。

（3）关注日常经营管理的各个环节。

在企业日常经营管理的各个环节中应确保达到下图所示的目标。

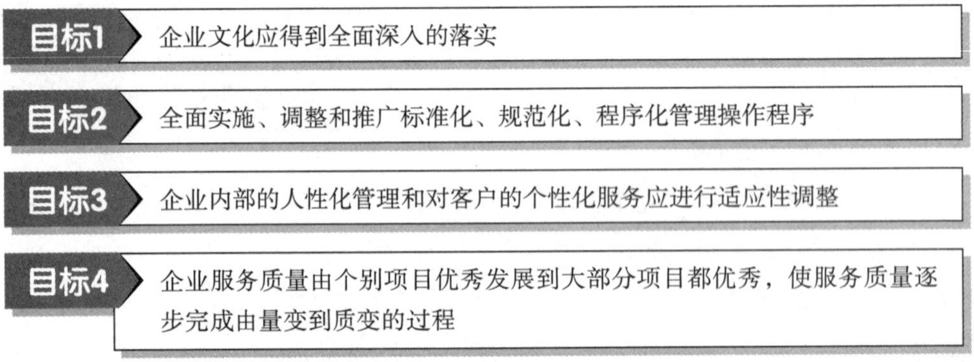

日常经营管理的各个环节应达到的目标

（4）确定企业形象策划方案并予以全面实施

主要工作包括建立企业形象内涵和确定面向社会群体的宣传推广措施。企业应紧密结合需要宣传的具体内容，采用综合性措施进行宣传推广。

比如，编制企业宣传册、组织业主联谊活动、参与物业优秀项目评比、利用各种媒体和参加相关社会活动等。

在企业宣传推广过程中，应培养和挖掘企业内部力量，使每一位员工都有机会成为企业的形象代言人，使企业的宣传推广由点发展至面。

4. 成熟期物业服务品牌发展策略

在物业公司的成熟期，企业所管理物业项目和面积已具有较大规模，有物业管理服务各专业所需的专业人才，企业利润增大合理而稳定，对物业管理行业发展有推动性作用，管理服务操作模式实现了标准化、规范化和程序化，具有本企业的标志性物业管理服务特点，企业文化在企业经营管理过程中发挥着重要作用。

这一阶段的品牌发展策略如下：

（1）在成熟期物业服务品牌建设过程中，对企业品牌建设应有持续、稳定的计划性资金投入。

（2）建立和完善危机管理体系，以培养企业的决策力和市场应变能力。

（3）企业管理服务内涵应有丰富的积累和沉淀。

比如，企业文化渗透到企业经营管理的日常工作中；建设一个脚踏实地，具有很强的务实精神的团队；标准化、规范化、程序化的管理操作程序既有共性又有个性；企业的服务具有统一性、恒定性和创新性等特点。

（4）企业形象策划实施体系能够引导、推进物业公司的发展。

比如，企业通过参加研讨会、培训班、各种社会活动以及撰写发表专业论文等方式，既总结、传播了企业的成功经验，也获得了社会的相关信息，以补充、完善企业的管理服务体系，使企业的知名度、竞争力、信誉度稳步提高，规模逐步扩大。

（5）企业还应做好服务品牌的管理。随着企业的发展和市场的变化，应当对企业品牌建设内容和策略及时进行调整，以避免企业的宣传推广仅限于广告层面。

经典案例

万科品牌建设的物业管理战略

【案例背景】

在中国房地产业，万科首创了以物业管理来统一解决房地产售后服务问题的战略。在多年的物业管理经营实践中，万科得出一个结论：“得客户者得天下！”2005年，万科把各区域的项目物业管理处更名为“物业管理中心”，这不仅体现了万科加大物业管理的力度，而且也为万科进行内部治理结构的优化开了个好头。

一、万科物业管理服务定位

万科首先把房地产定位为产品经营，物业管理即产品售后服务。

这种理念来自日本索尼产品的售后服务模式。万科做房地产，就把物业管理当作一个重要方面考虑了进去。一个是考虑物业的服务，一个是考虑物业的管理。

二、万科的物业管理服务理念

员工——先有满意的员工，后有满意的顾客

顾客——尊重顾客，让顾客满意

社会——真诚回报

管理——专业、规范、学习、创新

经营——诚实守信、稳健增长

企业目标——持续保持在中国物业管理行业中的领先地位

三、万科物业管理的运作模式

万科的物业管理服务主要分四个层面：专业、规范、学习、创新。

1. 专业化管理服务。

作为国内最早从事物业管理的机构之一，万科物业一直致力于通过自己的实践推动物业管理行业的发展，并不断开辟新的业务服务领域，丰富物业管理内涵。管理服务架构涵盖如下三个层面：

大厦、小区的设计规划和建设评估	小区交通规划评估 楼宇接收服务 物业保险服务
物业规划	保安、清洁及绿化规划服务 设施维修服务 财务和用户管理
管理跟进服务	新建筑和原建筑的改造等

2. 规范化管理服务。

（1）规范的内部运作机制和各项操作流程。

万科一向坚持企业行为规范化，在具体的业务管理上，万科物业已建立了完善的企业内部运作制度和各项操作流程，人力资源管理、财务管理及房屋维修基金的管理和使用等各项工作都做到了有章可循。

（2）内、外市场化。

万科在市场上的物业管理服务遵循标准的市场化，执行方面规范、透明、公开、专业、人性化。万科地产是万科物业的客户，双方之间的服务都有契约，没有契约的都有文件批示。对万科地产提供的所有服务除成本之外都是有管理酬金的。万科物业与万科地产的关系形成一个内部市场化的关系，以规范、透明、公开、专业的精神对待。

3. 建立一种学习型组织，持续提升竞争能力。

竞争优势是由个人和集体的不断学习形成的，一方面应对组织内部的知识加以拓展，另一方面要汲取外部业已成熟的知识。提倡信息资源共享、坦诚沟通、共同提高，持续提升核心竞争力。

4. 万科物业管理的持续创新。

创新一：管理模式的创新。

“共管式”管理。

“酒店式”管理。

“无人化”管理。

“个性化”管理及服务。

“同心圆”服务计划。

“物业管理报告”制度创新。

物业管理市场化创新。

创新二：物业管理服务顾问创新。

帮助委托方建立完善的物业管理体系，包括建立有效的物业管理团队。

帮助委托方建立质量保证体系，并协助委托方参加国际质量保证体系认证。

帮助委托方物业公司拟定企业中长期发展愿景规划。

创新三：物业管理服务理念创新。

万科物业集10多年专业服务经验，在对客户需求理论进行深入理解和提炼的基础上，推出具有万科特色的物业服务方法论——万科物业“五步一法”创新服务体系。

【案例分析】

物业管理其实也属于客户服务的范畴，但较之于客户服务以交流为主的模式，其更注重修炼内功，让客户通过体验认识万科品牌。万科是从以下三个方面来开展物业管理工作的：

“五步一法”创新服务体系是在对万科物业优良传统和多年物业服务实践经验总结的基础上，尝试通过感知客户价值、理解客户需求，进而对现有的服务流程和关键环节进行梳理、提炼和创新而提出的。

“五步”是指在物业服务中和客户深度接触的认识客户、了解客户、帮助客户、理解客户、感动客户五个关键步骤；“一法”则是指以满足客户成功需求为出发点的服务法则。该体系通过贯穿在各个服务步骤当中的客户沟通进行了分析和阐述。

一方面是自建楼盘的物业管理，通过多方面服务来追求客户对万科品牌的认同。另一方面是通过市场化承接项目物业管理，但这方面是进行有选择性的承接，业务范围主要集中在深圳本地及政府职能部门的物业。其有效地利用了本地资源进行本地化业务开展，通过深圳本地项目彰显万科物业品牌。另外，通过对政府职能部门物业的管理向消费者展现了万科物业的严肃性和严谨性，给予消费者很强的安全感。

创立了物业管理顾问输出模式。万科通过物业管理顾问输出模式把自己的一套物业标准灌输到行业内的委托房地产企业中。

万科对物业管理进行新的创新，提出“五步一法”物业管理创新服务体系，这一创新是对万科物业多年物业服务实践经验的提炼。万科通过不断完善物业，为业主提供更为主动、到位的服务，使万科物业在社会上赢得了良好的口碑。

知名物业管理企业

北京首都开发控股（集团）有限公司（简称“首开集团”）旗下的北京首开鸿城实业有限公司，成立于2008年4月，是一家以物业管理为主业的总部型企业。公司组建以来，整合物业板块资源，推出“首开物业”品牌，旗下亿方、方庄、望京、宝地、燕侨、宝景等六家物业公司均为国家物业管理一级资质企业，旗下六大物业公司通过规范服务，不断打造精良品牌。

经过多年的发展，公司逐步形成了以物业管理为主，综合发展的现代化产业链，企业布局还涉及建筑设计、房地产销售、建材供应、房地产经纪和酒店经营等行业。

第十六章

风险防范管理

阅读提示：

在物业管理活动中，风险是客观存在和不可避免的，在一定条件下还带有某些规律性。

关键词：

⇨ 风险产生的原因

⇨ 风险识别

⇨ 风险防范

概念解析

风险是指在人类社会中，各种难以预测的因素，使得行为主体的期望目标与实际状况之间存在差异，从而给行为主体造成经济损失的可能性。

具体到物业管理上，可以把物业管理风险概括为：物业公司接受业主委托后，在物业服务合同约定的特定管理期间内，由于自然灾害或企业运营中内、外部的多种不确定性因素而造成物业财产被破坏、人身受到伤害等无法弥补的损失的可能性。

管理要点

一、物业管理风险的要素

物业管理是一种社会化服务，涉及社会的方方面面，关系错综复杂，并承受着各方面的监督及制约，如果某一个环节出现失误，就会出现管理风险，可以说风险无时、无处不在。其中主要风险要素有：管理水平风险、物业类型风险、经济景气风险、法律法规滞后风险、不可猜测风险等。

1. 管理水平风险

在物业管理行业，管理水平主要体现在外部和内部两个方面，具体如下。

（1）外部。

外部是指管理是否规范、服务是否周到、是否善于协调各方面的关系，这些因素都影响到业户对物业公司的直观了解。

目前，物业管理从业人员大部分是城市的下岗职工、无业人员和农村多余劳动力，均缺乏较系统的学习培训，物业管理知识不全面，服务技能较低，缺乏真正善于管理、精业务、通技术的优秀管理人才。

（2）内部。

内部是指财务收支预算是否合理，能否按年度预算完成，并保持收支平衡，达到略有盈余的财务原则。假如在项目管理过程中不能把握好和处理好这些问题，就会造成业户对企业产生不配合、不支持的态度，甚至产生动不动就以服务不好为借口拒交或少交物业管理费的风险。

2. 物业类型风险

物业类型主要有写字楼、商业、住宅、商住混合型建筑等，功能方面有智能化型、普通型等，按设施配套情况可分为有配套设施小区、无配套设施小区等，不同类型的组合存在不同的风险。

比如，业主在购买小区花园房屋时，都想着小区应该像其名字一样有一个大花园，有好的配套设施，但事与愿违，往往在业主入住后不久，开发商就在原小区绿化带见缝插针地建了楼房，减少了绿化空间，长期积累下来，业主在交物业管理费时就会与物业公司理论这个小区没有大花园，管理内容少，缺少大型的娱乐场所，物业管理费是不是应下调等。

3. 经济景气风险

经济景气与否将会影响到业主的交费情况。如经济不景气，业主收入减少或生意失败，业主会认为物业管理费是一种负担，经常性找物业公司的不足，一旦发现服务质量下降或出现管理事故，就以此相要挟提出不交物业管理费或下调物业管理费。

4. 法律法规滞后风险

由于物业管理行业快速发展，因此，虽有《物业管理条例》及其相关配套文件的颁布实施，但实施细则仍跟不上物业管理服务的实际需要。这些法律法规的不完善，造成业主、开发商、物业公司三者在义务、责任上不清楚，当出现问题后无法追究相关责任方责任时，物业公司不得不承担责任包袱。

同时，某些传媒不负责任的报道和当前市场经济的不够发达，造成整个社会对物业管理行业的评价不够客观和公正，可以说，物业管理行业现在是受委屈的事多、被理解的事少、被赞赏的事更少，让业主有理由与物业公司在物业费上讨价还价、提出下调物业管理费或拒交物业管理费。

5. 不可猜测性风险

物业管理行业在不断朝着专业化、社会化、市场化管理目标迈进的同时，面临着的索赔纠纷与民事案件却越来越多，业主在小区游泳池溺水身亡、外墙装饰脱落伤人、小区停车场车辆被盗窃、业主被害等向物业公司索赔的事件屡见不鲜，这些人身、财产权益受到外来侵害的事件存在一定程度上的不可猜测性，物业公司在经营过程中不可避免地承担着这些风险。

二、物业管理风险产生的原因

对物业公司来说，必须对风险产生的原因进行分析，有针对性地采取纠正预防措施，以避免给企业带来不必要的损失。物业管理风险的产生，究其原因主要有下图所示的几点。

缺乏风险意识	企业没有风险意识，就等于失去了警惕，连本来可以发现和避免的风险也无法规避
缺乏管理经验	物业管理从业人员素质不高，缺乏管理经验，难以应付物业管理过程中复杂多变的情况，从而给企业带来了风险
物业管理法律法规不健全	物业管理的法律法规长期滞后于物业管理发展的实践，结果使许多问题缺乏明确的法律依据，这样就加大了物业公司的风险
物业管理合同存在风险	物业公司在签订合同时没有明确约定相关责任或忽视相关条款，甚至做出一些不恰当的承诺，致使其在合同履行过程中处于被动局面
缺乏政府及时的支持	政府对物业管理中出现的问题不能及时做出反应，也给物业公司带来了极大的风险
缺乏保险意识	由于缺乏保险意识，同时也为了节约成本而未购买保险，一旦发生意外，物业公司将承受巨大的损失

物业管理风险产生的原因

三、物业管理风险的识别

物业公司在平时的管理中，应利用物业管理风险的可预测性特点，识别出基础物业管理过程中各环节的风险，通过对风险的分析，实施全面的监控并采取相应预控措施来防范风险，进而使风险造成的损失降到最低。

1. 项目运作风险的识别

项目运作风险是指项目在运作阶段，由于物业本身具有的瑕疵或发展商与业主的矛盾、业主委员会存在诸多问题等因素造成损失的风险。具体表现如下表所示。

识别项目运作风险

序号	表现形式	生命周期	发生概率	可能损失
1	新建物业无合法报建手续，违章建筑接管后变成“违法管理”	前期物业服务期	小	罚款、曝光
2	开发商与业主存在矛盾，造成公司受到夹击	前期物业服务期	大	管理被动、物业费不能按时收取
3	业主委员会成立后解除合同	后期物业服务期	中	物业管理权丧失
4	业主大会或业主委员会滥用职权	后期物业服务期	中	管理被动
5	业主大会或业主委员会未按法定程序成立	后期物业服务期	小	服务合同无效、管理权丧失、管理被动
6	非业主使用人滥用业主权利	后期物业服务期	中	管理被动

2. 治安风险的识别

治安风险是指由于外界第三人的过错或违法行为，给物业管理服务范围内的业主或非业主使用人造成人身损害、丧失生命和财产损失等风险。这也导致了物业管理服务的风险。具体表现如下表所示。

识别治安风险

序号	表现形式	生命周期	发生概率	可能损失
1	入室盗窃	物业管理全过程	大	罚款、曝光
2	入室抢夺、抢劫	物业管理全过程	大	罚款、曝光
3	入室故意伤害	物业管理全过程	大	人员伤亡、罚款、曝光
4	入室故意杀人	物业管理全过程	大	人员伤亡、罚款、曝光
5	公共区域盗窃	物业管理全过程	大	罚款、曝光
6	公共区域抢夺、抢劫	物业管理全过程	大	罚款、曝光
7	公共区域故意伤害	物业管理全过程	大	人员伤亡、罚款、曝光
8	公共区域故意杀人	物业管理全过程	大	人员伤亡、罚款、曝光

3. 车辆管理风险的识别

车辆管理风险是指物业停车场在提供车辆停放服务的过程中，车辆发生车身受损、车辆灭失等损坏的风险。具体表现如下表所示。

识别车辆管理风险

序号	表现形式	生命周期	发生概率	可能损失
1	车内物品被盗	物业管理全过程	中	赔偿
2	车身受损，包括剐蹭、坠物砸车	物业管理全过程	大	赔偿
3	车辆灭失	物业管理全过程	中	赔偿
4	小区内交通事故	物业管理全过程	中	赔偿

4. 消防管理风险的识别

消防管理风险是指因发生火灾造成业主公共利益受损的风险。具体表现如下表所示。

识别消防管理风险

序号	表现形式	生命周期	发生概率	可能损失
1	电器线路老化引发火灾	物业管理全过程	大	处罚、曝光、刑事拘役
2	明火引发火灾	物业管理全过程	大	处罚、曝光、刑事拘役
3	爆炸	物业管理全过程	小	人员伤亡、赔偿
4	室内浸水	物业管理全过程	大	物品损坏、赔偿
5	机房进水	物业管理全过程	小	设备烧损

5. 设备风险的识别

物业、公共设施设备的多样性和分布的分散性，导致风险频繁发生。物业本身主要包括房屋本体公共部位及属于物业管理服务范围的房屋建筑物的附着物、坠落物和悬挂物；公共设施设备包括供水设备、供电设备、安全报警系统、排水和排污系统、配套的娱乐活动设施等。具体表现如下表所示。

识别设备风险

序号	表现形式	生命周期	发生概率	可能损失
1	触电伤人	物业管理全过程	中	赔偿
2	房屋附着物垮塌	物业管理全过程	小	人员伤亡、物品损坏、赔偿
3	爆管	物业管理全过程	中	业主投诉、拒交物业管理费、水资源流失
4	二次供水设备损坏	物业管理全过程	小	业主投诉、拒交物业管理费
5	水箱污染	物业管理全过程	小	人员伤亡、赔偿、曝光
6	突然超负荷、短路或停电造成电气设备设施损毁	物业管理全过程	小	赔偿
7	电梯困人	物业管理全过程	大	业主投诉
8	设备检修、保养伤人	物业管理全过程	中	人员伤亡、赔偿
9	公共设施设备、娱乐设施设备伤人	物业管理全过程	大	人员伤亡、赔偿
10	单元门口对讲设备故障导致业主不能进单元门	物业管理全过程	中	业主投诉
11	室外音箱遭到损坏	物业管理全过程	小	设备损坏
12	化粪池爆炸	物业管理全过程	小	设施损坏、人员伤亡、赔偿

6. 公共环境风险的识别

公共环境风险是指在小区和大厦公共区域的工程施工、绿化施工、消杀等工作中可能会对业主造成伤害的风险。具体表现如下表所示。

识别公共环境风险

序号	表现形式	生命周期	发生概率	可能损失
1	儿童掉水池	物业管理全过程	中	人员伤亡、赔偿
2	儿童戏水触电	物业管理全过程	中	人员伤亡、赔偿
3	游泳池伤人	游泳池开放过程	中	人员伤亡、赔偿
4	植物伤人	物业管理全过程	中	人员伤亡、赔偿
5	跌落、滑倒、碰撞	物业管理全过程	大	人员伤亡、赔偿
6	业主宠物伤人	物业管理全过程	中	人员伤亡、赔偿

7. 内部管理风险的识别

内部管理风险是指由内部管理及劳资纠纷、不安全生产及违规操作造成的风险。具体表现如下表所示。

识别内部管理风险

序号	表现形式	生命周期	发生概率	可能损失
1	员工损公肥私、贪污盗窃	物业管理全过程	大	资金损失
2	猎头挖人	物业管理全过程	大	主要管理人员流失
3	员工消极怠工、和管理人员起激烈冲突、集体跳槽	物业管理全过程	小	服务工作无法开展
4	高空作业、不安全施工	物业管理全过程	小	人员伤亡、赔偿
5	电器设备违规操作	物业管理全过程	小	人员伤亡、赔偿

8. 收费风险的识别

收费风险是指由于公司收费方面出现问题而产生的风险。具体表现如下表所示。

识别收费风险

序号	表现形式	生命周期	发生概率	可能损失
1	业主长时间拖欠费用	物业管理全过程	大	服务工作不能正常开展
2	业主集体拒交费用	物业管理全过程	小	服务工作不能正常开展
3	拖欠水电费	物业管理全过程	小	停电、停水
4	物业管理费标准不统一	物业管理全过程	大	业主拒交物业管理费

9. 自然灾害风险的识别

自然灾害风险是指由狂风、暴雨、恐怖行径及流行性疾病等造成的风险。具体表现如下表所示。

识别自然灾害风险

序号	表现形式	生命周期	发生概率	可能损失
1	雷击	物业管理全过程	大	人员伤亡、赔偿
2	暴雨	物业管理全过程	大	设备机房、停车场进水，造成设备损伤

（续表）

序号	表现形式	生命周期	发生概率	可能损失
3	大风	物业管理全过程	大	物品坠落、人员伤亡
4	恐怖行径	物业管理全过程	小	人员伤亡
5	流行性疾病	物业管理全过程	大	人员伤亡

四、物业管理风险的防范

在物业管理活动中，风险是客观存在和不可避免的，在一定条件下还带有某些规律性。虽然不可能完全消除风险，但可以通过努力把风险缩减到最小的程度。这就要求物业公司能主动认识风险，积极管理风险，有效地控制和防范风险，以保证物业管理活动和人们的生活正常进行。

对于物业公司来说，在基础物业管理风险发生前，应采取各种预控手段，力求消除或减少风险。一般来说，风险防范的措施有风险规避、风险转移和风险自留三种。

1. 项目运作风险的防范

对于项目运作风险的防范措施如下表所示。

项目运作风险的防范措施

序号	表现形式	风险预控	采取措施
1	新建物业无合法报建手续，违章建筑接管后变成“违法管理”	风险转移	物业接管验收时严格把关，并在前期物业服务合同中增加相应条款，实现非保险型风险转移
2	开发商与业主存在矛盾，造成公司受到夹击	风险自留	做好与开发商和业主的沟通工作
3	业主委员会成立后解除合同	风险自留	正确引导业主委员会成立，形成管理服务有利局面
4	业主大会或业主委员会滥用职权	风险自留	建立业主委员会沟通和监测管理规程，通过沟通正确引导业主委员会的行为
5	业主大会或业主委员会未按法定程序成立	风险自留	正确引导业主委员会的成立，注意监测其他业主的动态
6	非业主使用人滥用业主权利	风险自留	积极与业主委员会、其他业主进行沟通，并在物业服务手册和协议中明确业主的权利和义务，加强宣传

2. 治安风险的防范

对于治安风险的防范措施如下表所示。

治安风险的防范措施

序号	表现形式	风险预控	采取措施
1	入室盗窃	风险自留	（1）封闭式物业对外来人员实行进入登记，经业主或非业主使用人同意后入内；巡逻人员加强巡逻，注意外来人员的动向 （2）非封闭式物业加强巡逻；监控消防中心，严格监督外来人员的动向和接警处置；确保监控、报警设备能正常使用，如出现故障短时间内不能修复，应采取相应管理加强措施；建立预案
2	入室抢夺、抢劫		
3	入室故意伤害		
4	入室故意杀人		
5	公共区域盗窃		
6	公共区域抢夺、抢劫		
7	公共区域故意伤害		
8	公共区域故意杀人		

3. 车辆管理风险的防范

对于车辆管理风险的防范措施如下表所示。

车辆管理风险的防范措施

序号	表现形式	风险预控	采取措施
1	车内物品被盗	风险转移	购买停车票时附带购买停车保险；签订车位使用协议，明确车场管理内容；在停车场明显位置注明停车须知，明确停车场管理内容及车主应遵守的规定；加强车辆进出管理和巡视；取得停车场合法经营权
2	车身受损，包括刷蹭、坠物砸车		
3	车辆灭失		
4	小区内交通事故	风险自留	设置车辆行驶标识和限速标识；加强车辆行驶疏导

4. 消防管理风险的防范

对于消防管理风险的防范措施如下页表所示。

消防管理风险的防范措施

序号	表现形式	风险预控	采取措施
1	电器线路老化引发火灾	风险转移与自留	物业接管时应明确要求消防已经过验收并合格；在消防维保合同中明确管理责任；在治安消防安全责任书中明确业主管理责任；加强消防设施设备的日检、周检、月检、季检、年检，做好记录；建立预案，加强人员培训和演练
2	明火引发火灾		
3	爆炸	风险自留	严格控制引火源；有序控制可燃物；合理控制可燃物与引火源之间的安全间距；合理确定重点防火平面布置图，落实消防器材，挂设防火标志；保持消防通道畅通，在高楼层部位设置逃生救援通道，配备必要数量的逃生绳
4	室内浸水	风险自留	加强装修监管，禁止破坏防水层；在装饰装修管理服务协议中明确责任；建立预案和确保备用物资到位
5	机房进水	风险自留	加强机房巡视；建立预案，并加强人员培训

5. 设备风险的防范

对于设备风险的防范措施如下表所示。

设备风险的防范措施

序号	表现形式	风险预控	采取措施
1	触电伤人	风险自留	加强物业内配电箱、线路的巡视，及时关闭或处理，并增加安全标识
2	房屋附着物垮塌	风险自留	加强装修监管，严禁增加房屋附着物；加强宣传
3	爆管	风险自留	加强巡视和维护；建立预案，并组织人员培训和学习
4	二次供水设备损坏		
5	水箱污染	风险自留	严格办理相关证件；水箱上锁并按规定定期清洗、检测；加强巡视
6	突然超负荷、短路或停电造成电气设备设施损毁	风险自留	加强与供电局沟通，保证停送电信息准确；加强设备巡视，保证设备运行正常；计划性停电提前告知业主；建立预案，并加强人员培训
7	电梯困人	风险转移	在电梯维保合同中明确责任；加强电梯巡视，保证设备运行正常
8	设备检修、保养伤人	风险自留	提前告知；增加标识

（续表）

序号	表现形式	风险预控	采取措施
9	公共设施设备、娱乐设施设备伤人	风险自留	加强设施巡视，保证设施运行正常；告知娱乐要求
10	单元门口对讲设备故障导致业主不能进单元门	风险自留	加强巡视，及时维修和养护；物业巡逻人员应熟悉单元门启闭方法
11	室外音箱遭到损坏	风险自留	加强巡视，及时检修；加强对业主的引导
12	化粪池爆炸	风险自留	加强巡视，及时清掏

6. 公共环境风险的防范

对于公共环境风险的防范措施如下表所示。

公共环境风险的防范措施

序号	表现形式	风险预控	采取措施
1	儿童掉水	风险自留	增加安全标识；加强巡逻
2	儿童戏水触电		
3	游泳池伤人	风险转移	购买保险；在明显处设置游泳须知和禁止标识；取得游泳池合法经营证件；建立预案，并组织人员培训
4	植物伤人	风险自留	加强修剪植物；在“尖麻”等植物处增加标识
5	跌落、滑倒、碰撞	风险自留	在易滑处增加提示标识；对维修和更新改造处采取隔离措施，增加明显标识
6	业主宠物伤人	风险自留	加强引导；要求业主对宠物进行备案；加强巡视

7. 内部管理风险的防范

对于内部管理风险的防范措施如下表所示。

内部管理风险的防范措施

序号	表现形式	风险预控	采取措施
1	员工损公肥私、贪污盗窃	风险自留	加强人员培训和思想教育；加强收费控制
2	猎头挖人	风险自留	加强企业文化建设；形成良好晋升和激励机制

（续表）

序号	表现形式	风险预控	采取措施
3	员工消极怠工、和管理人员起激烈冲突、集体跳槽	风险自留	及时和员工沟通，掌握员工的思想动态
4	高空作业、不安全施工	风险转移	外墙清洗采用外包形式，在合同中明确责任；建立室外高空维修安全操作规程，并严格执行；为员工购买工伤保险或商业保险
5	电器设备违规操作	风险自留	建立电器设备维修安全操作规程，并严格执行；为员工购买工伤保险或商业保险

8. 收费风险的防范

对于收费风险的防范措施如下表所示。

收费风险的防范措施

序号	表现形式	风险预控	采取措施
1	业主长时间拖欠费用	风险自留	建立物业管理费拖欠预警机制，加强预警；加强与业主沟通，注意监控重点客户
2	业主集体拒交费用		
3	拖欠水电费		
4	物业管理费标准不统一	风险自留	建立良好的控制和应对措施

9. 自然灾害风险的防范

对于自然灾害风险的防范措施如下表所示。

自然灾害风险的防范措施

序号	表现形式	风险预控	采取措施
1	雷击	风险自留	定期检测，保证防雷设施完好
2	暴雨	风险自留	注意气候变化；建立预案，定期组织培训和演练；保证应急物资到位
3	大风		
4	恐怖行径	风险自留	建立预案，组织学习和演练
5	流行性疾病	风险自留	建立公共卫生事件应急预案，组织学习和演练

五、物业管理风险的预控

物业管理风险具有两面性，随着所管理物业范围的扩大，物业档次的提高，若趋向好的方向，会使物业公司增加收益；若趋向坏的方向，会使物业公司遭受损失。

物业公司应根据物业管理中风险的特点、性质、类别及潜在影响等，在物业管理风险发生前，采取各种预控手段，力求消除或减少风险。具体措施如下图所示。

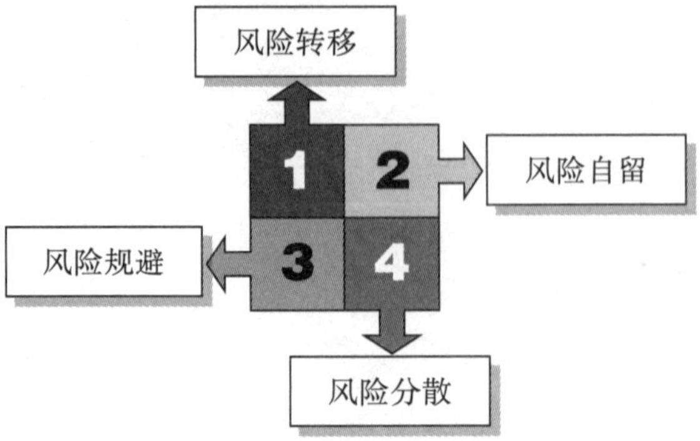

物业管理风险的预控措施

1. 风险转移

物业管理风险转移是指物业公司将损失有意识地转嫁给与其有经济利益关系的另一方承担，目前许多物业公司都在运用这种风险管理方式。具体做法有以下两种：

（1）非保险型转移风险。

物业公司常常将风险影响较大、企业不能接受、可分散的部分风险工程，通过签订专项服务合同的形式，分包给专业技术性强的专业公司来承担，实际上就是将风险转给另一方承担和赔偿。

比如，物业公司把所管理大厦的玻璃外墙的清洗工作分包给设备优良、专业化程度高且技术性强的专业清洗公司，在协议条款中涉及许多具体的责任问题，合同双方可以充分利用它，巧妙地转移风险。

物业公司可以在协议条款中应用“免责约定”形式。

比如，在合同中载明“若被委托方在管理过程中造成业主或使用人的人身、财产损失时，责任和费用由被委托方承担”。

（2）保险型转移风险。

保险型转移风险即通过参加保险，以小数额的保费为代价，避免所承受的风险。在实践中，物业公司可以对自己的财产、运输工具、机械设备等进行投保，还可以为员工投保意外伤害险和健康保险，这是由于在物业管理服务过程中有可能出现意外事故，如触电、坠落等工伤事故。

2. 风险自留

物业管理风险自留是指物业公司预期某项风险不可避免时，自行设立基金，自行承担风险的处置方式。在处置自留风险时，物业公司要采取各种措施减少风险发生的概率以及降低损失程度。

现实中物业公司通常采取的措施如下图所示。

- 措施1　招聘经验丰富的物业管理人员参与全过程的管理
- 措施2　与外聘的保险公司的专家共同组成风险防范小组
- 措施3　主动采取措施做好财务准备等

风险自留的措施

经验之谈

物业公司在制定物业管理财务预算时，可通过留有一定余地来预防“漏交率”升高带来的风险。

3. 风险规避

物业管理风险规避是指物业公司要根据自身的实际情况、经济能力来选择风险较小的管理项目或放弃那些风险较大的经营服务项目。

一些物业管理资质低、管理经验不足的企业，通常以选择管理普通住宅小区来规避可能因自身经营不善带来的风险，也有一些物业公司为了增加收入，本末倒置，将本来就不够充足的人力、物力投入到房地产中介、商业网点、文化娱乐设施等方面，致使本来可以规避的风险没有得到很好的防范，给企业造成不可估量的损失。

经验之谈

风险与收益共存，一味地、盲目地进行风险规避也是不可取的，它会导致企业的进取精神不足。

4. 风险分散

物业管理风险分散是指物业公司通过科学的管理组合，如选择不同管理期限的组合、物业公司自身的“集团式”管理组合，使整体风险因得到分散而降低，从而达到有效控制风险的目的。

管理细节

需注意风险搭配

物业公司在选择管理的物业时要注重对高风险类型物业和低风险类型物业进行适当搭配，以便让两者相互弥补。另外，还要注意同期管理的物业数量，当所管理的物业数量太少时，风险分散作用不明显；而当所管理的物业数量太多时，会加大组织管理的难度，导致物业公司资源分散，影响组合的整体效果。

经典案例

行人在小区内摔伤，物业公司应担责

【案例背景】

2017年8月7日上午，王小姐到本市某小区1号楼1103室看望母亲。在离开时，因楼外通道上一横一竖停放了两辆车，王小姐遂绕行至车辆与绿化带中间。下过雨的地面潮湿且有油污，王小姐不小心摔倒受伤，致右髌粉碎性骨折，目前遗留右下肢功能障碍，构成十级伤残。

事发小区由上海某物业管理有限公司进行管理（以下简称“物业公司”）。物业公司曾禁止在楼外通道上停车，并在墙面上张贴“谢谢配合”字样的标识。此外，楼外通道旁的绿化带是收运垃圾的地点。

后来，王小姐与物业公司参加了属地房管办组织的协调会，物业公司工作人员承认事发时保洁不力导致地面有油污、小区存在车辆违规停放、物业服务管理不规范等问题，并表示愿意积极寻求赔偿方案。

经法院审判，物业公司仅在墙面上张贴了“谢谢配合”字样的标识，并未尽到管理职责，通道旁的绿化带是垃圾收运点，物业公司应当注意到可能会有油污污染地面，应在收取垃圾后及时安排工作人员进行清理。此外，王小姐未能充分注意安全，自身也存在一定的过错。因此，法院判令物业公司对王小姐的损失承担80%的赔偿份额，王小姐承担20%的赔偿份额。

【案例分析】

物业管理是一项细致甚至有些琐碎的服务性工作，从各地发生的案例来看，物业管理也是一个充满风险的行业，但有些风险是可以识别和防范的。在管理过程中，物业公司要树立服务意识、风险意识和安全意识，不断提高服务水平，降低管理风险。

知名物业管理企业

远洋集团控股有限公司创立于1993年，2007年在香港联交所主板上市（股票代码03377），为内地在港上市房地产公司十强。远洋集团第一、二大股东分别是中国人寿和安邦保险。

远洋亿家是远洋集团成员，国家首批一级资质物业管理企业。自1997年成立首家物业公司以来，截至2018年，历经21年的发展，管理面积约4500万平方米，位列中国物业服务百强企业服务质量TOP10第6位、中国物业管理能力15强、中国物业服务百强14位。